A FÁBRICA DO OLHAR
IMAGENS DE CIÊNCIA
E APARELHOS DE VISÃO
(SÉCULO XV-XX)
MONIQUE SICARD

Título original:
La Fabrique du Regard

© Éditions Odile Jacob 1998

Tradução: Pedro Elói Duarte

Capa: F.B.A.

ISBN 10: 972-44-1304-7
ISBN 13: 978-972-44-1304-4

Depósito Legal n.º 249123/06

Paginação: Mariano
Impressão e acabamento:
GRÁFICA DE COIMBRA

para
EDIÇÕES 70, LDA.
Outubro de 2006

Todos os direitos reservados para língua portuguesa
por Edições 70

EDIÇÕES 70, Lda.
Rua Luciano Cordeiro, 123 – 1.º Esq.º – 1069-157 Lisboa / Portugal
Telefs.: 213190240 – Fax: 213190249
e-mail: geral@edicoes70.pt

www.edicoes70.pt

Esta obra está protegida pela lei. Não pode ser reproduzida,
no todo ou em parte, qualquer que seja o modo utilizado,
incluindo fotocópia e xerocópia, sem prévia autorização do Editor.
Qualquer transgressão à lei dos Direitos de Autor será passível
de procedimento judicial.

A FÁBRICA DO OLHAR
IMAGENS DE CIÊNCIA E APARELHOS DE VISÃO (SÉCULO XV-XX)
MONIQUE SICARD

70

Prefácio

A Construção do Olhar é o nome da colecção que este livro inaugura, colecção essa que procurará dar seguimento à concepção de que as imagens se completam com as palavras: para falar de uma imagem são precisas mil palavras, diz-se. Esta é a razão maior para a colecção: publicar palavras sobre as imagens, os olhares, os ecrãs, os modos de as fabricar, de as ler e usar. Palavras que possam ser contributos para construir o olhar, para nos revelar modos de ver. Palavras que se ambiciona nos ajudem a não perecer num tsunami de imagens: as imagens, sem palavras e sem outras formas de apropriação e expressão, podem ter efeitos devastadores.

Começamos com A Fábrica do Olhar, *de Monique Sicard. Este livro foi editado na colecção «Champ Médiologique», uma iniciativa da editora francesa Odile Jacob que agrupou trabalhos ligados à mediologia. Este conceito surgiu em 1979 no livro* Le Pouvoir Intelectuel en France, *de Regis Debray. Pretendeu incluir análises de todos os media e procurou retirar o protagonismo excessivo aos media de actualidade. Simultaneamente introduziu uma perspectiva histórica de longo prazo na investigação de cada medium. Autores como Serge Tisseron, Daniel Bougnoux, Jacques Perriault, Bernard Stiegler, Catherine Bertho Lavenir, Pierre Levy, entre outros, além de Monique Sicard e Régis Debray alimentaram os 18 números da revista* Cahiers de Médiologie *e, a maior parte deles, publicaram na referida colecção. O espectáculo, os poderes do papel, a bicicleta, o automóvel, a transmissão, a estrada, o rosto foram alguns temas da revista publicada entre 1986 e 2004.*

VIII | *A Fábrica do Olhar*

A escolha deste livro para abrir a colecção foi uma escolha convicta e rápida. Trata-se de uma obra que o leitor apreciará pois, sendo um livro erudito, não é um livro difícil. Trata de acontecimentos e pessoas quantas vezes próximos, mas mantém a distância que o conhecimento exige. Debruça-se sobre tempos idos, mas dá constantemente relevo à modernidade. Dá importância às técnicas que fabricam imagens sem esquecer a dimensão social que, em cada momento histórico, tais imagens assumem. É um livro que se passeia na história, mas mantém a presença dos questionamentos de hoje. Acumula detalhes, sem esquecer a compreensão geral. Mostra como certas imagens surgiram e esclarece os seus processos de fabrico e de difusão. Tanto interroga os sentidos físicos quanto equaciona epistemologias. Mostra como homens do renascimento, zoólogos, botânicos, artistas, médicos, astrónomos, fotógrafos, arqueólogos, políticos, realizadores, divulgadores da ciência, programadores de viagens no espaço, matemáticos e outros profissionais criaram imagens ou ajudaram na sua difusão. Nomes? Leonardo da Vinci, André Vesale, Albrecht Dürer, Robert Hooke, Antoni Leeuwenhoek, Nièpce, Daguerre, Arago, Galileu, Eadweard Muybridge, Lineu, Carl Sagan, entre os mais conhecidos. Não é pois um livro fruto de afirmações esotéricas habituais nalguns especialistas deste domínio. É antes um livro sobre um largo espectro de saberes que se cruzaram nas imagens. Esta mestiçagem é seguramente uma mais-valia, agrupando uns e outros à volta do estatuto das imagens. E é também uma mais-valia para os utilizadores de imagens que somos: percebemos melhor como as imagens interagem com a nossa vida, seja no ecrã de televisão, na tela de cinema, na escavação do arqueólogo, na sala de exposições, mas também no acto médico ou nos manuais escolares dos nossos filhos. Enfim, passamos a olhar de outro modo o terreno simbólico que pisamos, de forma automática, em cada dia. É essa uma das funções do conhecimento e um acto que deriva, com naturalidade, da leitura deste livro.

Depois da leitura, capítulo a capítulo, fica também a certeza de que as imagens não têm sido um apêndice menor na revelação da complexidade das coisas. A imagem está no centro de

Prefácio | IX

algumas mudanças que alteraram o pensamento humano. Galileu, por exemplo, observou o céu, a lua e outros planetas com uma luneta que lhe permitiu chegar aonde o olho humano não alcançava. E teve que contar com a desconfiança de muitos, avessos a legitimarem um novo objecto que via longe. Galileu contestou-os, afirmando que calibrou o seu instrumento a partir de milhares de objectos terrestres e outros tantos celestes. E os efeitos desse novo olhar foram fulminantes: «As consequências simbólicas destes novos saberes são imensas e simples: a nossa posição no centro do universo desapareceu para sempre. É difícil imaginar as perturbações causadas por uma luneta óptica» (Sicard, p. 40).

Outro exemplo pode ser retirado da globalização do olhar, nos nosso dias. Esquecemos que, ainda no final do século XIX, na Europa como nos EUA, cientistas de renome defenderam a existência de vida humana em Marte. Sulcos observados na superfície do planeta foram interpretados como um sistema de canais que os «marcianos» teriam construído ou mesmo como uma rede de caminhos-de-ferro, à semelhança do que então ocorria na Terra. Só passaram 125 anos. No fim dos anos 70, um século depois, as sondas Viking observam de perto o planeta e em 1997 uma outra sonda espacial, a Pathfinder, coloca um robô em Marte. «Não se fabrica o mesmo planeta se virmos Marte a olho nu, se o observarmos com uma óptica medíocre ou se enviarmos um robô munido de sensores para percorrer a sua superfície. Os sistemas técnicos de observação, bem como os de produção de imagens que lhes estão associados, estruturam os saberes e dirigem os imaginários» (Sicard, p.158). Afinal as imagens de Marte confirmaram os avanços entretanto realizados pela astronomia, ciência de ver ao longe. E mostraram-nos que o planeta é uma superfície deserta e seca, um ambiente impossível de albergar vida humana. Para isto contribuíram os olhos artificiais do robô, pousados em lugares onde o olhar humano nunca testemunhou. Eis mais um aspecto sublinhado neste livro. A imagem distancia-se do olhar humano. Neste, como noutros exemplos, vemos cada vez mais, não o que os olhos humanos vêm, mas o que é fabricado nos computadores, ausente de

X | A Fábrica do Olhar

quaisquer referências corpóreas directas, fenómeno confirmado por outros autores (ver nomeadamente Crary, p. 20).[1]

Demasiado influenciados pelas imagens estandardizadas dos nosso televisores, deixamo-nos frequentemente cair na tentação de considerar as imagens como sendo o parente pobre da palavra. Não o são. As imagens são complexas pela sua estrutura, pelos dispositivos que as fabricam e distribuem, mas também pelas relações que estabelecemos por causa delas e com elas. Uma imagem pode ter a complexidade de ser descrita e interpretada por mil palavras, o que mostra aliás a forte interacção de ambos os campos.

É importante mostrar que o olhar tem sido fabricado ao longo dos séculos, que não tem sido igual no Renascimento ou no século XIX, no início dos séculos XX ou XXI. E que os dispositivos técnicos têm sido decisivos no fabrico como na distribuição das imagens. E ainda realçar que não só a técnica conta, pois também marcam os imaginários com que as fabricamos e as lemos.

Se o olhar é fabricado, teremos, por último, que retirar duas consequências. A primeira é que o olhar também pode e deve ser ensinado, levando os consumidores de imagens a melhor entender a sua génese, o seu fabrico, a sua distribuição e, sobretudo, a melhor entender a forte e constante relação que com elas estabelecemos momento a momento desde tempos já longínquos. E o que ensinar? Talvez seja prudente seguirmos a opinião de pessoas sábias: «Não sei se é possível algo como um sistema coerente para ler as imagens, similar àquele que criamos para ler a escrita (um sistema implícito no código que estamos decifrando). Talvez, em contraste com um texto escrito no qual o significado dos signos deve ser estabelecido antes que

---

[1] «L'oeil human perd peu à peu la plupart des propriétés importantes qui ont été les siennes au cours de l'histoire; celles-ci s'effacent désormais devant des pratiques ou les images visuelles ne renvoient plus à la position occupée par l'observateur dans le monde "réel" qu'il percevrait selon les lois de l'optique. Si tant est que ces images renvoient à quelque chose, c'est à des millions de bits d'information electroniques et mathématiques.»

Prefácio | XI

possam ser gravados na argila, ou no papel, ou atrás de uma tela electrónica, o código que nos habilita a ler uma imagem, conquanto impregnado por nossos conhecimentos anteriores, seja criado após a imagem se constituir – de um modo muito semelhante àquele com que criamos ou imaginamos significados para o mundo à nossa volta, construindo com audácia, a partir desses significados, um senso moral e ético, para vivermos» *(Manguel, pp 32/33). Ou seja, será prudente fomentar práticas de leitura para que os olhares se invistam, minimizando conteúdos incertos. E, também, criar imagens, em todos os suportes, fazendo com que os públicos em formação tenham as «mãos na massa», se possam exprimir. A segunda consequência relaciona-se com os lugares desse fabrico e consumo, que devem merecer a nossa melhor atenção. Os dispositivos pelos quais entramos em contacto com as imagens de televisão são diferentes daqueles que a indústria cinematográfica nos proporciona, por exemplo. Algumas convergências também têm nascido a partir de certos objectos técnicos como o DVD, que nos proporciona as séries televisivas, onde há obras de excepção, como os melhores cineastas. Mas há outro lugar pelo qual passa o fabrico e o consumo das imagens a ocupar progressivamente lugar de destaque nas reflexões sobre a imagem: o nosso corpo, lugar de mediação, de fabrico, de localização.* «Aos olhos do antropólogo, o homem não aparece como o dono das suas imagens, mas – o que é completamente diferente – como o "lugar das imagens" que ocupam o corpo; ele é entregue às imagens que produz, ainda que não cesse de as querer dominar» *(Belting, p.18).*

Este livro diz-nos ainda que as dimensões imprevistas sucedem-se quando o olhar, atento, funciona. Deixemos que aconteçam e vivamos a sua evolução. Como fizeram os fabricadores do olhar que Monique Sicard nos descreveu, interpretou e contextualizou. Uma última nota para referir o trabalho cuidado de tradução de Pedro Elói Duarte.

José Carlos Abrantes

Lisboa, Agosto de 2006

XII | *A Fábrica do Olhar*

Referências

BELTING, H., *Pour une anthropologie des images*, Paris, Gallimard, 2004 [2001].

CRARY, J., *L'art de l'observateur: Vision et modernité au XIX ème siècle*, Nîmes, Éditions Jacqueline Chambon, 1994.

DEBRAY, R., *Cours de médiologie générale*, Paris, Gallimard, 1991.

MANGUEL, A., *Lendo Imagens*, S. Paulo, Editora Schwarcz, 2003 [2000].

Agradecimentos

Agradeço a Régis Debray pelo estímulo intelectual que deu a este projecto, a Isabelle Claude, pelo seu apoio entusiástico, aos meus amigos e colegas do departamento de Ciências Humanas do ENST, Jean-Pierre Tübach, Yves Jeanneret, os meus amigos e colegas do Laboratório de Comunicação e Política do CNRS, André Gunthert e a Société Française de Photographie, Brigitte Berg, Michèle Ballinger, Sylvie Balester, Béatrice Boffety, Christine Demeulenaere, Adrien Douady, Yves Elie, Maryam Manni, Catherine Mathon, Jean-Alain Marck, Patrice Müller e Evelyne Rogniat pelas observações pertinentes que me transmitiram ao longo de muitos debates enriquecedores.

Preâmbulo

Como podemos – ainda – acreditar nas imagens? Como podemos considerá-las testemunhas absolutas se temos por evidente que a imagem não é a coisa, o mapa não é o território? Ver! Levar o invisível ao visível! O conhecimento constrói-se em grande medida pelas imagens; muitos são os objectos, os processos, os fenómenos, os lugares, os rostos aos quais só elas permitem o acesso. Argênticas, electrónicas, manchas de aguarela ou grafite, garantes e instrumentos de uma razão científica, as imagens fundam disciplinas inteiras. Que seriam a biologia, a geografia, a astronomia, a medicina, sem as suas fotografias e imagens? A questão é importante: quer o reconheçamos quer não, os nossos universos mentais estão pejados de representações mentais geradas pelas produções científicas.

As imagens eruditas levam-nos a pensar na sua referência ao «real» ou àquilo que faz a sua vez, a interessar-nos pela exterioridade de *todas* as imagens, quer sejam científicas, artísticas, mediáticas, industriais ou até sem estatuto. Ora, as correspondências entre uma imagem e o seu fora de quadro raramente foram pensadas pelas epistemologias. Como se as representações não tivessem que ver com dispositivos técnicos de produção. Como se as gravuras, fotografias e imagens fossem apenas olhares no nosso próprio interior. Como se, sobretudo, não se destinassem a ser *vistas*. As gravuras de anatomia, as fotografias de campos de batalha, os modos de fabrico das imagens espaciais bem como as suas organizações técnicas ou instituídas são ocultadas ao grande público, e reivindicam uma admirável transparência. Rigor garantido! A transposição de uma imagem sem matéria seria a condição necessária de um conhecimento absoluto que entraria no seu objecto sem dele nada deixar de obscuro ou confuso. Estranhamente, a razão científica parece acomodar-se com estas ligações directas ao mundo.

Restituir às mediações o lugar que lhes pertence leva a defender uma imagem que é fruto de uma série de acções, que só adquire realidade pelos seus actores, que se constrói por efeito de aparelhos técnicos e institucionais. Atribuir às imagens a opacidade de um corpo, levar em linha de conta *aquilo que fazem* e *aquilo que nelas é dito* para compreender *o que são*, de modo a substituir uma leitura de tipo icónico por uma leitura puramente documental. Só assim se estabelecerão as conexões entre os aparelhos de visão e os seus efeitos de conhecimento. Só assim talvez comecemos – finalmente! – a observar.

O que é ver? O que é compreender, quando a construção dos saberes passa por imagens, ópticas, máquinas que vêem aquilo que o olho humano nunca verá? Nunca procuramos senão no seio da mancha de luz. Vemos apenas pelo candeeiro, que decide a sombra e a luz. Só compreendemos através de aparelhos de visão técnicos ou instituídos, enfrentando um meio – o nosso – estruturado como um claro-escuro. De que modo estes aparelhos de visão orientam a construção dos olhares e, portanto, das ideias?

Reduzir assim o conhecimento aos tubos, a recepção sensível às máquinas, o que faz fugir tanto os artistas como os cientistas. Já para não falar das academias filosóficas. Fazer de uma imagem um objecto técnico é uma

Preâmbulo | 17

provocação para os amantes das formas e da cor, para os pensadores do imaginário, para os promotores de uma história da sensibilidade ou das ideias, para os amigos da imaterialidade. Somos obrigados a reconhecer que a técnica é mal-amada. Por todos. Excepto, talvez, pelos técnicos. Propomos ir contra as ideias feitas. A técnica não é um servilismo obediente ao conhecimento nem um subproduto da ciência. Nem a sua aplicação: as máquinas a vapor apareceram muito antes do segundo princípio da termodinâmica. Simultaneamente artefacto e matéria moldada, arte e ofício, saber e fabrico, a técnica não se opõe à cultura: *é* cultura. Antes de ser um rosto ou uma paisagem, uma fotografia é recebida como fotografia. Antes de ser uma excrescência óssea, uma radiografia é reconhecida como elemento do facto radiográfico. Antes de ser esfera azulada ou raio vermelho, uma imagem virtual é reconhecida como elemento do facto digital. O interesse pela imagem como objecto técnico convida-nos assim a colocarmo-nos resolutamente no lado da recepção e da leitura.

Não cabe a esta obra fixar pontos bons; nem determinar aquilo que, do pássaro ou do peixe, foi bem observado ou mal reproduzido. Mas sim compreender como se fabrica um olhar colectivo, uma cultura visual: por que efeitos, por que influência de quais imagens, por quais aparelhos, com o auxílio de que mecanismos de legitimação.

É que as indústrias do saber enredam-se intimamente com as do crer e o seu corolário: as do fazer crer. Quanto mais se afirma – no primeiro nível – o desconhecimento dos dispositivos de visão, melhor se exerce – no segundo – a função política das imagens. É ao manifestarem a sua neutralidade que melhor transmitem pontos de vista deliberados; é instalando factos que elas funcionam como ficções. É ao clamarem a sua independência que ligam e falam de cultura. Documentos e encantamentos: as imagens científicas conseguem fazer esta magia de certificar e comover ao mesmo tempo. São aqui analisados, sucessivamente, o gravado, o fotografado, o figurado. Não só a gravura, a fotografia, as imagens científicas, mas também os aparelhos que acompanham a sua produção e difusão. Nos séculos XV e XVI, a gravura convida a uma observação penetrante do mundo. O olhar directo que se instala reforça-se, mais tarde, com os olhares apetrechados da microscopia ou da astronomia, com os novos dispositivos de visão da medicina, com novas abordagens do leitor. Em pleno século XIX, a fotografia modifica profundamente os fundamentos da prova, o modo de ver e de compreender. As grandes instalações fotográficas das pistas de corrida de cavalos de Lelan Stanford na Califórnia, as experiências de electrização do rosto realizadas por Duchenne de Boulogne, as apresentações de corpos brancos sobre fundo negro de Étienne Jules Marey, transformam materialmente a realidade em vista de uma expressão fotográfica. Longe de agir como registadora passiva, a fotografia cria objectos específicos.

Nascida no final do século XIX, a imagiologia (médica, de satélites, digital...) obriga a novas confianças. Doravante, temos de acreditar em formas das quais só conhecemos imagens, intimamente herdeiras das máquinas de visão. O olhar directo do olho nu, o olhar óptico, o olhar fotográfico enriquecem-se assim com um olhar altamente apetrechado, que só compreende o mundo ao analisar as suas imagens. Estas imagens são por vezes recebidas como impressões fotográficas. Como se algo tivesse efectivamente acontecido, que foi visível ao homem, e de que elas conservariam o vestígio nostálgico. Como se não houvesse qualquer distinção entre uma ecografia fetal e a fotografia que está por cima da lareira da sala.

Preâmbulo | 19

Do olhar nu de Leonardo até ao olhar altamente equipado da *Pathfinder*; do abecedário ilustrado do Renascimento, que coligia inúmeros objectos para um público restrito, até à globalização do olhar por difusão maciça de uma imagem única nas redes, os aparelhos de visão governam os saberes e os nossos olhares. Só temos acesso àquilo que eles nos dão a ver.

Nestas condições, que leitura decisiva das imagens podemos fazer? Que leitor escolheremos ser? Que leitor deveremos ser?

Como alternativa à escrita impossível de uma história das imagens, contam-se aqui *várias* histórias. Em pontilhado. Sem pretensão a qualquer exaustividade. Pequenos factos, precisos, ligados, não segmentados, susceptíveis de nos ensinarem tanto sobre as imagens contemporâneas como uma teoria da sua leitura. Livres de referências, de leis, de conceitos, estas histórias fazem aparecer sempre a parte simbólica activa mas oculta do documento, a diversidade das suas funções.

Esta obra teve origem em encontros com especialistas e fabricantes de imagens, demasiado numerosos para os poder citar a todos: historiadores, matemáticos, biólogos, físicos, filósofos, etnólogos, sociólogos, semiólogos, especialistas de fotografia ou de arte contemporâneas, médicos... Sem eles, estas histórias de imagens permaneceriam nos cofres dos silêncios. Os géneros estabelecidos não poderiam ter sido postos em questão. Bem hajam por terem contribuído para fazer ressurgir os fundamentos culturais das acções científicas, que só encontram a sua legitimidade «universal» oficial na negação das subjectividades.

Primeira parte

A GRAVURA

Fig. 1. – Fluxo de água.
Pena, tinta e giz preto. 295×205 mm.
Leonardo da Vinci.

Capítulo I

O olhar nu

Leonardo da Vinci (1452-1519)
Bernard Palissy (1510-1589 ou 1590)

A página de Leonardo

«Vós que quereis representar por palavras a forma do homem e os aspectos da sua constituição, abandonai esse projecto – porque quanto mais minuciosamente o descrevereis, mais limitareis o espírito do leitor e mais vos afastareis do conhecimento da coisa descrita.» [1] É assim que se exprime Leonardo da Vinci: nada, nem a melhor das observações, pode igualar o desenho.

Autónomas, não submetidas ao texto, as numerosas figuras presentes nos seus códices e cadernos de notas não têm valor de exemplo. Informações de um novo tipo, transmitem o que não se pode dizer: as observações sem

---

[1] Leonardo da Vinci, Folhas A 14 v., Biblioteca do Instituto de França.

24 | *A Fábrica do Olhar*

conclusões e o seu cortejo de questões, as intuições explicativas, as certezas dos resultados obtidos. Os cadernos dos códices são herdeiros dos rolos dos *volumen*: os textos, lidos da primeira à última palavra, apresentam-se aí de um modo, para nós, desconcertante, numa continuidade sem hierarquia, sem página de título, sem capítulos nem parágrafos.

Libertando as mãos para uma cópia directa sem passagem pelo ditado em voz alta, a substituição dos rolos do *volumen* pelos cadernos do códice favoreceu, desde os primeiros tempos da era cristã, a vista em detrimento da palavra e contribuiu com esse silêncio para a emergência de um pensamento crítico. Ao emudecer o texto, oferecendo-lhe o novo espaço da página, o códice dá a ver: quando o *volumen* é escrito, a sua página organiza-se como uma imagem. A prática do desenho que ele assim constitui altera as modalidades da observação.

As 72 páginas do *Codex Leicester* [2], em que Leonardo da Vinci analisa os movimento da água, da Terra e da Lua, medem cerca de 24 por 43 centímetros. Contêm mais de 350 desenhos inseridos no texto. Quando foi composto, o livro apresentava-se na forma de 18 folhas empilhadas, cada uma composta de quatro páginas. Só mais tarde se ligaram as folhas. Leonardo da Vinci começava pela página 4 de cada folha, cobrindo depois a página 3, em seguida a 2 e, por fim, a primeira com uma escrita invertida. Esforçava-se sempre por encher uma página com um tema; era raro continuar na página seguinte o texto iniciado na anterior. As páginas de uma mesma folha reflectem, porém, interesses comuns. Embora os desenhos se encontrem geralmente

---

[2] L. da Vinci, *Le Codex Leicester, l'art de la science*, Museu do Luxemburgo, Paris, 1997.

O Olhar Nu | 25

numa margem que lhes é reservada, a organização espacial da página mostra certa liberdade de alternância entre texto e imagem: os esboços e desenhos precedem o texto principal ou sucedem-lhe, conforme os casos.

A *invenção do redemoinho*

Ignorando o grego e o latim, Leonardo estava afastado de grande parte das produções e influências destas línguas; as grandes mudanças ligadas ao nascimento da imprensa não lhe deixaram quaisquer traços directos. Longe das bibliotecas, longe dos príncipes. Falou-se muito do isolamento do cientista, que nada espera dos discursos, mas que tudo espera da natureza e dos factos. Sentiu-se menos a agressividade do seu pensamento e as provocações dos seus escritos, que põem em causa os próprios fundamentos das certezas do saber. A escrita invertida protege o segredo dos cadernos porque o cientista espera muito pouco da sua difusão imediata; lúcido, pressente certamente os seus perigos.

O olhar nu que lança sobre a natureza é o olhar de um pragmático. Leonardo da Vinci é um fabricante. Fez a sua aprendizagem na oficina de Andrea del Verrochio, em Florença, entre 1470 e 1475. Além da pintura, aprendeu a arte de fundir o bronze, talhar a pedra, desenhar plantas, construir casas, fortificar cidades; tudo práticas que requerem conhecimentos científicos. Os seus conhecimentos teóricos são, em grande maioria, fruto de esforços muito diferentes dos de uma ciência especulativa. A inscrição de polígonos com três, seis, oito ou 24 lados num círculo é obtida pela utilização de compasso com abertura constante; a rectificação e a quadratura do círculo, fazendo rolar um cilindro ao longo de uma recta...

26 | *A Fábrica do Olhar*

Estes saberes alimentam tanto a produção do cientista como a do pintor. Na mesma altura em que redige o *Codex Leicester*, tão rico em movimentos de águas e espumas, Leonardo dedica-se à grande pintura mural de *A Batalha de Anghiari*. Esta pintura, inacabada, apresenta-se como um gigantesco turbilhão de formas animais e humanas. A representação do combate necessitou de um estudo aprofundado dos turbilhões de poeiras; Leonardo da Vinci não pode pintar sem saber, nem saber sem ver. Nele, a qualidade da observação corresponde à urgência do conhecimento, ele próprio sob a dependência directa da acção.

Leonardo critica os artistas, «demasiado numerosos», que não possuem os conhecimentos necessários à sua prática: «Para dispor correctamente os membros de um nu nas suas posições e gestos, o pintor deve conhecer a anatomia dos nervos, ossos, músculos, tendões, de modo a que, sabendo que nervo ou músculo determina este ou aquele movimento, mostre proeminentes e maiores apenas esses e não o resto da membratura, como fazem muitos pintores que, para darem ares de grandes desenhadores, representam nus tão lenhosos e pouco graciosos que, vendo-os, mais parecem um saco de nozes do que uma forma humana, ou mais um molho de rábanos do que músculos de um nu» ([3]). Porque «aqueles que gostam da prática sem possuírem a ciência, são como o piloto que embarca sem timão, sem bússola, e nunca sabe exactamente onde vai [...]». Deve-se manter o espírito alerta, aberto à criação de imagens: «Não imites certos pintores que [...] abandonam a sua obra e, para fazer exercício, vão passear, já que a lassidão do espírito lhes prejudica a visão ou a percepção de várias coisas. Muitas vezes, encontram amigos ou paren-

---

([3]) L. da Vinci, L 79 r., Biblioteca do Instituto de França.

O Olhar Nu | 27

tes que os saúdam e, embora os vejam e ouçam, reparam tanto neles como se fossem ar».

Longe de ouvir a razão e os conselhos dos antigos que preconizam que o cientista deve debruçar-se apenas sobre objectos fixos e formas simples, da Vinci obedece *em primeiro lugar* à ordem do olhar, dedicando-se resolutamente aos contornos incertos. Os turbilhões indescritíveis não amedrontam o cientista nem o pintor. É como artista que se dedica à representação de uma tempestade: «Que o mar agitado e tempestuoso faça turbilhões, espumoso, entre a crista das suas vagas; e que o vento leve pelo ar tumultuoso as gotas de água mais subtis, como uma bruma espessa e envolvente. Representarás os navios com a vela rasgada, os farrapos abanando ao vento com os seus cordames partidos; mastros partidos caem no convés e o furor das ondas quebra o barco; alguns homens gritam, agarrados aos destroços. Mostrarás as nuvens empurradas por ventos impetuosos, lançadas contra os altos cumes das montanhas, ou retorcendo-se, formando turbilhões como a vaga que se abate sobre as rochas. O próprio ar será medonho, por causa das trevas sinistras feitas de poeiras, neblinas e nuvens espessas»[4].

As palavras de Leonardo são imagens. E as imagens do pintor valem palavras: «[...] tu, pintor, se não souberes executar as tuas figuras, serás como o orador que não sabe servir-se das suas palavras».

É como cientista que, referindo-se à obra de Teofrasto *Do Fluxo e do Refluxo, dos Turbilhões e da Água*, Leonardo estuda as consequências dos movimentos da água sobre as pontes e as barragens: «Todas as pontes se desagregam e caem na direcção das correntes, que as atacam por cima e as minam por baixo [...][5].»

---

[4] L. da Vinci, Desenhos 12665, Real Biblioteca de Windsor.
[5] L. da Vinci, *Codex Leicester*, folha 16 B, fólio 16 v.

28 | A Fábrica do Olhar

As formas geométricas não preexistem à observação e ao desenho que a rege; são um seu conhecimento. «A figura da espuma que fica atrás, na onda, é sempre triangular e o seu ângulo compõe-se da primeira espuma e da que estava à frente da ponte, onde a vaga chegou primeiro [...]. Frente ao molhe, no porto de Civita Vecchia, duas correntes opostas entrechocam e, nesta percussão, as suas águas operam voltas completas umas contra as outras, desde a superfície até à base. Nas zonas afectadas surgem as figuras geométricas. Este turbilhão directo, quando se produz na água ou no ar, desloca o solo com grandes covas e raspagens. E quando a água movida por uma grande força atinge uma água de força menor, o redemoinho descreve uma curva penetrando em linha convexa no corpo daquela cuja força é superior» (⁶). Emergência de uma nudez: o olhar torna-se plenamente receptivo e esvazia-se de qualquer *a priori*, de qualquer ideia feita. Muito mais tarde, quando a fotografia e o cinema se apoderarem dessas coisas vistas e das suas formas complexas, a geometria distanciar-se-á delas, afastando para longe as «curvas que ela não saberá ver». Ao facilitar o estudo das geometrias fractais, a utilização dos computadores vai revelar, nos anos 70, o interesse pelas formas complexas da natureza.

Os gestos do pintor, os do escritor, não são segundos, mas sim primeiros. É por desenhar, por pintar, por escrever que Leonardo é um excelente observador. Nem os textos, nem a cena real ou a sua observação atenta alguma vez se compararão às figuras traçadas a pena: «Tu que pensas que mais vale assistir a dissecações do que ver desenhos, estarias no bom caminho se fosse possível observar num único sujeito dissecado todos os por-

---

(⁶) L. da Vinci, *Codex Atlântico*.

menores que os desenhos mostram. [...] Porque há uma grande confusão na mistura das membranas com as veias, artérias, tendões, músculos, ossos e o sangue, que tudo cobre com a mesma cor.» [7]

Janela e luneta

O observador circula incessantemente entre dois extremos: diz «eu» e depois retira-se para se colocar fora do campo da percepção. O *eu* pertence ao pintor; *a ideia das coisas* pertence ao cientista. Este é assediado por dilemas que não dizem respeito ao pintor: terão os objectos existência fora da observação? «Se te deslocares cerca de 25 braças numa ponte de onde queiras ver a imagem do Sol nas águas do seu rio, verás o simulacro do Sol deslocar-se igualmente na superfície dessa água. E se juntássemos todas as imagens vistas durante o movimento em questão, obterias uma imagem única, em forma de trave inflamada [...].» [8]

O mundo construído por Leonardo da Vinci é o das coisas vistas, recebidas, mas subtrai-se à subjectividade do autor: a pintura – insiste Leonardo – deve tender para uma linguagem universal. Deve ser compreendida por todos. A posição das mãos de Mona Lisa traduz assim a modéstia, a submissão. Obedece às directrizes formuladas por Leonardo à atenção dos pintores. «As mulheres devem ser representadas com gestos modestos, as pernas fechadas, os braços juntos, a cabeça debruçada e inclinada.» [9] O quadro deve falar: «Levai em conta os rostos belos», aconselha Leonardo aos seus leitores pinto-

---

[7] L. da Vinci, *Quaderni d'Anatomia*, Real Biblioteca de Windsor.
[8] L. da Vinci, D 6 r., Biblioteca do Instituto de França.
[9] L. da Vinci, *Tratado Sobre a Pintura*, 253, fol. 51v, p. 106.

30 | *A Fábrica do Olhar*

res, «mas não os que considerais como tais, e sim os que a opinião pública considera belos».

Deste modo, na pintura e nos desenhos de Leonardo da Vinci fundem-se a complexidade de uma realidade bruta e a obediência aos códigos visuais e às regras da perspectiva. Associam-se um mundo recebido por uma janela bem aberta e um mundo visto por uma luneta. As figuras do pintor buscam a semelhança aparente. As figuras do cientista procuram a de maquinismos invisíveis, de estruturas e arquitecturas subjacentes, de funcionamentos ocultos. Ao pintor, as cores, as perspectivas aéreas e já o prazer de agradar, a resposta consciente de um público. Ao cientista, os esquemas traçados com a pena e a consciência aguda do risco de desagradar. À exactidão codificada das figuras do pintor, aos documentos didácticos do cientista, devíamos acrescentar também os esquemas do engenheiro. Automóveis, máquinas voadoras, barcos de pás, quer funcionem ou durmam no estado de esquemas, já não são documentos: anunciam a ficção.

Bernard Palissy: imagens de artista

Bernard Palissy, que nasceu em Saintonge (França) alguns anos após a morte de Leonardo da Vinci, esforça-se também por descrever com exactidão as coisas da natureza. Mas enquanto que, para Leonardo da Vinci, a posição do observador é primordial, para Palissy as coisas possuem uma existência, formas que lhes são específicas. Muito mais do que Leonardo, Palissy acredita na natureza divina dos objectos e dos fenómenos terrestres.

Leonardo da Vinci tentava dar uma imagem de um mundo *visto*, detendo-se nas leis da perspectiva. Bernard

O Olhar Nu | 31

Palissy, por seu lado, desenvolve uma técnica de reprodução radical, obtendo directamente por pressão na argila dos pântanos os moldes externos de lagartos, serpentes e rãs verdes que vivem nos tufos de salicórnia.

Através do mesmo processo de impressão, Palissy conserva a extraordinária memória de uma foca encontrada nas praias do Atlântico. Às sofisticações icónicas dos horizontes sombrios de Leonardo sucede um relato bruto, directo, indício da natureza: a obra é directamente afectada pelo seu objecto. Os animais esmaltados realizados a partir de tais matrizes são tão *autênticos* que podem enganar as rãs, as salamandras e os lagartos vivos. Se a fotografia se define pela sua qualidade de impressão, pelas suas características indiciais, então Bernard Palissy instala-se, muito antes do tempo, como o primeiro fotógrafo.

Fig 2. – *Phoca vitulina L*, foca.
Comprimento: 126 cm. Impressão de uma foca na argila.
Trata-se do único mamífero moldado por Bernard Palissy e do maior molde por ele realizado.

32 | *A Fábrica do Olhar*

Num país em plena expansão económica, finalmente livre das fomes e das grandes epidemias, Palissy é o representante de uma nova([10]) classe social, pobre mas muito esperançosa, que não sabe ler nem falar latim e que não hesita – talvez graças a isso – olhar o mundo de maneira diferente, pondo em causa os privilégios dos saberes adquiridos. Os animais esmaltados de Palissy são *modelos*, substitutos simplificados da realidade, sem serem uma sua cópia perfeita. A verificação do seu funcionamento serve a causa do ceramista: se os animais vivos se enganam, se rãs verdadeiras se juntam em redor de artifícios, se a natureza é iludida, então a habilidade do fabricante será demonstrada. Palissy descreve assim os batráquios e os répteis que povoarão as grutas artificiais do seu jardim imaginado([11]). O primeiro dos compartimentos, exteriormente semelhante a um rochedo banal, será coberto no interior com esmaltes de cores vivas. Uma grande fogueira ateada no interior fá-los-á fundirem-se, desenhando estranhas figuras e «ideias muito agradáveis» numa bela metáfora de fogos subterrâneos do vulcanismo e figuras geológicas que assediam o autor. «Semelhante a jaspe, a pórfiro ou a calcedónia», a parede brilhará. Os lagartos e as salamandras que aí se aventurarem irão mirar-se dos pés à cabeça, contemplando no espelho os seus pequenos corpos de vertebrados e as suas próprias estátuas. Assim, a gruta povoar-se-á naturalmente.

([10]) «[Deus] deu a ciência mais a uns do que a outros; também deu bens de terra mais a uns do que a outros. E aos que deu a ciência, não deu a riqueza, e aos que deu a riqueza, não deu a ciência, para que um sirva o outro.» B. Palissy, *Receita verdadeira, pela qual todos os homens de França poderão aprender a multiplicar e a aumentar os seus tesouros*, s/d.

([11]) B. Palissy, *Receita verdadeira...*, *op. cit.*

O Olhar Nu | 33

No próprio jardim, haverá áspides e víboras escondidas e enroscadas, misturadas com as plantas das zonas húmidas: *Escolopendra, Capilla Veneris, Polítrico, Adianthus*. Os peixes, tartarugas, rãs e mosquitos sairão de um fosso cheio de água. As salamandras e lagartos rastejarão pelas rochas, animados por agradáveis movimentos. Deste modo, o real e o autêntico estarão tão intimamente misturados que já não será possível distingui-los. Neste sítio, homens enganar-se-ão tanto como os animais. Os animais-imagens em cerâmica visam aqui provocar o encanto e o fascínio pela ilusão e semelhança com o real. No entanto, as grutas falsas, os fetos falsos, as salamandras falsas possuem algo mais do que esta capacidade de enganar. Não só se assemelham à natureza criada por Deus, mas também, como objectos mágicos, agem por si mesmos. Paradoxalmente, chamam assim a atenção para a inteligência e habilidade daquele que os criou. O carácter sagrado destes artifícios acentua a distância entre o «artista» e o mundo dos homens: o criador humano compara-se ao criador divino.

Imagens de cientista

Tal como Leonardo da Vinci, Bernard Palissy produz imagens de ciência. No entanto, estas imagens não se materializam na forma de desenhos feitos com a pena: permanecem inteiramente contidas nos textos. Bernard Palissy, que em meados do século XVI é apenas um simples oleiro, lança um olhar radicalmente novo sobre a história da Terra. Contra os discursos académicos, «contra milhões de homens tanto vivos como mortos», afirma novas posições sobre o grande movimento do ciclo que liga as águas do mar, do céu, dos areais e das montanhas.

34 | *A Fábrica do Olhar*

Contudo, em pleno século XVII, quase um século após os trabalhos revolucionários de Bernard Palissy, o padre Kircher mostrará ainda, através de uma gravura que ficou célebre, a imensa circulação das águas subterrâneas: vindas do mar, sobem até às nascentes das montanhas por dentro das terras, impelidas por um fogo central. Mas Bernard Palissy derrubara a tese antiga dos canais subterrâneos ao afirmar que a «água dos rios vem das nuvens»: «Enganam-se os que afirmam que as nascentes são alimentadas por águas vindas das planícies circulando por canais subterrâneos». Palissy substituiu os esquemas em vigor pelas circulações aéreas geradas pela evaporação, instalando novos esquemas mentais de um ciclo da água que liga uma sucessão de nascentes, ribeiros, rios, águas marinhas, nuvens e águas pluviais.

Para Palissy, inventor do ciclo, as águas vêm das nascentes; elevam-se das montanhas como fumos grossos que escurecem o ar, dilatam-se, libertam-se e fragmentam-se em chuvas. Quando as nuvens em movimento ganham altitude, congelam-se na forma de neve. Assim, as nascentes das montanhas provêm das chuvas engendradas pelas águas que se elevam, tanto do mar como da terra. E estas águas são transportadas dos mares e das planícies para as montanhas pelos temporais, ventos e tempestades, todos mensageiros de Deus. Enquanto que os poços de água doce são alimentados pela água das chuvas proveniente do lado oposto do mar, os poços de água salgada são alimentados directamente pela água do mar. E se as montanhas são mais altas dos que as planícies, é porque possuem também, tal como o ser humano, um esqueleto sem o qual se estatelariam como bostas de vaca. As pedras, os minerais são os ossos das montanhas. As águas pluviais, ao escorrerem pela superfície, alteram esse esqueleto, infiltrando-se pelas terras e pelas fendas, des-

O Olhar Nu | 35

cendo incessantemente até encontrarem alguma zona de pedra ou de rocha muito densa. É então que repousam. À mínima abertura, escapam-se por fontes, por regatos e rios. E como a água dos rios não pode subir as encostas, desce pelos vales. Estas nascentes não são muito abundantes, mas chegam reforços de todos os lados, que as ajudam e as tornam maiores. Tal como o Sol e a Lua, as águas não param de trabalhar, de ir e vir, produzir e engendrar, como Deus lhes ordenou. Eis, pois, segundo Palissy, a origem das nascentes, fontes, rios e ribeiros: não é preciso procurar nenhuma outra causa.

Tal como o de Leonardo da Vinci, o mundo que Palissy nos deixa é rico em movimentos: as águas vão e vêm, o sal deposita-se, tremores agitam a Terra. Bernard Palissy enfrenta também a complexidade. O impacto a longo prazo destas imagens dinâmicas foi tal que se inserem hoje no curso normal das coisas que já não vemos; o ciclo da água encontra-se na prateleira dos saberes que usamos regularmente sem disso nos apercebermos.

As brilhantes observações de Palissy nascem de saberes práticos. Um caldeirão de água a ferver rudemente agitada pelo calor faz de livro dos Filósofos. E o sujeito de carácter lendário não pára de praguejar contra «os Gregos e os Latinos», que não observam a natureza, não sabem ver e transmitem pelos seus textos ideias erradas. Ele, que não leu a tela do céu, mas sim as entranhas da Terra, não pára de transmitir a outros esse olhar directo lançado sobre as coisas. Os «Eu ponho-te isto à frente dos olhos!», os «Vês!» pontuam os seus escritos. Ver é já saber. No diálogo entre a prática e a teoria que Palissy encena, a prática ganha sempre à teoria. Foi por ter exercido durante algum tempo o ofício de geómetra nas salinas de Saintonge que se interrogou sobre o ciclo da água e a evaporação da água do mar. Foi por ter observado a

36 | A Fábrica do Olhar

lavagem da roupa ou o fabrico do vinho que trabalhou sobre os «sais» transportadores de substâncias químicas.

Os pontos de vista desenvolvidos são sensivelmente diferentes dos de um Leonardo da Vinci, que observa as montanhas, se debruça nos parapeitos das pontes, questiona a solidez dos diques, mas não retira as suas observações dos ofícios da agricultura, da pesca ou das práticas da vida quotidiana.

Estratégias de difusão

As imagens criadas por Palissy instalam novas relações com o mundo; só adquirem a sua força após o accionamento de processos de validação e difusão. Bernard Palissy não se limita a produzir factos; desenvolve as estratégias materiais e intelectuais da sua transmissão.

Em 1575, Palissy coloca cartazes nos cruzamentos de Paris para reunir os cientistas mais doutos, as gentes de bem, e mostrar-lhes as pedras minerais, as conchas petrificadas, as formas monstruosas. Vendo isso com os seus próprios olhos antes mesmo da edição de qualquer livro, os honoráveis e sapientíssimos poderão constituir testemunhos numerosos, íntegros e insuspeitos. A fim de reunir os mais sábios, os mais ilustres, os mais curiosos, Bernard Palissy indica nos seus cartazes que só entrará quem pagar um escudo à entrada das suas lições. Tem o cuidado de acrescentar que, se for demonstrada a falsidade daquilo que conta, o escudo ser-lhes-á reembolsado ao quádruplo. Palissy corre riscos, procura o confronto teórico. Sabe bem que nem os «Gregos» nem os «Latinos» o pouparão, tanto por causa do escudo que lhes exige como por causa do tempo que lhes toma. Mas ele deseja esse confronto, que dá ainda mais garantias de verdade

O *Olhar Nu* | 37

do que as provas lógicas e factuais que pode avançar. «Mas, graças a Deus, nenhum homem alguma vez disse algo que me desmentisse.»([12])

Num belo despique, Palissy, pobre oleiro, teve diante de si os médicos da rainha de Navarra, o médico do irmão do rei de França, o cirurgião principal do rei, célebres boticários, o apresentador da igreja catedral de Narbona, especialistas das artes e da matemática. No entanto, o sistema que criou funciona melhor como mecanismo de validação do que como mecanismo de difusão. Os seus textos, impressos, continuarão a ser pouco conhecidos.

Primeiras cisões entre arte e ciência

Bernard Palissy cria dois tipos de imagens: as que aparentam e as que explicam. Por um lado, os animais de esmalte; por outro, os esquemas de funcionamento. Em Palissy, estas últimas figuras não se actualizam como em Leonardo da Vinci: pertencem à ordem do discurso. No entanto, em ambos, estes esquemas – ditos ou traçados a pena – manifestam os resultados obtidos.

Apesar das suas divergências, estas duas imagens, manifestações simbólicas de uma força do Além, possuem uma unidade profunda. No ciclo da água, o poder divino actualiza-se por uma indefectível lógica de raciocínio. No jardim imaginado, manifesta-se na perfeição de uma técnica de imitação. No entanto, as duas imagens traçam já as premissas de um duplo estatuto do seu autor.

Pela criação de artifícios, Palissy mostra-se artista; pela produção de conhecimentos, é cientista. Ainda que,

---

([12]) B. Palissy, *Da Arte da Terra, da sua Utilidade, dos Esmaltes e do Fogo*, s./d.

38 | A *Fábrica do Olhar*

nesta época, a distinção entre arte e ciência não tenha ainda sido estabelecida.

Até ao século XVIII, a palavra artista designa tanto «aquele que cria coisas novas» como o «artesão». Este último termo, porém, só aparece em meados do século XVI. A hierarquia entre o artesão (que fabrica) e o artista (que fabrica e pensa) só surgirá mais tarde, no século XVIII. Estas primeiras cisões entre formas científicas e formas artísticas emergentes evoluem para autênticas fracturas por efeito das evoluções industriais do século XV. Em poucas décadas, a imprensa, a moldagem, a gravura industrial conhecem sucessos irreversíveis. Os textos escritos, a escultura, a olaria, o desenho e a pintura sofrem grandes mudanças. Palissy é um homem consciencioso, perfeccionista, que concebe a sua arte como fruto de um trabalho profundo, e é obstinado, apesar das enormes dificuldades materiais. Para ele, a produção em série e o seu corolário, o anonimato, são grandes aflições. Não podendo satisfazer-se com trabalhos imperfeitos ou inacabados, conserva a consciência aguda de que é preciso continuar a «apalpar no escuro» se se quiser avançar no conhecimento do mundo e no melhoramento do entendimento entre os homens. O valor de uma coisa, diz ele, depende do seu grau de raridade.

Irritado, conta como, nesta primeira metade do século XVI, as figuras de terracota moldadas se vendem a preços baixíssimos em todas as feiras e mercados da Gasconha. Como, em Limoges, os botões de esmalte, que valiam antes três francos a dúzia, são agora fabricados em tão grande quantidade que a sua função social foi afectada. Produzidos em série, o seu preço baixa. Usá-los assinala agora uma pertença ao povo. Estes botões envergonham os fidalgos, que preferem deixá-los aos indigentes. Vêem-se até à venda, por três soldos a dúzia, boni-

O *Olhar Nu* | 39

tas pinturas, cujo esmalte é perfeitamente fundido sobre o cobre. Botões de esmalte, insígnias, mas também jarros, saleiros, vasos, a que já não se chamam «obras de arte», mas antes «invenções gentis», são assim desprezados por se terem tornado demasiado comuns. Os vitrais desenhados e pintados, destinados às casas ou às igrejas, são vendidos a preços tão baixos que os seus autores vivem agora na pobreza. Nas aldeias do Sudoeste de França, estes vitrais coloridos são até vendidos em leilão pelos vendedores de ferro-velho e roupa usada. O mal é tal que os pintores, que dantes faziam parte de uma espécie de «nobreza vidreira», manifestam agora o seu arrependimento por não serem plebeus.

Simultaneamente, o aparecimento de livros impressos causa problemas aos pintores e aos «retratistas sábios» ao abrir aos gravadores o campo que até então lhes estava reservado. Para Palissy, a invenção de um «alemão chamado Albert»[13] lançou para o mercado gravuras de «histórias de Nossa Senhora» que ele considera grosseiras. Na verdade, o ofício da figuração já não requer as mesmas qualidades: já não basta ser habilidoso na representação de um mundo visto respeitando as regras da perspectiva; é preciso também dominar as novas técnicas da gravura.

Os grandes gravadores do final do século XV e início do século XVI não são pintores, mas sim ourives: o aparecimento do livro impresso incita-os simplesmente a realizarem no papel aquilo que há muito fazem no metal das jóias. As novas técnicas de difusão não só alteram as práticas, como também geram rapidamente grandes expectativas. A partir do final do século XV, o estilo de Albrecht

---

[13] A expressão é do próprio Bernard Palissy (*Da Arte da Terra...*). Trata-se de Albrecht Dürer.

40 | A Fábrica do Olhar

Dürer impõe-se na gravura sobre madeira e cobre: a procura de obras ilustradas aumenta. A cidade de Nuremberga, com a oficina de Wolgemut e as prensas do grande editor Anton Koberger, e Basileia – ambas frequentadas por Albrecht Dürer – tornam-se os dois grandes centros europeus de produção de livros. Esta abertura altera o sentido da «obra de arte». O destino destas gravuras para um público mais extenso faz parte da sua concepção.

Para Bernard Palissy, a multiplicação das pinturas pela gravura leva inevitavelmente ao rápido esquecimento do inventor do desenho original. O objecto criado é agora uma mercadoria destinada a ser exposta; já não é fruto do trabalho do indivíduo. O seu custo passa a ser a preocupação principal, em detrimento da qualidade da realização, do talento e da imaginação do autor.

A industrialização atrai muitas pessoas para estes ofícios da gravura e da moldagem; com a concorrência, esta gente só pode viver na pobreza. Palissy prevê as dificuldades que se avizinham. Abandona o seu ofício de pintor e de retratista e lança-se arrebatadamente no estudo do fabrico de esmalte branco, mãe de todas as cores [14]: «Sabes [...] que me mostraram uma taça de barro, torneada e esmaltada, de tal beleza [15] que logo me pus a pensar, recordando várias coisas que alguns me tinham dito, gozando comigo, quando eu pintava imagens. Ora, vendo que no meu país se começava a deixá-las, assim como a vidraria, que não tinha grande procura, pensei

---

[14] Palissy descobre o segredo do esmalte branco após dezasseis anos de trabalhos levados a cabo nas piores condições materiais. Ao ampliar rapidamente as paletas de cor, revoluciona a cerâmica vidrada herdada do Ocidente medieval (a arte de esmaltagem era então conhecida na Etrúria).

[15] Poderia tratar-se de uma taça esmaltada de origem italiana, contemporânea ou antiga.

O Olhar Nu | 41

que se conseguisse inventar esmaltes poderia fazer vasos de barro e outras coisas belas, porque Deus fez com que eu percebesse alguma coisa de desenho; e então, sem ligar ao facto de não ter qualquer conhecimento das terras argilosas, pus-me a estudar os esmaltes [...]» [16].

Os textos escritos por Palissy descrevem um trabalho obstinado, as enormes dificuldades teóricas, práticas, materiais e até sociais encontradas num empreendimento de tipo experimental. Numa época em que não existiam as patentes, Bernard Palissy conservou o segredo dos seus esmaltes, não revelando quase nada da sua composição ou das condições experimentais do fabrico. Com efeito, conhecia o sofrimento dos esmaltadores de Limoges, vítimas da concorrência por terem, imprudentemente, divulgado as técnicas de fabrico, disponibilizando-as a todos.

Ao destabilizar os artistas, a primeira revolução industrial obriga a que se façam redefinições. É preciso escolher: tornar-se artífice ou definir-se como artista, ainda que o uso destes termos não evoque exactamente o seu sentido contemporâneo. No século XVI, o fabrico industrial é especificado pela mecanização ao serviço de uma multiplicação e pela consequente divulgação dos segredos de fabrico.

Enquanto o artífice produz objectos em série e beneficia de um salário como compensação, os artistas optam por criações únicas nas quais entra – na forma de trabalho, reflexões, tentativas e erros – uma grande parte de si próprios. Aquilo que pode distinguir claramente a produção de um simples fabricante da produção artística de um pintor-ceramista como Bernard Palissy é a reivindicação de um suplemento singular de espírito, parte integrante do objecto fabricado. Com esta parte, vem a assi-

---

[16] B. Palissy, *Da Arte da Terra...*, *op. cit.*

42 | *A Fábrica do Olhar*

natura; mas também o reconhecimento de um trabalho de estudo aprofundado, a unicidade de cada produção, a conservação dos segredos de fabrico.

Para Bernard Palissy, as palavras *artífice*, *artesão*, *artista* não têm sentido; as posições económicas, sociais e culturais que lhes correspondem ainda não tinham sido definidas. No entanto, exprime-se claramente o sentimento de um profundo mal-estar gerado por uma tensão entre três eixos que se desenham. Palissy é *artista* quando constrói grutas de esmalte ricamente coloridas. É *cientista* quando instala novos esquemas do ciclo da água. É *artífice* quando tem de produzir em série vitrais coloridos para catedrais.

As novas ferramentas de produção e de multiplicação, bem como as exigências nascidas dos novos usos, fazem evoluir o sentido da obra de arte, o estatuto do seu autor. Nascido em 1510, apenas nove anos após a morte de Leonardo da Vinci, Palissy sofreu mais do que este os efeitos de uma revolução da produção das obras de arte e dos livros. O indivíduo, rabugento, desconfiado, de lendário mau humor, é assolado por terríveis dilemas: o objecto que responde aos critérios industriais já não obedece aos da obra de artista e o que responde aos critérios artísticos já não obedece aos de uma produção científica. Em Leonardo da Vinci, o artista já não se confundia com o cientista; a obra do primeiro imitava as aparências, recorria tanto aos álbuns de desenhos realizados pelos mestres como às fontes da natureza. A obra do segundo apresentava-se como um *écorché* (modelo anatómico), um plano, a penetração de um interior pela inteligência de um olhar; no fundo, um esquema de funcionamento.

A questão do segredo está no centro do debate. Enquanto que Leonardo da Vinci codifica os seus escritos e reserva apenas aos iniciados a primazia de afirma-

O *Olhar Nu* | 43

ções consideradas perigosas, Bernard Palissy, confrontado com os novos problemas levantados pela grande difusão dos objectos e das ideias, gere de forma relativizada a questão do segredo. Ao mesmo tempo que conserva cuidadosamente escondidas as técnicas de fabrico das cerâmicas e dos esmaltes, divulga amplamente os saberes relativos aos remédios contra as doenças perniciosas, à agricultura, aos acidentes e perigos da navegação, às ciências em geral e à palavra de Deus.

Uma técnica artística deve ser mantida secreta. Um resultado científico deve ser amplamente divulgado.

Simultaneamente sensível e racional, incrédulo ou crente, o indivíduo curioso do século XVI possui ainda uma profunda e bela unidade. Quer se trate de moer o azul de cobalto, triturar o litargírio ou a cinza gravelada, denunciar as blasfémias e a licenciosidade dos costumes, mostrar os abusos e ignorâncias dos médicos, investigar o grau de fusão de um esmalte ou compreender a existência de conchas fósseis no cimo das montanhas, o olhar é o mesmo, que revela e critica o mundo. Há sempre a certeza de que a verdade virá de uma nova atenção prestada às formas, às cores, às propriedades e aos movimentos. Como corolário, sempre a denúncia virulenta daqueles que recusam ver. «[Se os Médicos] vão a casa do paciente, não têm o cuidado de o olhar, ver-lhe o pulso, observar a urina, estendem a mão para receber o pagamento e vão embora. [...] e eis os pobres doentes bem servidos, e a propósito, quando o Médico devia ficar pelo menos uma hora a questionar o seu paciente, para prever os incidentes que acontecem sempre, para os evitar, a única coisa que faz é entrar e sair, pegar no dinheiro e adeus.» [17]

---

[17] B. Palissy, *Receita Verdadeira...*, *op. cit.*

O mal-estar vem das tensões que obrigam um indivíduo até então completo a situar-se em campos por vezes contraditórios. O artista e o cientista têm dificuldade em coabitar, não porque o olhar que ambos têm sobre o mundo seja diferente, mas porque os modos de transmissão utilizam técnicas diferentes. As suas modalidades, mais do que as da produção, são responsáveis pelas primeiras fissuras entre aquilo a que hoje chamamos «ciência» e «arte». As conferências, os textos escritos, são os vectores de transmissão dos conhecimentos científicos. Os gestos técnicos são os dos saberes do domínio empírico, relativos à agricultura, à medicina ou à navegação. A obra de arte, por seu lado, só existe pelos seus objectos únicos, assinados, destinados à eternidade.

Os homens do Renascimento que contribuem para instalar novos modos de apreensão do mundo conhecem apenas as premissas dessas dissociações. A longo prazo, têm de se situar ou como artistas ou como cientistas. Ser simultaneamente ambos significaria a pertença a dois sistemas contraditórios, o que implica duas posições opostas relativamente aos modos de reprodução mecânicos e industriais.

Capítulo II

A dissecação

Giovanni e Gregorio di Gregori, 5 de Fevereiro de 1494
André Vesálio, 1543

A mesa de dissecação

Muito antes da invenção da imprensa no final do
século XV, a gravura em madeira apresenta-se já como
meio de produzir facilmente grande número de imagens.
Convidando ao diálogo de olhares, dá impulso ao «ousar
ver». As primeiras autópsias tiveram lugar no início do
século XIV. O olhar que então se desvia do texto das autoridades médicas para percorrer a pele evoca a conivência,
a partilha, a transmissão. A imagem gravada é testemunha da novidade radical dos dispositivos de observação
do corpo.

O médico – o *lector* – vestido com um traje longo e
chapéu vermelho, oficia do alto de uma cadeira de madeira
esculpida. O corpo de um homem está estendido de barriga para cima numa prancha apoiada por cavaletes. Um

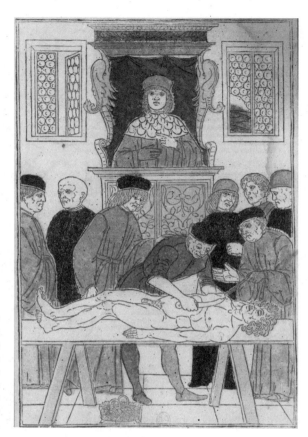

Figura 3. – Dissecação. *Gravura em madeira, colorida a aguarela, com escantilhão, realizada em 1493. Frontispício da obra* De fasciculo de medicina, *de Mondino di Luzzi.*

assistente – o *sector* –, munido de uma faca comprida com lâmina curva, de mangas arregaçadas, procede à dissecação; é rodeado por seis médicos e estudantes com trajes vermelhos ou negros. Um deles – o *ostensor* –, com a ajuda de um ponteiro, mostra as partes do corpo a observar.

([1]) *De fasciculo de medicina*, Veneza, Z. e G. di Gregori, 1493 in-folio. Caroline Karpinsky, «Penny plain, tuppence colored», *The Metropolitan Museum of Art Bulletin*, vol. XIX, n.º 9, Maio de 1961, pp. 237-252.

A Dissecação | 47

Debaixo da mesa de dissecação, no chão ladrilhado, um cesto está pronto para receber os restos.

O corpo de um homem está prestes a ser cortado, o olhar dos protagonistas está suspenso; a cena é grave, emocionante. O doutor na cadeira já não lê e agora observa; liberta-se parcialmente dos textos dos Antigos e dá azo a um conhecimento nascido de uma observação directa. O olhar directo do médico que percorre o corpo do morto não se desviou completamente, porém, da leitura dos textos. O *lector* mantém-se ainda simbolicamente acima dos estudantes, acima do objecto a observar e a compreender, e, sobretudo, longe do *sector* – aquele que toca – e do *ostensor* – aquele que vê, que mostra. Esta gravura foi extraída do livro *De fasciculo de medicina*, escrito no início do século XIV. Só terá sido realizada muito mais tarde, em 1493, por um gravador anónimo na ocasião da edição e publicação da obra no ano seguinte, em 5 de Fevereiro de 1494, pelos irmãos Giovanni e Gregorio di Gregori ([1]). É possível que o desenho se refira ao ano 1316, no qual Mondino di Luzzi realizou uma autópsia que ficou célebre. A obra teve sucesso durante dois séculos. Antes do ano 1500 já tivera sete impressões diferentes. A organização em capítulos reflecte directamente as dificuldades ligadas à conservação das diversas partes de um cadáver: a obra, concisa, trata sucessivamente do abdómen, do tórax, da cabeça, do esqueleto e das extremidades dos membros.

Uma segunda prancha, nas primeiras páginas do *De fasciculo medicina*, mostra a espera de três doentes num gabinete-biblioteca ainda cheio de livros de Aristóteles, Galeno, Hipócrates e Avicena: a reivindicação de uma nova liberdade do olhar ainda não impede a homenagem prestada aos escritos dos antecessores. Na verdade, a observação do cadáver é mais um meio de memorizar as

48 | A Fábrica do Olhar

descrições anatómicas dos textos dos Antigos do que a vontade de se libertar desses mesmos textos. Vesálio, mais tarde, na sua *Fabrica*, escarnecerá desses professores empoleirados nas suas cátedras, que, «como gaios, falam de coisas que nunca compreenderam, mas que foram buscar aos livros e as memorizaram, sem nunca as verem». Uma gravura sobre madeira é um projecto de difusão. Esta finalidade repercute-se sobre toda a cadeia de fabrico. O jusante condiciona o montante: o trabalho dos desenhadores, dos gravadores, dos coloristas, dos impressores e dos vendedores leva já em linha de conta essa lógica de multiplicação[2].

É possível efectuar simultaneamente leituras diferentes de uma mesma imagem. A gravura do *De fasciculo* documenta os dispositivos do olhar entre os anatomistas dos séculos XIV e XV; por outro lado, é um vestígio que dá acesso às estratégias técnicas e institucionais de uma sedução social pela imagem. Estas duas leituras não são independentes: a recepção de uma imagem resulta de uma tensão entre a primeira e a segunda, entre um valor de exterioridade e um valor de enunciação. A imagem fala do mundo falando de si mesma.

As imperfeições da nova gravura sobre madeira são, porém, flagrantes. Vários espaços ficaram em branco. Tanto o doutor na cadeira como um dos médicos têm uma mão branca e a outra vermelha; o homem de mangas arregaçadas tem um pé castanho e o outro vermelho. O conjunto apresenta alguma alegria. No entanto, uma certa tensão dramática devia animar a cena representada – uma das primeiras dissecações.

---

[2] M. Préaud, «Du coloriage à l'impression en couleur», in F. Rodari (org.), *Anatomie de la couleur*, Paris, Biblioteca Nacional de França, 1996.

A Dissecação | 49

A autorização excepcional das primeiras práticas de autópsia no século XIV dá assim origem a uma imagética anatómica específica. O corpo médico mostra-se antes de mostrar o corpo do paciente: não são os órgãos que figuram nestas primeiras gravuras, mas sim os desempenhos dos médicos e dos cirurgiões, tornando eternas as suas proezas. Já em 1345, numa das gravuras do manuscrito de Guido da Vigevanno, médico da rainha de Borgonha, um cirurgião apresenta frontalmente um cadáver sombrio, que ele segura numa pose do caçador a vender a pele do tigre. A xilografia do *De fasciculo medicina* funciona do mesmo modo: é uma mensagem ao leitor, um certificado, que valoriza os actores da dissecação. Instaura uma dupla fundação. Não só celebra um acontecimento como é, em si mesma, um acontecimento. A *performance* icónica é inseparável da *performance* social. A modernidade da madeira gravada, infinitamente multiplicável, justifica plenamente o registo de um acto fundador da renovação da anatomia [3].

Nesta época, só são autorizadas autópsias a criminosos; os cadafalsos são as principais fontes de cadáveres. Nas cidades pequenas, como Bolonha e Pádua, todos se conhecem e respeitam os mortos, mesmo que vítimas do cadafalso; raros são os que deixam as escolas de anatomia apoderarem-se deles [4]. É por isso que os cadáveres são raros: uma escola de anatomia só dispõe de dois ou três corpos «oficiais» por ano. Então, como se memoriza aquilo que é dito e mostrado numa sessão excepcional de

---

[3] No entanto, será preciso esperar pelo final do século XV para que a xilografia se imponha realmente. De facto, a passagem não se efectua de forma brutal. O texto, mais explícito do que a imagem, continua a guiar o olhar dos médicos.

[4] S. Jr. Edgerton, «Médecine, art et anatomie», *Culture technique*, n.º 14.

dissecação? Os poemas anatómicos fornecem uma primeira solução para estas questões mnemotécnicas; as imagens são outra solução. Para Samuel Edgerton Jr.[5], o problema dos médicos consiste, sobretudo, em convencer os anatomistas e os mecenas, mais habituados aos livros do que à dissecação dos corpos, que a estética não está ausente do horror de um corpo dissecado; que destas práticas podem nascer obras de arte. A gravura e as suas cores têm aqui um dos papéis desempenhados pelos ricos coloridos da imagiologia médica contemporânea.

O anfiteatro

A pouco e pouco, a cadeira ocupada pela autoridade académica e que domina a mesa de dissecação dá lugar aos anfiteatros. A arquitectura do olhar inverte-se. O médico já não fala do alto da sua cátedra; está em baixo, junto ao corpo autopsiado. O Mestre observa, mas sobretudo apalpa, pesa, sonda, avalia uma febre, uma forma, uma consistência, um peso, um cheiro, uma palidez ou um rubor. Os estudantes, os colegas e o público instalam-se nos degraus das bancadas: a dissecação é um verdadeiro espectáculo. Em meados deste século XVI, as estruturas arquitectónicas são ainda desmontáveis. O primeiro anfiteatro permanente só será inaugurado em 23 de Janeiro de 1584, na cidade de Pádua.

Nesse ano de 1543 é imprimido o *De humani corporis fabrica*, de André Vesálio. A Universidade de Pádua é então uma das mais brilhantes da Europa. A pequena cidade, que em 1405 passou para a soberania da poderosa e rica República de Veneza, conhece depois um

---

[5] *Ibid.*

A *Dissecação* | 51

período de efervescência intelectual. Veneza protege o *Studium* de Pádua, nem demasiado perto nem demasiado longe dela. Em contrapartida, os súbditos da República não podem frequentar outras universidades. A audácia de um pensamento simultaneamente livre e controlado que se instala em Pádua pode ser motivo de admiração. No entanto, só existe graças às infra-estruturas tanto técnicas como institucionais que concorrem para a transmissão das ideias. A Universidade é um lugar de passagem, de troca de livros e de pessoas. Os professores, nomeados por alguns anos, têm cargas pesadas de ensino, mas, em compensação, ganham salários elevados: o recrutamento pode ser exigente. Pádua atrai os espíritos brilhantes de todo o continente europeu. A discussão é fomentada: é o motor da inovação. Para estimular as trocas, os professores não podem ler as suas notas.

A faculdade de medicina, muito famosa e inovadora, é também a primeira da Europa a dispensar um ensino clínico. E a Universidade de Pádua favorecerá as visitas aos doentes, tal como ajudará a realização de dissecações de cadáveres: os estudantes têm tanto a aprender de um confronto com as pessoas, com os corpos, com as coisas, como de um ensino universitário. O anfiteatro, que aparece em Pádua, é o lugar das trocas orais e, ao mesmo tempo, da transmissão dos olhares. A arquitectura, que permite ver a partir de qualquer ponto a demonstração de um professor, tem a forma de um olho.

André Vesálio, natural de Bruxelas, foi para Pádua completar os seus estudos. No dia 5 de Dezembro de 1537 recebe da Universidade o título de doutor em Medicina. A 6 de Dezembro é nomeado responsável pela cátedra de Anatomia e Cirurgia. Entre 6 e 24 de Dezembro desenrola--se a sua primeira lição de anatomia, a partir da dissecação do corpo de um rapaz de dezoito anos. A experiência

52 | *A Fábrica do Olhar*

não pode ser concluída por causa da putrefacção, mas André Vesálio conserva o esqueleto. Alguns meses depois, publica as *Tabulae anatomicae sex*, ilustradas com seis pranchas gravadas: três são dedicadas às veias e artérias e as outras três ao esqueleto. A obra constitui uma inovação técnica: integra textos e figuras. Para Jackie Pigeaud[6], tal como para O'Malley[7], trata-se da «primeira exposição pictórica do sistema fisiológico de Galeno».

No entanto, a operação marca uma ruptura essencial entre a medicina de Galeno e a de Vesálio: a do texto e a do olhar. Técnica e socialmente, as *Tabulae anatomicae sex* prefiguram as pranchas futuras da *Fabrica*. Instituem já uma sedução do olhar que encanta a ciência mais necessitada neste domínio: a anatomia. A cátedra ocupada por André Vesálio – de Anatomia e Cirurgia – diz demasiado directamente respeito às manipulações do corpo humano para ser prestigiosa. No entanto, Vesálio depressa a elevará a um alto nível de exigência. As gravuras, os desenhos, a qualidade das publicações desempenharão um papel importante na reabilitação de uma ciência até então considerada inferior. O contrato de André Vesálio será renovado em 1539 e o seu salário aumentado.

A *fábrica*

É impossível folhear sem emoção as grandes pranchas do *De humani corporis fabrica*.

Os *écorchés* (esfolados) e os esqueletos instalam-se aí distintamente, em posição de vida no centro de um mundo

---

[6] J. Pigeaud, «Médecine et médecins padouans», *Les Siècles d'or de la médecine, Padoue XVᵉ-XVIIIᵉ siècle*, Milão, Electa, 1989.

[7] O'Malley, *Andreas Vesalius of Brussels, 1514-1564*, Los Angeles, Berkeley, 1964.

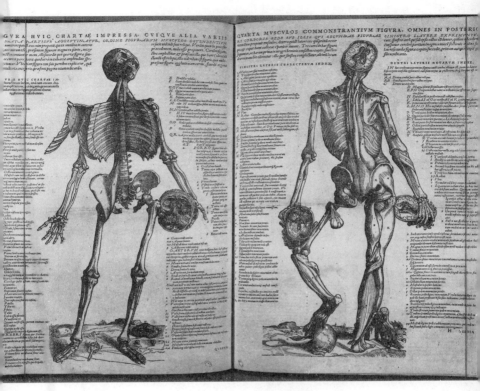

Figura 4. – Prancha anatómica.
Gravura sobre madeira, publicada em André Vesálio,
La Fabrica, *1453.*

de rosto humano. Penhascos, tufos de ervas, árvores nodosas e povoações muradas tornam familiares estes jardineiros esfolados, que têm crânios nas mãos, virados desengonçadamente para o céu, agitando os seus pedaços de pele como se fossem auriflamas ou apoiando, pensativos, o cotovelo esquerdo numa mesa. No chão, espalhados pelos montes de terra, há uma laringe, cartilagens, um pé. Fragmentos derisórios de dramas mitigados. Aquilo que se mostra não é apenas uma anatomia; é também a nova e serena postura de um Homem que toma conhecimento de si próprio, no centro de uma geografia à sua escala. Vesálio terá ido buscar o termo *fabrica* aos platónicos, adeptos da *fabrica naturae* [8]. O corpo do Homem de Vesálio é uma fábrica da natureza; é não só uma economia, mas também uma construção engenhosa, o fruto das suas intenções, da sua indústria. A *fabrica* de Vesálio é uma organização admirável: o corpo só contém os elementos indispensáveis à vida. Nada mais. A prancha do frontispício, gravada em 1543, apresenta a autópsia pública de uma mulher no centro de um anfiteatro. Para ela convergem os olhares de uma multidão indescritível: uma centena de médicos, estudantes, notáveis ou meros curiosos, estica o pescoço e arregala os olhos. O tufo de erva da cornija leva a pensar que a cena se desenrola no exterior. No centro, deitado num pano, está o corpo. Junto do cadáver, o mestre: André Vesálio em pessoa. Um barbeiro, pouco visível, espera, com os cotovelos apoiados na mesa, segurando ainda a lâmina. Debaixo da prancha de madeira que suporta o cadáver, vagamente ao abrigo, um homem ouve e toma notas. Só uma personagem concentra agora as funções de *magister* e de *ostensor*. André Vesálio, aquele que sabe e que transmite, é também aquele que olha e que mostra. As suas funções de *explicator chirurgiae* valem-lhe a admiração e o respeito. A prova já não é o escrito, mas sim o «visto». O conhecimento está agora subordinado ao verificável.

À esquerda e à direita da cena, afastados do espectáculo científico, abandonados e simbólicos, estão o macaco e o cão, que dantes faziam as delícias da anatomia de Galeno, mas que constituem ainda uma ajuda pre-

---

[8] J. Pigeaud, *op. cit.*

A Dissecação | 55

ciosa para Vesálio. Sobre a colunata clássica que rodeia o anfiteatro, as próprias armas do autor, enquadradas por dois *putti* e leões, lembram que a cena se desenrola no território da poderosa República de Veneza.

No meio da multidão, grandioso, sublime, dominando da sua elevada estatura os sussurros do corpo médico, ergue-se o esqueleto. Portador do saber – a osteologia é a base do conhecimento anatómico –, ele é o conhecimento. Este esqueleto segura uma haste cuja extremidade inferior aponta, tal como o dedo do mestre, para o lugar exacto do útero da mulher autopsiada[9]. O ponto central da figura seria assim ocupado pelo «Lugar da Geração». Esta dissecação dos órgãos femininos opera um corte radical com a medicina galénica, tanto no plano dos dispositivos técnicos e institucionais como no dos métodos e das ideias. Era importante que isso figurasse no próprio frontispício da *Fabrica*. Para Vesálio, a «geração» é um subterfúgio magnífico encontrado por Deus para evitar o desaparecimento da espécie humana.

A *Fabrica* contém mais de duzentas gravuras. O primeiro grande livro de anatomia da medicina ocidental, mas também o primeiro tratado de dissecação, difundido em vários países estrangeiros, servirá de referência durante mais de quatro séculos. A *Enciclopédia* de Diderot e de D'Alembert inspira-se na *Fabrica* para as suas gravuras de anatomia. Ao dar a ver, a gravura evita a utilização de uma terminologia anatómica imperfeita porque demasiado nova: os mesmos órgãos são designados por termos diferentes e os que não têm nome são indexados por perífrases. Imediatos, simples como quadros

---

[9] Catálogo da exposição *Vesálio*, Bruxelas: Elkhademotal H. com a colaboração de Dumortier C., (textos de), André Vesálio, experimentação e ensino da anatomia no século XVI, Biblioteca Real Alberto I, Bruxelas, de 5 de Novembro a 5 de Dezembro de 1993.

56 | A Fábrica do Olhar

sinópticos que apresentam resultados certos, os desenhos colmatam as deficiências e as dificuldades da linguagem.

O frontispício gravado de outra obra, o *De re anatomica libri*, do colaborador e sucessor de André Vesálio na cátedra de anatomia de Pádua em 1542, sublinha e reforça as relações entre o olhar e o desenho. Além do mestre, que mostra enquanto agarra num dos braços do cadáver, alguns discípulos afadigam-se à volta do corpo autopsiado; desenham *de visu* o corpo estendido ou lêem simultaneamente obras ilustradas de anatomia. Para a gravação e edição da *Fabrica*, André Vesálio preferiu Basileia a Veneza. Esta escolha, que privilegia uma cidade distante de Pádua, pode parecer surpreendente. Nesta época, Veneza é um grande centro de edição e impressão de gravuras, onde a censura não se exerce de modo demasiado severo. No entanto, neste início dos anos 40 do século XVI, a cidade está em declínio económico. Quanto a Basileia, situada no centro da Europa, na rota da Flandres, oferece a promessa de uma abertura para uma Europa do Norte em plena expansão, de onde, além disso, André Vesálio é originário. Em 1542, desloca-se até Basileia a fim de supervisionar a produção da obra. Fica nesta cidade vários meses. As madeiras de pereira desenhadas e gravadas por vários artistas, confiadas a um mercador, foram enviadas no dorso de mulas pelo desfiladeiro de São Gotardo. Chegaram pouco depois dos textos, esperadas pelo impressor Joannes Oparinus[10], que não podia trabalhar uns sem as outras. Antigo colaborador de Paracelso e professor de Grego, Joannes Oparinus estabelecera-se recentemente como editor. Na altura em que começa a trabalhar na *Fabrica*, acabara de imprimir a primeira tradução latina do Alcorão: esta obra levou-o a passar algum tempo na prisão.

---

[10] Joannes Oparinus nasceu em 1507 e faleceu em 1568.

A ordem seguida na *Fabrica* já não é imposta, como nas *Tabulae anatomicae*, pelas dificuldades ligadas à conservação dos órgãos. Como uma demonstração pelo visível, alinha as suas duzentas gravuras em sete capítulos. O primeiro livro diz respeito ao esqueleto, base de todas as estruturas anatómicas do corpo, arquitectura directamente responsável pelas formas, posições e movimentos. O segundo livro, logicamente, trata da miologia. Seguem-se depois os sistemas de ligação: sistema nervoso e arterial. Em seguida, os órgãos: os do abdómen, do tórax e, por fim, o cérebro. O Homem de Vesálio já não é um conjunto de órgãos; é uma anatomia integrada, dotada de unidade. O Homem de Vesálio já não é o de Galeno, pois «muito diferente é Vesálio»[11]: ele é o seu próprio demonstrador.

Os textos escritos misturam-se com as descrições anatómicas dos comentários sobre as práticas de dissecação e sobre os próprios desenhos. Tanto a dissecação como o desenho, pois ambos tornam visível aquilo que estava escondido, são elevados ao nível de meios.

As pranchas da *Fabrica* impressionam tanto pelas suas qualidades artísticas como pelas suas qualidades científicas. Contudo, demasiado cara, a obra não conhece a difusão esperada. Os compradores preferem o *Epítome*, editado por Vesálio algumas semanas depois. Destinada aos estudantes e aos artistas, esta obra concisa facilita a aprendizagem rápida da nova anatomia. Os textos são breves. O livro, que inclui nove gravuras, conhece sucesso imediato e é traduzido rapidamente para alemão.

Neste ano de 1543, durante o qual é editada a *Fabrica*, André Vesálio torna-se médico do imperador Carlos V.

---

[11] G. Canguilhem, *L'Homme de Vésale dans un monde de Copernic*, Paris, Les empêcheurs de penser en rond, 1991.

Mas, na corte, alguns médicos invejosos do seu sucesso criticam-lhe os trabalhos na presença do imperador. A recepção reservada à *Fabrica* continua a ser fria. Vesálio fica profundamente afectado. No entanto, o imperador demonstra-lhe profundos sinais de estima: nomeadamente, vela para que, após a sua abdicação a favor do filho Filipe II, Vesálio conserve as mesmas funções e beneficie de uma renda vitalícia. Muito rapidamente, porém, a *Fabrica* dá azo a contrafacções. André Vesálio, amargurado, queixa-se numa carta a Oparinus do fraco valor dos decretos dos príncipes aos olhos dos livreiros e dos impressores. A obra vende-se mal: a segunda edição só é publicada doze anos após a primeira. É uma obra-prima. A qualidade artística é melhorada. O papel é mais espesso. A tipografia é mais clara. Os caracteres são maiores. A obra é mais legível. O domínio da gravura atinge a perfeição. No entanto, parece que se deu menos atenção à realização do frontispício da segunda edição. Como se já não importasse convencer acerca da eficácia da máquina de visão. O esqueleto, no fundo do anfiteatro, já não usa as auriflamas do conhecimento, mas sim uma foice.

O valor artístico das gravuras, o cuidado prestado à sua produção, à «forma» do livro, que foi por vezes considerado o mais belo do mundo, demonstram a atenção do autor à recepção pública dos seus trabalhos. Estes têm como função directa mobilizar os mecenas, cujo auxílio é indispensável, e suscitar a adesão dos anatomistas à nova prática da dissecação de cadáveres humanos. A dissecação pública, a gravura, a imprensa, são três meios cuja utilização denuncia a vontade de André Vesálio enraizar os seus trabalhos no mundo contemporâneo dando a ver. Para ele, a produção de ideias novas é indissociável da gestão material e institucional da sua transmissão. Também nisto, Vesálio é um homem do Renas-

A Dissecação | 59

cimento. Georges Canguilhem sublinha: «Sabemos bem hoje tudo aquilo que o Renascimento devia a Leonardo da Vinci. Mas temos de lidar com a história, que não é a ucronia(*). Em 1543, o homem que veio ao mundo no mundo de Copérnico, foi o homem de Vesálio.» [12]

(*) Termo filosófico que designa a «história apócrifa, recriada em pensamento como poderia ter ocorrido» (*Dicionário Houaiss de Língua Portuguesa*, vol. VI, Lisboa, Círculo de Leitores, p. 362). (*N. R.*)
[12] Georges Canguilhem, *op. cit.*

Capítulo III

O inventário

Pierre Belon, 1551
Albrecht Dürer, 1515

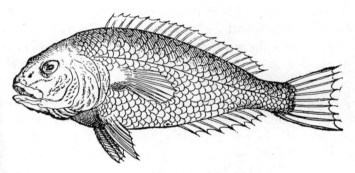

Figura 5. – Dourada.
Gravura sobre madeira, publicada em Pierre Belon,
La Nature et diversité des poissons avec leurs pourtraicts representez
au plus près du naturel, 1555.

Formas exactas

Na primeira metade do século XV, o estatuto das imagens dos tratados de zoologia modifica-se progressiva

62 | *A Fábrica do Olhar*

mas radicalmente[1]. Os desenhos e as gravuras, resultantes de uma observação directa e rigorosa, substituem a pouco e pouco as criaturas nascidas da paixão dos discursos. As imagens guiam a observação, tornam-se instrumentos de determinação. Abandonam o carácter de vinhetas decorativas susceptíveis de dar apoio a variados textos. Nas obras de zoologia, passam a ocupar o lugar mais importante. O mar, onde vivem seres raramente observados com atenção, abre-se ao conhecimento. Os cientistas e os viajantes aventuram-se em águas que inspiram cada vez menos temor e se esvaziam dos seus monstros. As gravuras dos peixes adquirem um rigor que as aproxima das dos pássaros, mais próximos de Deus e, por isso, há muito vistos como figuras de adivinhação[2]. O mar, agora objecto do olhar, perde a opacidade. Aquilo que é observado deve ser desenhado, pois a natureza abre caminho ao conhecimento: «Quem se tiver habituado a tudo ir buscar à natureza tornará a sua mão tão exercitada que em tudo o que fizer se sentirá a própria natureza»[3]. A imagem gravada passa a ter uma função de difusão dos saberes. Deve expor na perfeição as características de reconhecimento: a forma das escamas, a posição das barbatanas ou das bárbulas junto à boca. Como corolário, as diferenças entre as espécies tornam-se mais rigorosas. O rodovalho, o linguado e a dourada distinguem-se claramente. A imagem abre a via do diálogo, da crítica: as formas da natureza tornam-se objecto de discussão.

---

[1] K. Kolb, *Graveurs, Artistes et Hommes de Science*, Paris, Édition des Cendres-Institut d'étude du livre, 1996.
[2] K. Kolb, *op. cit.*
[3] *Alberti*, citado por Katharina Kolb, *op. cit.*

O *inventário* | 63

Formas imaginadas

No entanto, as obras científicas não abandonam facilmente nem as suas formas imaginadas nem os seus fantasmas. Pierre Belon, naturalista e escritor de língua francesa, publica em 1551 a sua *Histoire naturelle des estranges poissons marins, avec la vraie peinture et description du Daulphin* [*História Natural dos Estranhos Peixes Marinhos, Com a Verdadeira Pintura e Descrição do Golfinho*], ilustrada à mão com aguarelas. Três anos depois surgem os *Libri de piscibus marinis* [4], de Guillaume Rondelet, igualmente ilustrados. Alguns anos mais tarde, o naturalista Conrad Gesner, de Zurique, tenta reunir na sua enciclopédia zoológica todos os textos anteriormente escritos sobre os animais em geral e sobre a fauna marinha em particular. Para Pierre Belon, o olho, «que não parece ser pequena testemunha», é aqui o instrumento de uma descrição rigorosa dos habitantes dos mares. Atraído pelo inesperado e pela curiosidade, representou as «coisas raras», susceptíveis de serem úteis para as gerações seguintes. Quando a observação directa não é mesmo possível – dos peixes da Ásia, da África e até da Europa –, recorre aos «especialistas mais exigentes», aos documentos de arquivo. Homem de grande rigor, Belon não escapa, porém, às descrições exaltadas: a par de desenhos de notável exactidão, apresenta monstros e quimeras. O cavalo marinho plantígrado com cabeça de urso que ataca um crocodilo do Nilo é copiado do verso da medalha do imperador Adriano. A própria descrição deste ser imaginário é uma invenção. A *História Natural dos*

---

[4] *Libri de piscibus marinis in quibus verae piscium effigies expressae sunt et universae aquatilium historiae pars altera, cum veris ipsorum imaginibus*, Lião, 1554.

64 | A Fábrica do Olhar

Estranhos Peixes Marinhos mistura o cavalo de cabeça de urso com o «Cavalo de Neptuno» de corpo de golfinho, quimera resultante da união dos dois melhores animais do ar e da terra e símbolo dos poderes principescos: o mar que submerge deixa imaginar «coisas monstruosas e de estranha força».

Mas Belon hesita. Será que, neste meio do século XVI, se deverá ainda dar crédito aos textos de Plínio? Deveremos dar ouvidos aos relatos daqueles nobres que viram um homem a andar pelos navios à noite, atirando de passagem vários deles à água, antes de ele próprio se atirar ao mar? Pouco tempo antes, na Noruega, um homem com o corpo coberto de escamas fora visto por muitas pessoas a passear--se na praia e a apanhar sol. E mais, um peixe de vestes pontifícias foi apanhado perto da Polónia e enviado ao rei deste país. As testemunhas são muitas. E conta-se também que, em Amesterdão, na altura das grandes inundações, se encontrou um monstro feminino num lago. Levado para a cidade de Edam, viveu algum tempo com as mulheres deste país. Mas, sobretudo, perto da cidade de Den Elepoch, na Noruega, na região de Diezunt, encontrou-se um peixe marinho com cara de monge. Esta estranha personagem coberta de escamas azuis claras, com braços em forma de barbatanas e cabeça rapada à monge viveu apenas três dias. E durante estes três dias não pronunciou qualquer palavra, não disse nada, limitando-se a soltar longos suspiros queixosos. O peixe-monge de traje azul que figura no *Traité des poissons* [*Tratado dos Peixes*] de Pierre Belon encontra-se também nos *Libri de piscibus* de Guillaume Rondelet. Apresentado como uma espécie autêntica, surge aqui ao lado da solha e do linguado.

No entanto, Pierre Belon acusa: as lisonjas são directamente responsáveis pelas ficções e pelas fábulas. Com efeito, os povos não querem ver o que os poderosos vêem; não o

O inventário | 65

que *é*, mas *aquilo que convém ver*. Frutos de uma servidão voluntária, as figuras imaginárias nascem, para ele, da submissão ao poder político. Prudentemente, Belon escreve no frontispício da *História da Natureza dos Pássaros*, publicada em 1555: «Dos pássaros dos quais traçamos o retrato, nenhum há em que não tenhamos tocado e tido em nosso poder [...]. Vários pássaros não foram retratados, pois não os quisemos imaginar, como alguns modernos fizeram com certos animais, pintados à discrição sem os terem visto». A utopia de um inventário completo dos vegetais e dos animais assenta na crença na unidade do mundo: Pierre Belon apresenta assim, lado a lado, na mesma prancha, o esqueleto de um homem e o de um pássaro. O animal está de pé, as suas asas caem ao longo do corpo como se fossem braços: a homologia de estrutura é salientada.

Submersões

O novo olhar lançado sobre as coisas da natureza cria uma proliferação de formas e cores; é preciso classificar, nomear. Para Belon, à classe dos peixes que têm sangue pertencem: «Os peixes maiores chamados cetáceos», «Os animais de vida dupla, que têm quatro patas e põem ovos», «Os peixes lisos e cartilaginosos que parem as suas crias», «Os peixes com espinhas que põem ovos». Entre os peixes que não têm sangue, classificam-se: «Os peixes cobertos de crosta ou de casca dura» e «As espécies de lagostas com cauda comprida». O naturalista suíço Conrad Gesner [5] e o italiano Ulysse Alvodrandi [6], seus con-

---

[5] Conrad Gesner nasceu em Zurique em 1516 e morreu nesta cidade em 1566.

[6] Ulysse Alvodrandi nasceu em Bolonha em 1522 e morreu nesta mesma cidade em 1605.

Figura 6. – Monge do mar. *Gravura sobre madeira colorida a azul com aguarela, publicada em Pierre Belon, La Nature et diversité des poissons avec leurs pourtraicts representez au plus près du naturel, 1555.*

temporâneos, empreendem alguns recenseamentos, que depois são obrigados a abandonar, pois não conseguem acompanhar o crescimento do número de espécies conhecidas. A *Totius historiae naturalis parens* do primeiro ocupa 4500 páginas. Os 10 tomos escritos pelo segundo ocupam 7000 páginas([7]). Ambas as obras são férteis em figuras imaginárias e animais fabulosos.

([7]) Ver Y. Laissus, «Encyclopédisme, collection, classification dans les sciences de la nature», *Tous les savoirs du monde*, Paris, Bibliothèque nationale de France-Flammarion, 1996.

O *inventário* | 67

É preciso trabalhar depressa. Conrad Gesner, o «Plínio da zoologia», reutiliza figuras de Pierre Belon. As suas próprias gravuras serão, por sua vez, bastante copiadas. Gesner, que «deu a maior atenção à sua obra», considera que a sua grande enciclopédia zoológica devia ser uma biblioteca do mundo. Doravante, seria inútil recorrer a outros autores. Nos últimos anos de vida, trabalha na realização de uma história das plantas, ilustrada com desenhos de grande rigor. Esta *Opera botanica* ficou inacabada. Tal como Ulysse Alvodrandi, Conrad Gesner sufoca, submergido no fluxo dos saberes. Na falta de um sistema de classificação eficaz, ambos utilizam – dentro das divisões tradicionais – classificações alfabéticas. A imprensa e a gravura invocam os inventários e a mobilização dos olhares. Geram um duplo dilúvio: o das espécies conhecidas e o dos livros.

Neste meio do século XVI, a torrente da produção impressa dá origem a uma verdadeira confusão: ao empreender a produção de obras inúteis ou fúteis, leva ao esquecimento os textos dos quais, paradoxalmente, pretendia conservar a memória [8]. Conrad Gesner confronta-se não só com a massa dos conhecimentos naturalistas, mas também com a dos livros. Homem de inventários e de colecções, recenseia: não só os animais, não só as plantas, mas também os livros. Em 1545 publica nova obra-prima, a *Bibliotheca Universalis*, catálogo universal das obras e dos escritores.

---

[8] Ver F. Waquet, «Plus Ultra. Inventaire des connaissances et progrès du savoir à l'époque classique», *Tous les savoirs du monde*, *op. cit.*

Gravura sobre cobre e difusão em massa

Embora a quantidade dos textos impressos e das gravuras dê novo fôlego ao conhecimento científico, fixa paradoxalmente, por muitos anos, as lacunas da observação. O desenho, muito estruturado, do rinoceronte gravado sobre madeira por Albrecht Dürer em 1515 apresenta uma estranheza incontestável. As patas cobertas de escamas assemelham-se às de uma tartaruga. O animal que se diz capaz de vencer um elefante está munido – logicamente – de uma autêntica armadura. A gravura foi realizada sem que Dürer tivesse observado directamente o animal. No entanto, este já chegara sem novidade a Portugal, vindo das Índias. Mas foi logo a seguir enviado para Roma, pois o rei D. Manuel I de Portugal considerava-o presente digno de um papa. A viagem foi dramática. Ao navegar em direcção a Leão X, o navio, vítima de uma tempestade, afundou-se, levando consigo corpos e bens. O rinoceronte morreu afogado. Repescado, foi mais ou menos embalsamado. Apesar disso, Dürer não teve a oportunidade de o ver, nem vivo nem morto. Tomara conhecimento dele por intermédio de um esboço, que depois passou a desenho a pena antes de fazer uma gravura sobre madeira. A gravura teve um sucesso fulgurante. Produziram-se oito edições diferentes – sete das quais póstumas – a partir da madeira original. O *Rinoceronte* de Dürer foi copiado com as suas imperfeições, utilizado como referência até ao final do século XIX, quando os erros e as diferenças entre o desenho e o animal eram já perfeitamente conhecidos.

Um desenho de observação é mais difícil de contestar do que um texto. Por vezes, uma figuração desempenha melhor o papel de certificado do que um escrito. E a autenticação daquilo que é visto é também a daquilo

O inventário | 69

que é sabido. A imprecisão da observação e os erros nascem também da urgência gerada pelas novas possibilidades de multiplicação e difusão. Os livros de páginas brancas das bibliotecas com estantes vazias exigem imagens que se criam na ânsia e na urgência.

O ânimo conferido pela imprensa passou também para a xilografia, nascida porém muito antes. A gravura sobre madeira, inicialmente em toda a página e depois inserida no texto, tinha então valor de autenticação. Tal como o livro a que pertencia, a gravura só podia dizer a verdade. As figuras simplificadas da xilografia tinham substituído os traços suaves e as cores matizadas das iluminuras.

As figuras a preto e branco das gravuras sobre cobre sucedem às pranchas coloridas da xilografia, como um novo episódio da degradação das imagens. Esta evolução é compensada por uma maior rapidez de execução e de multiplicação. Doravante, as imagens podem ser difundidas em grande série. O livro ilustrado transforma-se numa mercadoria. A gravura sobre chapa de cobre aparece em Itália e na Alemanha nos anos 1435-1436, pouco antes da invenção da perspectiva. Só ela torna possível uma verdadeira produção em massa. As linhas suaves traçadas pelo buril foram muitas vezes comparadas às dos patinadores no gelo, opostas aos traços rígidos da gravura sobre madeira. A haste de aço com cabo é empurrada pela palma da mão direita e guiada pelos dedos da mesma mão, enquanto a mão esquerda faz girar livremente a chapa de cobre por um traçado definido. Os raios de curvatura intensificam-se. A suavidade das formas aumenta. A possibilidade de reduzir a uma fracção de milímetro os intervalos entre dois traços paralelos abre caminho à realização de sombras finas e matizadas. Daqui resulta uma «inegável impressão de autentici-

70 | *A Fábrica do Olhar*

dade», que não era proporcionada pela gravura em madeira. A tinta, desta vez, não é posta em camadas nas zonas deixadas em relevo; ocupa os traços gravados. Comprimidas fortemente pelas prensas, as folhas de papel deformam-se ligeiramente, enrolam-se nestas finas gretas onde «apanham» a tinta. A gravura sobre cobre é um processo rápido.

Dotadas de «valor de exposição» ([9]) superior ao da pintura ou da gravura sobre madeira, as produções sobre cobre beneficiam de um estatuto menos nobre. Por vezes são consideradas com algum desprezo neste século XVI. Em contrapartida, os condicionalismos que pesam sobre estas produções – principalmente a autocensura – são aligeirados. A imagem sem estatuto e, porém, dotada de autenticidade torna possível qualquer descrição do mundo: a diversidade dos temas tratados aumenta. A gravura sobre cobre torna-se rapidamente a técnica favorita das enciclopédias, das obras destinadas ao grande público.

([9]) Esta terminologia é utilizada por Walter Benjamin em 1935.

Capítulo IV

A luneta astronómica

Galileu, 1610

Aguarelas e gravuras

A natureza que fala ao olho não é a mesma que fala a uma luneta astronómica. Galileu não foi o primeiro a apontar uma luneta para o céu, mas foi o primeiro a ver objectos novos com este instrumento. Neste início do século XVII, as ópticas que se interpõem entre o olho e o mundo transformam os mecanismos de produção da prova e da crença. O sistema simples formado pelo *observador, objecto* e *imagem* evolui para um sistema mais complexo no qual se deve agora contar com os instrumentos de observação e as suas lentes ópticas. Pelas dificuldades de comunicação que geram, estes novos dispositivos técnicos do olhar convocam fortemente as imagens. Longe de constituírem simples próteses do olho, propõem uma nova visão do mundo.

No dia 7 de Janeiro de 1610, Galileu efectua várias observações notáveis. A forma da Terra é semelhante à da

72 | *A Fábrica do Olhar*

Lua; a Via Láctea é formada por uma multidão de pequenas estrelas; Júpiter está acompanhado por três pequenos astros. Uma semana depois, novas observações acrescentam uma quarta lua a Júpiter e colocam estes quatro satélites a girar em torno do planeta. A 30 de Janeiro, Galileu parte rapidamente para Veneza a fim de mandar imprimir as suas observações em latim para as mostrar ao mundo científico. No dia 12 de Março de 1610 é publicado o *Sidereus nuncius*, *O Mensageiro das Estrelas*. As gravuras da obra impressa são um choque: a esfera lisa da Lua transformou-se num globo rugoso. Não são contornos traçados pela mão do gravador, mas jogos de luzes e sombras. Basta virar uns simples binóculos para a Lua, de noite, para se compreender a emoção que Galileu terá sentido quando apontou a sua luneta para os montes brilhantes do nosso satélite. A natureza observada não é imóvel; move-se. De uma noite para a outra, quando a parte iluminada do globo lunar aumenta, as manchas escuras diminuem. O fenómeno é parecido com o que se passa na Terra quando o Sol se ergue: a superfície iluminada das montanhas aumenta enquanto o escuro dos vales diminui.

As sete aguarelas da Lua, que figuram não na obra impressa, mas no manuscrito do *Sidereus nuncius*, mostram claramente este mecanismo: a linha de fronteira entre a sombra e a luz é nitidamente irregular. Como manchas escuras na cauda de um pavão, os «vales» da Lua são circulares. Cada um deles é cercado por uma cadeia de montanhas. A produção de uma aguarela é, em si mesmo, uma observação: os desenhadores apreenderam um mundo móvel, criador de ilusões ópticas, que não se podia captar com uma visão imediata e desatenta. Um jogo de sombras instável substitui o crescente dourado imóvel, suspenso na tela do céu.

A luneta astronómica | 73

Facto impressionante: as sete aguarelas feitas pela própria mão de Galileu continham[1] diferenças notáveis relativamente às gravuras sobre madeira da obra impressa. É provável que estas gravuras tenham sido feitas, não pelo próprio Galileu, mas por um artesão especializado. Uma diferença surpreendente reside na presença, nestas gravuras, de uma cratera circular de grandes dimensões, situada na linha que separa a sombra e a luz. Esta «cratera inventada» não corresponde a nenhuma realidade topográfica. Várias hipóteses podem explicar tal transformação. É possível que as aguarelas, tradução subtil e matizada daquilo que Galileu observou com a luneta, ao não destacarem suficientemente aquilo que devia ser visto, tenham obrigado à introdução desta cratera suplementar nas gravuras.

A luneta fez passar o disco dourado lunar de um estado bidimensional para um estado tridimensional. As consequências da passagem do disco para o globo são importantes. A Lua, agora esférica e dotada de relevos pronunciados, torna-se parente da Terra: tem as suas montanhas, os seus vales, que se iluminam ou mergulham na escuridão acompanhando os movimentos do Sol. Se a Lua é uma outra Terra, então esta mais não é do que uma lua, corpo celeste vulgar, «estrela» modesta perdida entre milhares de outras estrelas. É uma profunda ferida narcísica.

E quando persiste apenas um fino crescente de luz, o resto do globo lunar, ainda que mergulhado na escuridão, fica estranhamente iluminado por uma ténue luz acin-

---

[1] C. Jacob, «De la terre à la lune, les débuts de la sélénographie au XVIIe siècle», *Cartographies, Actes du Colloque de l'Académie de France à Rome, 19-20 mai 1995*, Paris, Réunion des Musées nationaux, 1996, pp. 16-18. Ver também F. Panese, «Sur les traces des taches solaires de Galilée», *Équinox* n.º 18, Genebra, Outono de 1997.

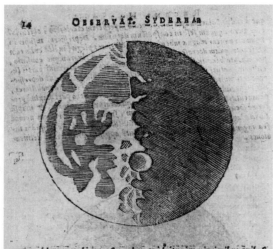

Figura 7. – Crateras lunares.
Gravura sobre madeira, publicada em Galileu, Sidereus nuncius (obra impressa).

zentada. Por conseguinte, iluminamos a Lua tal como esta nos ilumina. A Lua está para nós como nós estamos para a Lua.

Não se trata de projectar na superfície-tela da Lua um duplo de nós mesmos, mas sim de erigir o nosso satélite como astro autónomo semelhante à Terra. Só nesta condição pode surgir uma inversão do olhar. Se a Lua é uma outra Terra, então, podemos – a partir da Lua – observar a Terra e tornar-nos objecto da nossa própria observação. Para Galileu, observar a Lua é aceder à totalidade da Terra.

É isto que anuncia a cratera inventada. Ao chamar a atenção para aquela linha que separa a sombra e a luz, *fala-nos* das montanhas e das planícies.

A *luneta astronómica* | 75

A aguarela é uma obra única; a gravura é multiplicada, difundida. A aguarela, testemunha daquilo que é visto, é um registo simples; a gravura é já gestão dos olhares por uma administração dos signos. Contrariamente à aguarela do manuscrito, a gravura integra uma prática política. Ao materializar uma ideia com vista à sua transmissão, a cratera suplementar afirma o *modo como se deve observar*, portanto, pensar. Enquanto que a aguarela do manuscrito tranquiliza, a gravura apoquenta e desperta. No entanto, ambas se oferecem como um encantamento. Bertolt Brecht, muito mais tarde, exclamará: «Mantém o olho na luneta, Salgredo. Aquilo que vês é que não existe qualquer diferença entre o céu e a Terra. Estamos a 10 de Janeiro de 1610. A Humanidade regista no seu diário: céu suprimido» [2]. Crime de lesa-encantamento. Um céu salpicado de pontos, matematicamente descritível como uma tela, garante a serenidade, facilita a instalação de certezas. Mas se Júpiter possui luas, se a Lua se assemelha à Terra, se a Terra é um astro e os astros são novas Terras, se Vénus se parece com a Lua e se, além disso, o sistema de Copérnico adquire assim nova validade, instala-se uma angústia inexorável. A «luneta» – simples tubo munido de duas lentes, uma de fraca convexidade e a outra de forte concavidade, mas das quais nenhuma é de ampliar – bastou. A tela do céu e a sua geometria tranquilizadora dão lugar a espaços infinitos. A Terra, móvel, já não ocupa o seu centro. As mudanças simbólicas geradas pelas duas lentes ligadas da luneta galilaica confinam à vertigem.

---

[2] B. Brecht, *Galileu*, 1939.

76 | A Fábrica do Olhar

Lógica da prova

Em Setembro daquele mesmo ano de 1610, Galileu observa, com a ajuda da luneta, as manchas solares e, depois, o estranho aspecto do planeta Saturno. É o primeiro a descrever as fases de Vénus, muito parecidas com as da Lua. Desta vez, não perde tempo na redacção. Desejando guardar parcialmente o segredo das suas observações e, ao mesmo tempo, marcando a sua primazia, publica rapidamente as suas conclusões na forma de anagramas. Luas de Júpiter, montanhas lunares, fases de Vénus, manchas solares, silhueta de Saturno: a avalanche de descobertas é impressionante. A notícia espalha-se com rapidez até às «regiões geladas de Moscóvia» [3].

As objecções depressa começam a chegar. Apresentam-se de várias formas. As primeiras incidem sobre a primazia da descoberta da luneta, conhecida nos Países Baixos antes de Galileu a utilizar. O embaixador do rei Henrique IV em Haia escrevera então que essas lunetas «permitem ver o relógio de Delft e as janelas da igreja de Leida, apesar de estas cidades estarem a hora e meia de distância de Haia [...], observar todas as coisas [...] e até as estrelas que normalmente não aparecem à nossa vista...»

Na Terra, a luneta dá acesso a objectos terrestres invisíveis ao olho, mas cuja existência é comprovável: incontestavelmente, este instrumento faz maravilhas. O ponto brilhante de uma estrela longínqua tem pouco que ver com um objecto terrestre: como dar crédito a um instrumento cujas aberrações ópticas e cromáticas dão uma imagem tão deformada desses pontos? Alguns detractores afirmam que só a observação natural é fiável; só o

---

[3] Carta do duque Zbaraz enviada a Galileu em 8 de Março de 1612.

A *luneta astronómica* | 77

olho dá acesso à realidade do mundo. Galileu responde criticando a insuficiência da visão humana e a utopia da sua infalibilidade: «Pretenderemos ainda fazer dos nossos olhos a medida da expansão de todas as luzes, ainda que, quando as imagens dos objectos luminosos não nos são perceptíveis, devamos afirmar que a sua irradiação não nos chega? É possível que as águias e os linces vejam estrelas que, à nossa fraca vista, permanecem ocultas» [4]. Como os animais são capazes de ver melhor do que o homem, não é ilógico pensar que o instrumento de óptica possa ver também aquilo que o homem não vê.

O que a luneta de Galileu atira então à cara dos seus detractores é a questão da realidade do mundo. Já não é possível recorrer aos debates acerca da existência de um mundo único, estável, que preexistiria a toda a observação, que seria independente de qualquer interpretação. A Terra é um astro e os astros são outras Terras. O universo já não é uma tela sobre a qual se projectam figuras geométricas. Os astrónomos já não se podem acantonar no resumo de uma geometria do céu ou na matemática: o mundo das estrelas está mais próximo de nós do que pensamos.

No entanto, Galileu não terá baseado a sua argumentação apenas nas observações do céu: a 24 de Maio de 1610 escreve a Matteo Carosio, dizendo-lhe que experimentou a luneta «cem mil vezes sobre cem mil estrelas e objectos diversos» [5]. No dia 21 de Maio do ano seguinte, afirma: «[...] há dois anos que faço com o meu instrumento, ou antes com várias dezenas dos meus instrumentos, centenas ou milhares de experiências sobre

---

[4] Citado por C. Fehrenbach, «Qui a inventé la première lunette?», *L'Histoire cachée de l'astronomie, Ciel et espace*, número especial n.º 6, Junho-Julho-Agosto 1993.

[5] G. Galilei, *Sidereus nuncius*, X, 357.

78 | *A Fábrica do Olhar*

centenas ou milhares de objectos próximos e distantes, grandes e pequenos, luminosos e escuros, e não percebo como é que alguém me pode achar tão ingénuo para me enganar nas minhas observações» (6). O instrumento técnico terá sido calibrado a partir de «milhares de observações de objectos terrestres» (7). Esta lógica da prova instituída pela comparação entre o objecto observado a olho nu e o objecto visto à luneta ter-se-ia baseado em longas pesquisas realizadas a partir de experiências de percepção. Sobretudo, o invisível tornado manifesto inscreve-se num campo teórico elaborado: corrobora as bases das teorias copernicanas.

As objecções são redutoras. Para Cesare Cremonini, em Pádua, é impossível aprovar coisas das quais nada se conhece e que não foram vistas: «Penso [que Galileu] é o único a ter visto alguma coisa e, além disso, essas observações através das lunetas fazem-me dores de cabeça. Basta, já não quero ouvir falar mais disso».

Acreditar naquilo que a luneta de Galileu mostra, acreditar nos seus desenhos, significa acreditar na exactidão daquilo que se vê graças a eles. Só a confiança na possibilidade lógica do universo a que ela dá origem permite acreditar na luneta.

Longe de serem uma mera descrição, as imagens são também o instrumento da adesão àquilo que é visto e compreendido. A Lua é uma outra Terra, a Terra é uma outra lua. As consequências simbólicas destes novos saberes são imensas e simples: a nossa posição no centro do universo desapareceu para sempre.

É difícil imaginar as perturbações causadas por uma luneta óptica.

---

(6) *Ibid.*, XI, 106.

(7) L. Geymonat, *Galilée*, Paris, Seuil, «Point sciences», 1992.

Capítulo V

O microscópio

Robert Hooke (1635-1703)
Antoni van Leeuwenhoek (1632-1723)

O microscópio, o monstro e a gravura

A história das ideias esclarece-se na dos instrumentos. O microscópio é inventado no início do século XVII, na mesma altura que a luneta astronómica, da qual é uma consequência lógica. Brutalmente, mergulha-nos num mundo buliçoso, inesperado. Contudo, o microscópio não tem logo um acolhimento tão estrondoso como o telescópio. Os debates que acompanham a sua chegada não têm nem a dimensão nem o vigor dos que se seguiram à descoberta da luneta astronómica. Nenhum processo acompanha a emergência dos primeiros microscópios. Pior: os novos conhecimentos que eles geram tardam a impor-se, como se o instrumento não chegasse a abandonar o seu estatuto de curiosidade.

No século XIX, quando os progressos da óptica facilitam finalmente o aperfeiçoamento de instrumentos de

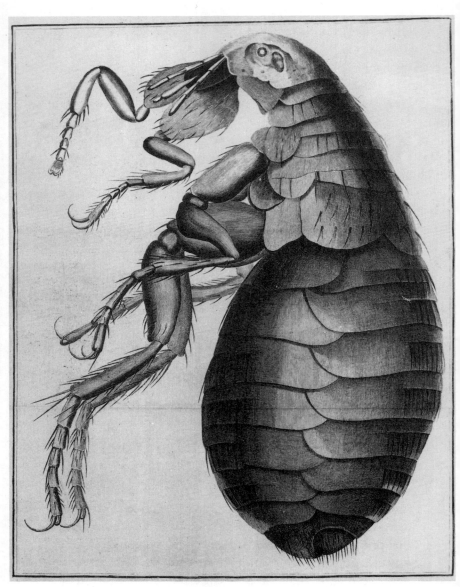

Figura 8. – A pulga.
Gravura sobre cobre publicada em Robert Hooke, Micrographia, *1665.*

O *microscópio* | 81

qualidade estável, os microscópios de lentes acromáticas só são comercializados 50 anos após as lunetas astronómicas beneficiarem das mesmas lentes. Podemos questionar estes desfasamentos: por que razão, após as notáveis invenções das primeiras décadas do século XVII, o entusiasmo pela observação microscópica decaiu tão depressa? Em 1723, ano da morte do holandês Antoni van Leeuwenhoek, pioneiro da microbiologia, os cientistas utilizam ainda muito pouco o microscópio. E sabemos que a teoria celular só se vai impor um século após as observações microscópicas que, porém, poderiam tê-la elaborado. Com efeito, em finais do século XVII, o biólogo inglês Robert Hooke já descrevera algumas células de um pedaço de cortiça: «Retirei um fragmento [de cortiça] extremamente fino e, como era um objecto claro, coloquei-o sobre uma lâmina negra. Projectei a luz sobre este fragmento com o auxílio de uma lente plana-convexa espessa e vi com nitidez extrema que este fragmento era inteiramente perfurado e poroso, muito semelhante a um favo de cera de abelha [...]».

O princípio do microscópio é simples: se conseguirmos observar os objectos de muito perto, conservando uma imagem nítida, então eles aparecerão muito maiores. O fabrico de lentes, que facilitam esta focagem a curtas distâncias, condicionou a invenção dos primeiros instrumentos. O próprio Galileu descobriu que a luneta astronómica podia ser utilizada como um microscópio. No dia 23 de Setembro de 1624, envia uma luneta ampliadora a Frederico Cesi, marquês de Monticelli e duque de Asquasparta, pai espiritual da Academia de Lincei ([1]), acompanhando-a com estas palavras: «Envio a Vossa Excelência

---

([1]) A Academia de Lincei, a primeira sociedade científica do mundo, foi fundada em 1603. Galileu era seu membro. A Academia foi pioneira dos primeiros estudos realizados ao microscópio.

82 | *A Fábrica do Olhar*

uma luneta para ver ao perto as coisas mais pequenas [...]. Demorei a enviá-la porque ainda não estava perfeita e tive dificuldades em perceber o modo de trabalhar perfeitamente as lentes. [...]. Contemplei muitos animais pequenos com uma admiração infinita. A pulga, por exemplo, é absolutamente horrível; o mosquito e a traça são muito belos; e foi com enorme contentamento que vi como as moscas e outros pequenos animais conseguem subir pelos espelhos».

As primeiras observações surpreendem; a novidade deste olhar técnico exige a realização de desenhos e gravuras. Mais tarde, a microscopia surgirá como o verdadeiro instigador do desenho de história natural. Uma das primeiras pranchas gravadas que representa seres observados ao microscópio é desenhada em 1625 por Francesco Stelluti, um dos fundadores da Academia de Lincei. Esta gravura reúne várias figuras da anatomia externa de uma abelha. As sombras acrescentadas aumentam o efeito de realismo. O entusiasmo é tão grande que o desenho, utilizado como modelo para o brasão do papa Urbano VIII, se torna emblemático.

Primeiro tratado impresso de microscopia, a obra *Micrographia*(²), de Robert Hooke (1625-1703), ilustrada com extraordinárias pranchas gravadas sobre cobre, conferiu à microscopia o seu primeiro estatuto de nobreza. Dedicada ao rei, era fruto de observações minuciosas. Os desenhos tinham sido realizados pelo próprio observador antes de serem entregues ao gravador. A qualidade destes desenhos é sedutora e vão provocar a adesão de Catarina I da Rússia à causa da microscopia.

Robert Hooke criara um mundo de um realismo impressionante: os parasitas ampliados como elefantes

---

(²) Obra publicada em 1665.

O microscópio | 83

assustavam e, ao mesmo tempo, causavam admiração. O piolho e a mosca mostram em toda a página a sua estranha beleza. A gravura da pulga é de tal modo forte que, dois séculos mais tarde, Diderot e d'Alembert a utilizarão para a sua *Enciclopédia*.

Obedecendo à regra das experiências exploratórias e eclécticas que acompanham cada novidade tecnológica, Robert Hooke observou – além dos insectos – o fio de uma navalha, roupas de linho ou pano, o brilho de um sílex, um pedaço de gelo, o ferrão de uma abelha, as fezes de um pardal, bolores e vegetais em decomposição. Nesta acumulação digna dos inventários do Oulipo(*), Hooke distinguira os grandes animálculos (*gygantic monsters*), os mais pequenos (*a lesser sort*) e os bolores (*minutes bodies*).

A edição e difusão das gravuras de *Micrographia* fazem irromper directamente a questão da interpretação: que forma possuem realmente estes objectos vistos ao microscópio, mas cujos pormenores não são observáveis a olho nu? Pela primeira vez coloca-se a questão dos artefactos. O objecto observado possui várias formas, cada qual ligada a um dispositivo técnico de observação. A qualidade da iluminação faz dos olhos de uma mosca, por exemplo, uma rede finamente quadriculada, uma superfície picotada com muitos buracos, alinhamentos de pirâmides ou uma cobertura de escamas douradas. A influência dos dispositivos de observação sobre a interpretação é exacerbada pela pequena dimensão dos objectos, pela iluminação por transparência e pela impossibilidade de ter outros acessos aos pormenores observados.

(*) O Oulipo, acrónimo de Ouvroir de littérature potentielle [Oficina de Literatura Potencial], é um grupo literário fundado em 1960 por Raymond Queneau, cujas obras se pautam por grande número de condicionalismos (*N. T.*).

84 | *A Fábrica do Olhar*

No prefácio à sua obra, Robert Hooke anuncia que não fez nenhum desenho antes de ter examinado o objecto sob diferentes qualidades e diferentes posições da luz: é preferível evitar confundir proeminências e depressões, sombras e manchas negras, zonas luminosas e cores claras[3]. Ao abrir as vias prometedoras da microscopia, a obra *Micrographia* convida outros cientistas a seguirem o mesmo caminho.

Gotas de vidro e efervescências

Actualmente, ficamos atordoados face às capacidades dos microscópios de Antoni van Leeuwenhoek, contemporâneo de Robert Hooke. Hoje em dia, os microscópios ópticos dão acesso a pormenores quase quatro vezes mais pequenos do que aqueles que os primeiros instrumentos permitiam ver, há 300 anos. Os microscópios actuais «vêem» pormenores da ordem de 0,2 mícron; o poder de resolução dos microscópios de Leeuwenhoek era já da ordem de 0,2 mícron. Segundo a justa observação de Brian J. Ford[4], o microscópio é uma excepção: em todos os outros domínios tecnológicos, as capacidades técnicas dos instrumentos actuais são muito claramente superiores às suas primeiras versões.

É em 1647 que Antoni van Leeuwenhoek, «simples vendedor de panos de Delft», descreve pela primeira vez os milhares de animálculos estranhos, as novas formas que povoam uma gota de água. A pulga e o piolho de Robert Hooke eram ainda realidades macroscópicas.

---

[3] G. L'E. Turner, *Essays on the History of the Microscope*, Charlbury, Oxford, The Senecio Press Limited, 1980.

[4] B. J. Ford, «La naissance de la microscopie», *La Recherche*, n.º 249, Dezembro de 1992.

O *microscópio* | 85

Mas aqui, neste mundo inacessível à experiência, tudo é objecto de espanto e faltam as palavras para relatar a estranheza celular. Um dos animálculos[5] é descrito como um glóbulo sem membrana nem pele, munido de dois tentáculos, com um grânulo na ponta da cauda. Contorce-se até todo o seu corpo saltar para trás e libertar a cauda, que se agita então como a de uma serpente. Um segundo, mais comprido do que largo, possui uma perna muito fina na extremidade da cabeça, ou pelo menos do lado em que o animal se desloca, porque, na verdade, não se vê qualquer cabeça. O corpo de um terceiro está provido de um «número inimaginável de pezinhos ou perninhas», que mais não são do que cílios. Um quarto move-se tão depressa que não se lhe consegue ver as pernas. Um quinto é tão pequeno que nem se pode descrever a sua forma...

Abandonando a vulgaridade das pulgas, abelhas e piolhos, Antoni van Leeuwenhoek concentra os seus trabalhos nos seres imperceptíveis a olho nu e publica as suas observações na forma de cartas nas *Philosophical transactions* da Royal Society inglesa. Os desenhos que manda traçar por um desenhador operam mais como esquemas indicadores de um funcionamento do que como verdadeiras imagens: as estruturas que observa são tão finas que lhe parece impossível alguém desenhá-las sem trair a realidade.

Mais tarde, no século XIX, não se deixará de opor as capacidades da microfotografia nascente àquelas imperfeições do desenho: ao mesmo tempo que dá acesso aos pormenores, ela facilita um reconhecimento de conjunto. Por enquanto, Leeuwenhoek não vislumbra outras soluções futuras senão juntar ao desenho de conjunto um

---

(5) Trata-se provavelmente de vorticela.

86 | *A Fábrica do Olhar*

esquema de pormenor. As cartas que dirige à Royal Society são acompanhadas de esboços traçados a pena, que tentam mais ou menos descrever as observações. A carta de 17 de Setembro de 1683, enviada a Francis Aston, novo secretário-geral da Royal Society, contém cinco desenhos, que ilustram as cinco categorias de criaturas vivas observadas em placas dentárias diluídas em água de chuva. Trata-se da primeira observação de bactérias e espírilos. A impossibilidade de representar o movimento obriga a acrescentar legendas ao desenho. O animálculo «A» está desenhado na forma de uma oval alongada. A legenda indica que «os A movem-se rapidamente, como peixes». O «B», com a forma de uma oval ligeiramente menos alongada, é acompanhado por um traçado pontilhado ondulante de um ponto C a um ponto D, que não hesita efectuar uma volta completa sobre si mesmo. A legenda anuncia que os «B» se deslocam «de improviso» do ponto C ao ponto D. Aos «E», representados na forma de pequenos círculos, «não se pode dar forma» por serem tão minúsculos. Os quartos, os «F», são filamentosos e imóveis. Os quintos, para se moverem, «fazem curvas onduladas com o corpo».

Estes continentes imensos nascem de instrumentos modestos. Uma simples gota de vidro que forma uma lente, montada entre dois caixilhos metálicos, é suficiente para ampliar centenas de vezes o objecto observado[7]. No prefácio de *Micrographia*, Robert Hooke faz uma descrição das lentes simples de Leeuwenhoek, que ele próprio não utilizou: «Pegai num pedaço de vidro partido muito transparente e colocai-o ao lume em minúsculos cabelos ou fios, depois colocai a extremidade desses fios na chama até que funda e se transforme em pequenas

---

[7] R. Hooke, *Micrographia*, 1665.

O *microscópio* | 87

gotas [...], em seguida esfregai-as sobre uma pequena chapa de metal polido com um pouco de pasta de ourives para que fiquem muito lisas; se fixardes uma delas com um pouco de cera mole num buraco de agulha e a encastrardes numa chapa de metal, obtereis não só uma ampliação, mas também uma imagem mais nítida dos objectos do que se tem com os microscópios compostos». Estes últimos, utilizados pelo próprio Robert Hooke, são – tal como as lunetas astronómicas – formados por duas lentes. A objectiva dá uma imagem interior ampliada do objecto; a ocular permite observar esta imagem. Estes microscópios compostos, mais fáceis de utilizar do que os microscópios «simples», têm também menos capacidades.

Técnicas, diálogos e objecções

Nos primeiros tempos, as preocupações técnicas são tais que ninguém cuida de compreender ou explicar aqueles organismos desconhecidos nascidos da invenção do microscópio. As aberrações cromáticas das lentes dão origem a imagens vagas, manchadas com esbatidos coloridos. Paradoxalmente, a técnica – pela sua própria imperfeição – tende a congregar: dá origem à necessidade de trocas e diálogos. No século XVIII, as sociedades científicas, criadas em torno do microscópio, multiplicam-se, principalmente em Inglaterra. A microscopia é uma curiosidade, um interesse técnico; não é ainda um instrumento criador de novos saberes.

Cada nível de integração – o astronómico, o macroscópico, o microscópico – abre-se a questões que lhe são inerentes e que ficam ligadas à história dos seus instrumentos: as questões da observação microscópica não são da

88 | *A Fábrica do Olhar*

mesma ordem que as da observação astronómica. É assim que se constrói uma filosofia do pequeno, tal como se elabora uma do distante, uma do quotidiano. A passagem de um nível para outro é marcada por descontinuidades profundas: saltos técnicos, metodológicos e simbólicos. A vida social científica é decalcada sobre estas classificações, em cuja origem se encontra a técnica, sem nunca as confundir.

Outros especialistas da microscopia resolvem de maneira radical a questão da partilha da observação. Como o desenho – imperfeito – não permite que várias pessoas dialoguem sobre a realidade microscópica, transporte-se amostras! À chegada destas viagens de carruagem ou de barco, de Londres a Glasgow, de Amesterdão a Londres, subsiste geralmente apenas um odor fétido. As observações não deixam qualquer vestígio dos animálculos desaparecidos. As controvérsias científicas tão esperadas não se produzem.

«Mereço ser duplamente criticado»: Leeuwenhoek, que lamenta ser mau desenhador, recusa, além disso, emprestar os seus melhores aparelhos. Ora, a imperfeição dos instrumentos, a falta de homogeneidade dos fabricos são tais que, de um microscópio para outro, os observadores não vêem a mesma coisa. As lentes de focais curtas, com campo muito reduzido, exigem focagens fastidiosas. Indivíduo isolado, pioneiro, entre o cientista e o artista, Antoni van Leeuwenhoek limita-se a marcar uma anterioridade. Durante muito tempo, aliás, as lentes ópticas continuarão a ser – como objectos artísticos – propriedade dos micrógrafos que as fabricaram e que as utilizam.

Por falta de partilhas e trocas, estes primeiros trabalhos confinarão a microscopia, embora criadora de universos prodigiosos, a um estatuto de curiosidade. Vai

O *microscópio* | 89

conservar esta posição muito tempo depois de a luneta astronómica ter adquirido o estatuto de prótese eficaz de visão, instrumento de novas construções científicas. A imperfeição dos instrumentos, ainda bem manifesta no século XIX, serve de argumento aos detractores. Xavier Bichat, o seu chefe de fila, condena firmemente o instrumento. A rejeição da microscopia é então dominante entre os biólogos franceses. A observação técnica seria incompatível com a subtileza dos pormenores estudados. Isto porque o instrumento tapa a visão. «Quando se olha no escuro, cada qual vê à sua maneira e conforme é afectado.» Magendie responde com firmeza que não se olha no escuro quando se faz observações microscópicas. Auguste Comte, temendo que aí se escondesse uma nova metafísica, condena radicalmente o abuso dos estudos microscópicos. O fascínio que exercem, o crédito exagerado que lhes é atribuído, são responsáveis, segundo ele, pelo carácter especioso desta «fantástica» teoria celular. Em 1838, o biólogo positivista Charles Robin, cujas posições são muito próximas das de Auguste Comte, reabilita o microscópio como instrumento de investigação. No entanto, não adere à teoria celular.

Na segunda metade do século XIX, os microscópios de qualidade são finalmente produzidos em série e comercializados: daí resulta a homogeneização dos olhares, a emergência de um novo diálogo. As trocas aumentam, a observação racionaliza-se. A micrografia torna-se uma ciência com estatuto próprio. No mundo médico, dá lugar a autênticas lições de observação. O desenvolvimento de redes institucionais favorece a difusão dos instrumentos. A pouco e pouco, normas cifradas substituem a subjectividade das percepções: os microscópios, agora definidos pela sua ampliação, pelo seu poder de resolução, pelas características do seu campo, são fabricados

90 | *A Fábrica do Olhar*

em série. As observações, tornadas comparáveis, adquirem carácter universal. Nasce um olhar normalizado. A partir de 1850, o microscópio beneficia também com o desenvolvimento da fotografia. A procura social torna-se considerável. Em Inglaterra multiplicam-se os clubes de microscopia. A presença de amadores activos dá novo impulso ao fabrico de instrumentos; indirectamente, os cientistas beneficiam com estes entusiasmos.

O microscópio, agora bem estabelecido, impõe uma nova lógica do olhar.

Capítulo VI

A rejeição da imagem

Carlos Lineu (1707-1778)

Classificar, nomear e gravar

As expedições naturalistas iniciadas nos primeiros anos do século XVIII com as viagens de Charles Plumier às Antilhas, com a «Viagem do Levante» de Joseph Pitton de Tournefort, seguidas pelas navegações de Philibert Commerson, Bougainville, La Billardière ou Michel Adanson, provocam uma avalancha de novos conhecimentos e o aparecimento de pranchas de herbários demasiado numerosas para serem desenhadas. Nestas viagens de longo curso pautadas por catástrofes e dramas, salvam-se as colecções antes de se salvarem os homens. A urgência, a importância vital do que está em causa fazem com que as mediações regressem ao primeiro plano das preocupações. Como relatar? Como coligir? Como fornecer os instrumentos de reconhecimento? Na primeira metade do século XVIII, a botânica – com as suas formas fixas, refe-

92 | *A Fábrica do Olhar*

renciáveis, bem arquitectadas, logo descritíveis, com os seus arquivos – torna-se o primeiro terreno de aventura da investigação classificatória: é mais fácil desenhar as plantas do que os animais. O mundo inteiro cabe nas suas imagens; o desenho naturalista ganha uma importância cada vez maior até ao ponto de, por vezes, fazer desaparecer o texto. Lineu([1]) rejeita as imagens. Embora conserve as plantas em grandes herbários, não as desenha. Renunciar aos inventários de imagens significa abandonar o particular pelo geral, o individual pelo universal. O sucesso extraordinário do sistema de descrição do mundo vivo que Lineu propõe nasce desta liberdade em relação às imagens. A botânica, para ele, é uma ciência formal; deve-se compreendê-la em termos matemáticos e geométricos. A fixação da nomenclatura lineana com o *Systema Naturae* data de 1735. Esta primeira edição é seguida por outras doze, a última das quais publicada no ano da morte de Lineu. Uma *Filosofia Botânica*, publicada em 1751 e que expõe os métodos de classificação e de nomenclatura, completa o *Systema Naturae*. O ordenamento taxinómico da confusão vegetal instala-se assim mais de um século após a revolução galilaica. O mundo das plantas e dos animais, ainda que próximo de nós, chegou mais tarde do que o dos planetas e das estrelas. Será preciso esperar ainda um século pela teoria darwinista para se compreender as espécies em termos de filiação e evolução.

A força da classificação lineana decorre de uma economia do pensamento. Poder classificar, nomear, é também saber reconhecer, utilizar e transmitir. Mas a organização da enorme diversidade das formas naturais não

---

([1]) Carlos Lineu, ou Carl von Linné, nasceu na Suécia, em Urjala, em 1707. Faleceu neste mesmo país, em Upsala, em 1778.

A *rejeição da imagem* | 93

é um formalismo aplicado sobre uma complexidade. Conceptual, segue a ordem do visível: a taxinomia surge simultaneamente como uma fenomenologia e uma descrição. A classificação lineana aparece, pois, como fruto de uma ordem natural. Mais tarde, surgirá até como reflexo de uma evolução das espécies.

O sistema proposto por Lineu é de uma economia rigorosa. Cada espécie, que inclui várias variedades, é entendida enquanto membro de um género; cada género enquanto membro de uma ordem, cada ordem enquanto membro de uma classe. No total, cinco divisões, e *apenas* cinco, para nomear qualquer planta encontrada.

O «género» (*Sorbus, Syringa*[2]...) constitui o elemento central, estável, da indexação; é facilmente reconhecível. A «espécie» (*Sorbus aria, Syringa vulgaris*[3]) é apenas o satélite do género. Uma gestão rigorosa do pensamento deve permitir, dentro de um género, determinar as espécies por um único carácter distintivo. Cada espécie é assim designada por duas e só duas palavras: a do género e a que a distingue de outras espécies pertencentes ao mesmo género.

Os géneros possuem planos de organização claros e distintos: devem poder ser descritos antes de todas as espécies serem conhecidas. A descoberta de uma nova espécie vai então inscrever-se automaticamente num género constituído – se este já estiver descrito –, sem lhe alterar a definição, mas aperfeiçoando-a. «Examinei todos esses géneros [...], reformei as características e erigi, de algum modo, um edifício novo.» [4]

Para a determinação, cada peça floral (cálice, corola, estame...) caracteriza-se por quatro dimensões estáveis:

---

[2] Lódão, lilás.
[3] Lódão branco, lilás vulgar.
[4] C. Lineu, *Filosofia Botânica*, 1751.

94 | *A Fábrica do Olhar*

o número, a forma, a estatura relativa e a disposição. Ou seja, na terminologia de Lineu: o número, a figura, a proporção e a situação. A linguagem organiza a abundância indescritível e fascinante das formas da natureza. Novos termos entram em vigor: «nomear um ser é instalá-lo no conjunto dos seres».

Buffon opõe-se a Lineu e opta pela solução das imagens, dos desenhos e das gravuras. Com estas, as descrições exaustivas permitem – pelo menos é o que diz – explicar o funcionamento da natureza na sua complexidade. Ao afirmar que não se deve separar, isolar ou fragmentar as características a determinar, Buffon desenvolve uma crítica vigorosa do método lineano, acusando-o de romper com a observação imediata: «[...] é preciso usar o microscópio para reconhecer uma árvore ou uma planta: a grandeza, a figura, o porte exterior, as folhas, todas as partes visíveis já não servem para nada; só há os estames; e se não se puder ver os estames, nada se sabe, nada se viu. Esta grande árvore que vedes talvez não passe de uma pimpinela; é necessário contar os seus estames para saber o que é [...]» (⁵). É assim que um metodista – Buffon não nomeia Lineu – impõe o seu método «ao ponto de confundir, graças ao seu sistema, os mais diferentes objectos, como as árvores com as ervas», e juntar numa mesma classe «a amoreira e a urtiga, a túlipa e a bérberis, o ulmo e a cenoura, a rosa e o morango, o carvalho e a pimpinela. Não será isto brincar com a natureza e com aqueles que a estudam?» (⁶)

Na verdade, a classificação lineana, da qual se servem ainda os botânicos contemporâneos, tem um futuro brilhante. Lineu só podia elaborar uma positividade do olhar

---

(⁵) D. L. L. Buffon, *Premier discours: de la manière d'étudier et de traiter l'histoire naturelle*, Histoire naturelle, 1744-1788.

A *rejeição da imagem* | 95

pela rejeição do desenho, da representação que o fixaria numa via única. As suas colecções de plantas secas, porém, facilitaram-lhe a compreensão simultânea da unidade e da diversidade das formas. Sem limitar os seus trabalhos às classificações botânicas, elaborou as bases de uma classificação animal. A posição do homem[7] – doravante classificado entre os «animais com mamas» e na ordem dos primatas, a par dos macacos superiores – altera-se. Entre um homem e um orangotango, as diferenças são agora ínfimas.

Por conseguinte, este olhar que se libertou da cópia para reconstruir com toda a liberdade torna-se gerador de imagens. Paradoxalmente, a classificação lineana convida às representações. Os desenhos esquemáticos das flores hierarquizam, acentuam, tornam visível não *aquilo que é visto*, mas antes *aquilo que deve ser visto*: o caule quadrado da urtiga, as flores pedunculadas da murta, os numerosos folíolos do órobo. O seu primeiro objectivo não é a semelhança; a sua vocação fundamental não é relacionar aparências sensíveis, mas dar a nomear, portanto, a compreender. É verdade que constituem um reconhecimento; mas apontam e acentuam as características de determinação do género e da espécie, que são difíceis de perceber. O particular e o individual não lhes interessam.

As plantas secas das grandes folhas catalogadas, devidamente marcadas e anotadas pelos grandes naturalistas, conservadas preciosamente nos herbários nacionais, são as únicas que servem de referência: *Poa bulbosa, Aegilops ovata*, cujos exemplares-*tipo* estão colados no papel absorvente, foram ali bem vistos, nesse dia, e *nomeados pela primeira vez*.

---

[6] *Ibid.*
[7] C. Lineu, *Systema Naturae*, Estocolmo, 1758-1759, 10.ª edição.

96 | *A Fábrica do Olhar*

As plantas secas das pranchas *normais* certificam simplesmente que a espécie foi observada noutro local, em lugar e data bem determinados. Os exemplares secos não possuem as mesmas funções que os desenhos. Os primeiros, pelo seu valor de indício, desempenham o papel de prova. Os segundos não provam nada. Ao apresentarem certezas científicas, os desenhos constituem aquilo que se deve observar para uma determinação exacta.

Mais tarde, no século XIX, a fotografia botânica não se conseguirá impor [8]: continua-se a preferir o duplo sistema constituído pelos herbários e pelos desenhos esquemáticos das flores. Demasiado análoga, incapaz de proporcionar uma hierarquia das características, a fotografia revela-se, em matéria de determinação científica, muito pouco útil. Quando muito, na grande flora de Gaston Bonnier, algumas fotografias muito pálidas servirão de suporte aos desenhos a aguarela. Só estes permitem as determinações.

---

[8] Ver, porém, os trabalhos de Caroline Flieschi, *Photographie et botanique en France de 1839 à 1914*, École nationale des Chartes, 1995.

Capítulo VII

O realismo dos corpos

Jacques Fabien Gautier d'Agoty, 1759

A *verdade das quatro cores*

No início do século XVIII, os processos de gravura a quatro cores respondem à utopia de uma imagem que seria um duplo exacto do seu objecto. Jacques Fabien Gautier d'Agoty propõe então substituir o processo de impressão a três cores, desenvolvido por Le Blon em 1710, por um processo a quatro cores: azul, vermelho, amarelo e preto. Saem então da prensa quadros «de cor exacta [...] completos e perfeitos». Todas as cores imagináveis nascem assim, sem auxílio do buril ou do pincel. Obtêm-se as formas verdadeiras, as cores verdadeiras. «Não são estampas antigas ou iluminuras que se dá ao público; são as peças originais, que representam a própria Natureza, a partir da qual foram feitas com o auxílio da nova arte.» ([1])

([1]) J. F. Gautier d'Agoty, *Anatomie générale des viscères en situation avec leurs couleurs naturelles jointes à l'angélologie et à la névro-*

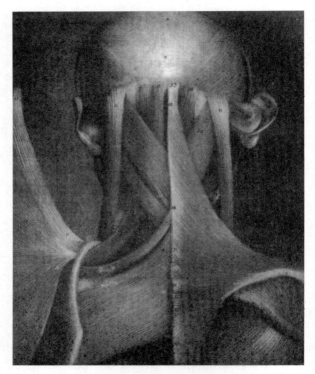

Figura 9. – Anatomia do pescoço
Gravura em maneira negra (mezzotinto), realizada em quatro chapas:
a primeira dá o preto, a segunda o azul, a terceira o amarelo
e a quarta o vermelho.
Uma das «*20 pranchas impressas com as suas cores naturais
para servir de suplemento às que já demos ao público*».
Jacques Fabien Gautier d'Agoty, Anatomia geral das vísceras em
situação com as suas cores naturais juntas à angiologia e à nevrologia
de cada parte do corpo humano, 1759.

---

logie de chaque partie du corps humain. Exposition anatomique de la structure du corps humain em 20 planches imprimées avec leurs couleurs naturelles pour servir de supplément à celles qu'on a dejà données au public, avec privilège de Sa Majesté, selon le nouvel art, dont M. Gautier, pensionnaire du roi est inventeur, Marselha, Imprimerie Antoine Favet, 1759.

O *realismo dos corpos* | 99

A iconografia anatómica, auxiliada por estas técnicas de impressão, aproxima-se do aspecto real dos corpos. As cores vivas das gravuras tradicionais dão lugar aos pardos coloridos. Para Agoty, o realismo da gravura a quatro cores justifica-se porque a anatomia, «a parte mais certa da medicina», tem como objecto o corpo humano, «a obra mais perfeita realizada pelo Criador». Estes discursos de exactidão e de perfeição reflectem a dupla reivindicação de qualidade pictórica e de objectividade. Para falarmos de modo claro sem temer os anacronismos, Gautier afirma-se simultaneamente pintor e fotógrafo. Sem recear paradoxos, reivindica um estatuto de artista e, ao mesmo tempo, a exactidão de uma gravura criada pela máquina, sem a mão do homem, à própria imagem de uma anatomia humana criada por Deus.

O processo a quatro cores sofre resistências. «As descobertas só se impõem à custo de esforços e de inquietude, vejam-se [...] as acções realizadas pelos gravadores e copistas para o destruir no seu início, quando viram aparecer as obras do Senhor Gautier. Foram estas Hidras que tivemos de derrotar.» (²)

Na sua sessão de 8 de Janeiro de 1741, a Academia das Ciências declara que, «após ter analisado algumas obras de gravura por meio de três pranchas que representam objectos com as suas cores naturais, considerou importante conservar o processo a quatro cores, pois pode ser de grande utilidade para a anatomia, para a botânica e para a história natural [...]». De facto, trata-se aqui de produzir uma imagem que reproduza o mais exactamente possível a disposição dos órgãos do corpo.

Violentos conflitos de prioridade irrompem entre Le Blon e Jacques Fabien Gautier d'Agoty. Le Blon obtivera

---

(²) *Ibid.*

100 | *A Fábrica do Olhar*

do rei o privilégio real de gravar a três cores durante 20 anos a contar de 12 de Novembro de 1737. Após a morte de Le Blon, em 1743, Gautier obtém do rei um novo monopólio de 20 anos para a gravura a quatro cores. Este monopólio diz respeito ao direito «de exercer a arte de imprimir os quadros a cores, de publicar as pranchas de anatomia e de imprimir as tabelas indicativas e explicativas das ditas pranchas de tal forma, maneira, dimensão, folhas separadas ou de outro modo, tantas vezes quantas quiser, e de vendê-las, mandá-las vender e divulgá-las por todo (o) Reino [...]. [3]»

No Renascimento, André Vesálio fora um dos primeiros a perceberem a importância das qualidades estéticas das gravuras de anatomia para obter o apoio dos mecenas. A qualidade dos seus desenhos contribuíra bastante para fazer a anatomia passar do estatuto de disciplina menor para o de ciência de renome e até prestigiosa. Em pleno século XVIII, Jacques Fabien Gautier d'Agoty está também consciente da importância económica ou social que as gravuras de anatomia podem ter. Alguns acusá-lo-ão abertamente de ter, por razões de prestígio e de enriquecimento pessoal, utilizado a ambiguidade fascinante do espectáculo dos corpos. Com efeito, aquilo que propõe não é uma mera reunião de órgãos, mas já, em cada prancha, um duplo ponto de vista sobre os corpos: tanto externo como interno. As dissecações anteriores aos desenhos são realizadas por Duverney, cirurgião apaixonado, célebre por ter aparecido das entranhas do cadáver de um elefante quando Luís XIV assistia pessoalmente a uma lição de anatomia [4].

Longe de representarem a morte, as pranchas de Gautier d'Agoty, todas impressas em tamanho real, *são* a

---

[3] *Ibid.*

O *realismo dos corpos* | 101

vida. Os cadáveres femininos são preferidos aos corpos masculinos: os seus músculos delicados ocupam menos espaço na página. Deixa-se espaço livre para representar os rostos. Para agradar, esforçam-se por «mostrar [o corpo] ao natural». A dissecação limita-se então à abertura de um útero, à dissecação de um músculo, à apresentação de um feto em posição, numa mistura sabiamente doseada de fascínio e repulsa. Uma bonita jovem apresenta simultaneamente o perfil do seu rosto, os cabelos castanhos encaracolados, e «as apófises superiores das costas, as primeiras costelas em ponto pequeno, a curva da espinha dorsal até ao osso sacro, [...] o grande denteado com a sua junção na base da omoplata e os apêndices do grande dorsal ligados às quatro últimas costelas [...]» ([5]). Mais tarde, Jacques Prévert dirá que ela tem «ombros nus ou antes desnudados com a pele rebaixada de cada lado».

Tudo se apresenta em tamanho natural num grande livro de pranchas «de dimensão normal». O tamanho do corpo humano guia a dimensão das pranchas. A cabeça, as vísceras, os órgãos reprodutores: cada fragmento ocupa uma grande página. Só os músculos do tronco e algumas outras partes demasiado grandes ocupam pranchas de dimensões muito grandes, neste caso dobradas em duas. Se o desejar, o leitor pode emoldurar as gravuras e pendurá-las como quadros. As legendas não estão incorporadas nos desenhos: precisariam de um livro «de dimensão enorme, que custaria somas imensas». É que, para Gautier d'Agoty, não se trata apenas de produzir «cores exactas»; a ilusão de realidade deve ser total. Os

---

([4]) G. Petit, J. Théodoridès, *Histoire de la zoologie des origines à Linné*, Paris, Hermann, 1962.

([5]) J. F. Gautier d'Agoty, *op. cit.*

desenhos, reproduzidos em tamanho natural, facilitam o acesso directo aos corpos.

Aquilo que Agoty procura realmente, muito antes da descoberta da fotografia, é o processo mecânico da multiplicação da obra de arte. Ainda não se coloca a questão da sobrevivência da obra à sua reprodutibilidade técnica.

Agoty exulta, pensando ter encontrado, com a gravura negra, o processo da multiplicação de quadros realistas nos quais poderia apor a sua assinatura. A atenção prestada às questões jurídicas, técnicas e comerciais precede a qualidade do desenho. Aos músculos e vísceras, à angiologia anatómica, sucedem-se outros objectos organizados num alegre eclectismo: a dissecação da víbora, os hermafroditas, a tartaruga no seu ambiente natural, a toupeira, a reprodução entre os caracóis, o verdelhão, o mapa dos terramotos na Europa nesse ano de 1755. A transmissão dos saberes anatómicos dá lugar a produções decorativas.

Para a vivacidade dos tons florais, o processo a quatro cores, gerador de pardos coloridos, é inoperante. Gautier d'Agoty pretende ter desenvolvido uma nova técnica de coloração que permite a produção muito rápida sem exigir um trabalho pesado. Os especialistas na gravura do século XVIII põem hoje em causa tais reivindicações. É inquietante verificar que, de uma prova a outra, numa mesma prancha, a delimitação das cores não é absolutamente igual. A aplicação da tinta terá sido feita a preto, mas a cor foi introduzida com pincel, prancha a prancha. É possível que Gautier d'Agoty reivindique aí de forma enganadora a invenção de uma técnica sofisticada que, afinal de contas, se reduziria à clássica aguarela.

O *comércio da anatomia*

A coberto da ciência e da anatomia, Gautier d'Agoty leva a cabo uma vasta operação comercial. A gravura a quatro cores multiplica de forma rápida os corpos entreabertos, as pernas seccionadas, as cabeças abertas. Com estes, os sorrisos angélicos. Longe de limitar o impacto aos estudantes de medicina, as suas pranchas ambíguas têm sucesso junto de um vasto público.

Procurando a todo o custo o realismo dos corpos, incompletos, as gravuras não constituem um verdadeiro atlas anatómico totalmente utilizável pelos médicos. A fraca qualidade do desenho e a multiplicação mecânica também não lhes conferem, na época, estatuto pleno de obra de arte. Actualmente reconhecidas como «artísticas» ou como «científicas», erram num limbo sem estatuto; mas não há dúvida de que nos fazem reflectir sobre esta gestão dos olhares pela articulação tripla do encantamento, do erotismo e da legitimidade científica. «Sem estatuto» não significa sem consequência: as imagens despertam a imaginação, seduzem e, por último, vendem-se.

No final do século XVIII, o excesso de rigor dos atlas de anatomia é levado ao extremo. Não se hesita em fazer o cadáver dizer mais do que aquilo que pode. Contra este excesso de realismo, os médicos manifestam por vezes tendências iconófobas[6]. Na sua *Anatomia Geral*, Xavier Bichat rejeita as imagens: «Que interesse podem ter estes pormenores descritivos exagerados? [...] Este modo de descrição é alheio ao progresso da medicina[7].» As ceras anatómicas retomam esta política do olhar com o auxílio de modelos «de autenticidade impressionante».

---

[6] P. Comar, *Les Imagens du corps*, Paris, Gallimard, 1993.
[7] Citado por Philippe Comar, *ibid.*

104 | *A Fábrica do Olhar*

As mudanças institucionais provocadas pela Revolução Francesa, ao reorganizarem a profissão dos fabricantes de modelos anatómicos, introduzem novos códigos de representação. Ainda antes da Revolução, André-Pierre Pinson realizou a sua «mulher que chora» com caixa craniana desmontável; mas foi já depois que criou modelos com veias azuis e artérias vermelhas. O didactismo e a transmissão pedagógica dão lugar à sedução e à emoção. A imagem anatómica integra elementos de eficácia. Mais tarde, o novo meio fotográfico relançará o debate. Sob a capa da ciência e da medicina, os fisiólogos fotógrafos produzirão imagens provocadoras, cujo melhor exemplo é o hermafrodita de Nadar. Na mesma altura em que a polícia dá caça aos nus nos *ateliers* dos artistas, aqueles dão-se ao luxo, com toda a impunidade, de audácias inusitadas.

Segunda parte

A FOTOGRAFIA

Figura 10. – Vista dos pórticos de Luxor.
John Buckley Greene, 1854.

Capítulo VIII

Legitimações

François Arago, 1839

As bases de uma confiança

A recepção calorosa da fotografia no mundo científico a partir de 1839 não deixa de ser motivo de admiração: nada é menos científico do que uma imagem. Global, sem chave de entrada, não discursiva, capaz de mudar de sentido por efeito das variações de contextos, a imagem não é dotada de qualquer rigor. Não oferece qualquer segurança de interpretação, é indescritível, inesgotável pelas palavras. Sobretudo – e apesar de todos os discursos objectivantes –, a imagem só funciona numa recepção sensível.

Ponto de Vista da Natureza, tirada de uma janela da casa do Gras em Saint-Loup de Varennes, considerada a «primeira fotografia conhecida», terá sido realizada em 1826 ou 1827 por Nicéphore Niépce. No entanto, esta não foi a data que ficou para a posteridade como data

108 | *A Fábrica do Olhar*

fundadora da fotografia; a que ficou foi a do seu anúncio oficial por François Arago: 1839. A difusão, «o dar a conhecer», importa mais do que a descoberta; mais o «como funciona?» do que o próprio acto fundador. Para François Brunet[1], assinalar o ano 1839 significa consagrar um «impostor» (Daguerre), é dar «uma visão deturpada e errónea da invenção». É verdade que a fotografia não nasceu, exactamente, num certo dia de 1839. Neste mesmo ano, W. H. Fox Talbot leu uma dissertação sobre a arte do desenho fotogénico ou processo pelo qual os objectos naturais podem traçar-se sozinhos, sem a ajuda do lápis do artista. Ocorreu também o encontro de Hippolyte Bayard com François Arago; e no ano seguinte, em 1840, Fox Talbot desenvolveu o calótipo. É admirável que um instante fundamental tenha consagrado o aparecimento súbito de uma técnica, mas mais importante é reflectir na importância excepcional atribuída a este ano de 1839.

Niépce morrera há seis anos. Após a morte de Niépce, valendo-se do contrato com ele assinado em 1829, Daguerre segue por duas vias técnicas simultâneas: a sua e a que desbravou Niépce. Em Junho de 1837, Isidore, filho de Nicéphore Niépce, desloca-se a Paris para assinar um «tratado definitivo» com Daguerre. Este era então um notável muito envolvido naquilo a que hoje chamaríamos as «indústrias culturais» com a gestão dos seus dois dioramas, um em França e o outro em Inglaterra. Aquele tratado menciona um novo processo desenvolvido apenas por Daguerre: o daguerreótipo. Em 1838, Daguerre tenta em vão fundar uma sociedade por quotas a fim de proteger os seus processos. Propõe depois cedê-los ao governo

---

[1] F. Brunet, *La Collecte des vues: explorateurs et photographes en mission dans l'Ouest américain, 1839-1879*, Paris, EKESS, 1993.

Legitimações | 109

de Luís Filipe em troca de uma pensão e consegue que François Arago anuncie a descoberta, sem revelar os seus processos, na sessão de 7 de Janeiro de 1839 da Academia das Ciências. No dia 8 de Março de 1839, o diorama parisiense de que é proprietário é destruído por um incêndio. Decide-se atribuir uma pensão ao filho de Niépce e a Daguerre, beneficiando este de um suplemento pelos «segredos do diorama».

Em 1827, Arago já beneficiava de grande notoriedade científica, mas ainda não era deputado. Em 1839, está em posição de oferecer à nação uma das três grandes descobertas do século, além da máquina a vapor e a electricidade. Além disso, Niépce era um inventor e não um «académico». Por seu lado, Daguerre é já um empresário e encarna outra sociedade. Arago justifica o apoio a Daguerre com o elevado custo do daguerreótipo: segundo ele, a fotografia em papel não tinha necessidade da intervenção da Assembleia. Mas o daguerreótipo é importante para a ciência. Rigoroso, exacto e precioso, não necessitando da subjectividade de um observador, o processo interessa a uma elite científica adepta das novidades. Inovação em ruptura com aquela que a precedeu, a-histórica, melhor do que os desempenhos fotográficos de Niépce – que precisavam de longo tempo de exposição –, o daguerreótipo surge como um novo instrumento resolutamente voltado para o futuro, a promessa de um mundo novo.

Neste ano de 1839, o deputado democrata e homem de ciência François Arago oficializa então a descoberta da fotografia. Ao tornar públicos os seus procedimentos técnicos, oferece a todos – «ao mundo inteiro» – a invenção. Em troca, o ministério do Interior compromete-se a pagar uma pensão vitalícia a Daguerre e aos descendentes de Niépce. Na verdade, não se trata apenas de recompensar inventores, mas sim de evitar que o Estado deixe

110 | *A Fábrica do Olhar*

fugir uma descoberta da qual percebe os fortes desenvolvimentos científicos e industriais. Além disso, Arago sabe bem que a ciência necessita de uma adesão social e que «o público nada deve a quem não lhe prestou qualquer serviço» (²).

As três intervenções efectuadas por François Arago na Academia das Ciências e na Câmara dos Deputados durante os meses de Janeiro, Julho e Agosto de 1839 são decisivas. Ao revelarem os segredos do fabrico, fazem passar a invenção do foro privado para a esfera pública. Ao fomentarem uma verdadeira circulação das imagens, lançam as bases da sua administração. A fotografia instala-se numa quádrupla legitimidade económica, social, científica e política. É então que surgem os fundamentos da confiança nas imagens, com profundas consequências simbólicas, práticas e económicas.

Efeitos de anúncio

No dia 7 de Janeiro de 1839 (³), François Arago fala «com muitos pormenores» à Academia das Ciências sobre uma descoberta efectuada por Daguerre, mas não revela os processos de fabrico da fotografia. A ideia com que se fica é que se trata de uma das invenções mais prodigiosas do nosso século, que a França deve «dar ao mundo inteiro uma descoberta que tanto pode contribuir para o progresso das artes e das ciências». Para Arago, é indispensável que o governo recompense directamente o Sr. Daguerre, a quem ele elogia. Anuncia que dirigirá, a este respeito, um

---

(²) F. Arago, *Sur la prise de possession des découvertes scientifiques, Œuvres complètes*, tomo XII, 1859.

(³) F. Arago, *Sur la fixation des images formées au foyer de la chambre obscure, communication sur la découverte de M. Daguerre*, Actas da Academia das Ciências, sessão de 7 de Janeiro de 1839.

Legitimações | 111

pedido ao ministério ou à Câmara, mas pretende assegurar-se previamente de que o método é pouco dispendioso e utilizável por todos.

A 3 de Julho de 1839[4], Arago efectua uma importante intervenção na Assembleia Nacional sobre os trabalhos da comissão encarregue da análise do projecto de lei tendente a atribuir uma pensão a Daguerre e aos filhos de Niépce, «por terem cedido o processo que serve para fixar as imagens da câmara escura». Nesta altura, a aposta já está praticamente ganha: a Assembleia já manifestou o interesse pelos projectos fotográficos. A comunicação transforma um processo técnico num recurso nacional. Arago é, simultaneamente, o arauto de uma nova tecnologia e do progresso social. Para isso, utiliza uma linguagem didáctica e clara. Cria um efeito de anúncio: uma vez votada a lei, os processos fotográficos serão revelados numa sessão extraordinária na Academia das Ciências. A fotografia é uma coisa exacta. Estabelece uma física, uma química das experiências. Além disso, pela utilização de uma perspectiva central, «obedece às regras geométricas» criadas no Renascimento.

No dia 19 de Agosto de 1839[5], François Arago toma novamente a palavra. Desta feita, diante da Academia das Ciências e da Academia de Belas-Artes reunidas, revela os processos técnicos da fotografia. Contudo, Arago dirige-se em primeiro lugar aos académicos das

---

[4] F. Arago, sessão de 3 de Julho de 1839, arquivos parlamentares de 1787 a 1860, 2.ª série (1800 a 1860), tomo CXXVII, Paris, Librairie Paul Dupont, 1913.

[5] F. Arago, Le Daguerréotype, actas da Academia das Ciências, sessão de 19 de Agosto de 1839. Numa breve intervenção preliminar na Academia das Ciências, François Arago tivera o cuidado de «comunicar uma carta na qual o ministro do Interior anuncia que se a Academia o autorizar, será numa das suas sessões que terá lugar a primeira divulgação da descoberta de Niépce e Daguerre».

112 | *A Fábrica do Olhar*

ciências. Convicto de que o conhecimento científico contém em germe transformações sociais, atribui um estatuto científico à fotografia nascente. De descoberta inclassificável, esta torna-se instrumento de conhecimento.

No entanto, Arago não esquece o mundo artístico, até então depositário da história das imagens: tivera o cuidado de confiar ao pintor Paul Delaroche a redacção de uma nota prévia destinada a auxiliar a comissão preparatória no projecto de lei. Para o pintor, «a correcção das linhas, o rigor das formas é tão completo quanto possível nos desenhos de Daguerre, e nestes reconhecemos, ao mesmo tempo, um modelado amplo, enérgico, e um conjunto tão rico em tom como em efeito. Neste processo, o pintor poderá encontrar um bom meio para fazer colecções de estudos, que de outro modo só obteria a grande custo [...]». Paul Delaroche cala os detractores: «Em suma, a admirável descoberta do Sr. Daguerre é um serviço imenso prestado às artes». Para os artistas, a fotografia impõe-se doravante como «objecto de investigação e estudo».

Na sequência desta segunda intervenção de François Arago, o processo fotográfico conhece uma difusão fulgurante.

O efeito dos dois discursos, de 3 de Julho e 19 de Agosto, é considerável. O jogo das idas e vindas da Academia à Câmara, e desta à Academia, é hábil. Arago usa de uma legitimidade científica quando se exprime na Câmara dos Deputados; beneficia de uma legitimidade política quando se volta a exprimir na Academia das Ciências. Este é o preço das condições da adesão completa a uma invenção que, mesmo antes do seu anúncio oficial, sofre já o fogo da crítica[6].

---

[6] Ver *L'Écho du monde savant*, de quarta-feira, 9 de Janeiro de 1839: «O Sr. Arago dirige-se com muitos pormenores à Academia

Legitimações | 113

François Arago não limita as suas estratégias ao anúncio de uma descoberta: instala os mecanismos de uma gestão e de uma administração da imagem. A dimensão dos ganhos é tida em conta: estes não são apenas de ordem financeira, mas também de ordem política. A fotografia é um recurso que se deve fazer frutificar e o fim condiciona o ordenamento. Os precursores não são esquecidos. Arago sublinha os seus méritos respectivos (Porta, o italiano, Charles, o francês, e os ingleses Wedgwood e Humphry Davy). Contudo, ao situar a descoberta de Daguerre como fundadora, acaba logo com qualquer reivindicação estrangeira de prioridade e confere dimensão nacional à fotografia.

Sonhos do Oriente

Toda uma circulação de imagens se põe em movimento. A dimensão sensível, tabu da ciência oficial do «pós-iluminismo», instala-se magnificamente no seio das racionalidades científicas. Os benefícios são recíprocos. Os meios científicos, que poderiam ter sido os primeiros a denunciar as imagens como obstáculos à realidade do mundo, apropriam-se sem complexos da fotografia nascente. Mais tarde, esta surgirá até como homenagem prestada à física: «Entre os muitos títulos que [a] designam [...], há um especialmente importante: é o testemunho brilhante que forneceu do poder e do grande

---

sobre uma descoberta feita pelo Sr. Daguère (*sic*), inventor do diorama. Esta descoberta, seguramente uma das mais prodigiosas do nosso século, ocupa desde há algum tempo a atenção pública; mas devido aos seus resultados maravilhosos, teve naturalmente de enfrentar grande número de incrédulos antes de a palavra imponente do Sr. Arago lhe vir dar confirmação solene.»

114 | *A Fábrica do Olhar*

alcance das ciências físicas na nossa época. [...] Onde encontrar um encadeamento mais maravilhoso de criações fecundas?» (⁷)

Se a argumentação e a retórica de François Arago obtêm tantos frutos é também porque a invenção da fotografia e as palavras para falar dela animam e reactivam fortes utopias. A promoção das novas técnicas da fotografia anda a par e passo com os sonhos do Oriente, por realizar desde a expedição ao Egipto efectuada por Bonaparte de 1798 a 1801. Demasiado jovem – tinha então entre 12 e 16 anos –, Arago tinha de ter paciência, a exemplo dos adolescentes da mesma idade. «Todos pensam no imenso partido que se poderia ter tirado, durante a expedição ao Egipto, de um meio de reprodução tão exacto e eficaz; todos pensam que, se a fotografia fosse conhecida em 1789, teríamos imagens fiéis de muitos quadros emblemáticos [...].»

A sua defesa vigorosa da fotografia só se pode compreender levando em linha de conta o projecto ilustrado da *Descrição do Egipto*, publicado entre 1802 e 1812, no regresso daquela expedição. A obra foi realizada no espírito de uma colecção iconográfica de grande envergadura, ela própria directamente herdada da *Enciclopédia* de Diderot e d'Alembert, cujo artigo «Egipto» forneceu as chaves do projecto de Bonaparte: «Dantes era um país de admiração; agora é um país a estudar».

A utopia enciclopédica, bem presente em Arago e nos primeiros fotógrafos, enraiza-se duplamente no sentimento da incompletude da *Descrição do Egipto* e no sonho de descobertas e expedições a países distantes: «[...] e em várias grandes pranchas da célebre obra, fruto da nossa imortal expedição, numerosos hieróglifos reais

---

(⁷) L. Figuier, *Les Merveilles de la science*, Paris, Furne, 1869.

Legitimações | 115

substituirão os hieróglifos fictícios ou de pura convenção; e os desenhos superarão sempre em fidelidade e em cor local as obras dos mais hábeis pintores. [...] Para copiar os milhões de hieróglifos que cobrem, até no exterior, os grandes monumentos de Tebas, Mênfis, Karnak, etc., seriam necessários dezenas de anos e legiões de desenhadores. Com o Daguerreótipo, um só homem poderia levar a cabo este imenso trabalho.» [8]

Em 1839, a fotografia surge dotada de rapidez e apta para os recenseamentos. Esta facilidade de execução fizera muita falta durante a campanha do Egipto, em que a conquista militar era geralmente acompanhada por partidas precipitadas. Por vezes, os desenhadores não podiam concluir os seus desenhos. No entanto, havia vontade de tudo desenhar.

«Cada navio com um fotógrafo a bordo entre a sua equipagem, mais sítios, mais margens, mais costas (das quais teríamos assim a descrição universal), mais portos, etc., mais um tipo estrangeiro de homens, de animais, de plantas, etc., que teriam a sua reprodução idêntica nos cartões do governo. O mesmo se passaria com os acidentes do mar, com os naufrágios dos navios [...]. Seria não só a história da marinha em acção; mas também, num dado tempo, a representação do mundo inteiro, com diferentes pontos de vista da topografia, da hidrografia, das espécies animais, vegetais e minerais.

«Compreende-se facilmente os serviços, sempre num dado tempo, e mesmo a partir de agora, que tais documentos poderiam prestar à história, à ciência, às artes e ao próprio governo.» [9]

---

[8] F. Arago, *Le Daguerréotype*, actas da Academia das Ciências, sessão de 19 de Agosto de 1839.

[9] C. Macaire, *Note relative à la création d'une section de photographie au ministère d'État*, 5 de Fevereiro de 1855 (Archives natio-

116 | *A Fábrica do Olhar*

Estas fortes utopias, de que o desenvolvimento da fotografia é simultaneamente causa e consequência, explicam a partida incrível – três meses apenas após a descoberta da fotografia – dos pintores Frédéric Goupil--Fesquet e Horace Vernet para Alexandria. Assim que chegam ao Egipto encontram o pintor Pierre-Gustave Joly de Lotbinière, equipado com o mesmo material pelo mesmo óptico parisiense: Nicolas-Marie Paymal Lerebours [10]. A obra ilustrada *Excursions daguerriennes, villes et monuments les plus remarquables du globe* [*Excursões daguerrianas, as cidades e os monumentos mais notáveis do mundo*], fruto das suas viagens, denuncia a loucura sonhada de um recenseamento do mundo. Um autêntico frenesi apodera-se dos fotógrafos. Quase 300 viagens fotográficas são realizadas oficialmente por Franceses ou Ingleses entre 1839 e 1880, em Itália, Espanha, Grécia, Turquia, Síria, Palestina, Líbano, Egipto, Núbia, Pérsia, Arábia, África, Argélia e Índia [11]. A intervenção do Estado em projectos individuais de missões fotográficas só se efectua no segundo Império. A fotografia encontra o Oriente; o Oriente encontra a fotografia. Tal como ele, a fotografia é memória e sonho de um mundo imortal. Desafia a morte, atenua as destruições. «A fotografia desenterrou o país das necrópoles e expõe-lo numa enciclopédia completa [...].» [12]

---

nales, F. 21 562), citado por A. Rouillé, *La Photographie en France, Textes et controverses 1816-1871*, Paris, Macula, 1989.

[10] A. Rouillé, *ibid.*

[11] C. Bustarret, *Parcours entre voir et lire: les albuns photographiques de voyages en Orient (1850-1860)*. Tese sob a direcção de A.-M. Christin, Semiologia, Universidade Paris-VII, 1989.

[12] M. Du Camp, «A propos de Égypte, Nubie, Palestine et Syrie» (segunda parte), *La Lumière*, n.º 27, 26 de Junho de 1852.

Legitimações | 117

Uma filosofia do progresso

Para Arago, marcado pelos escritos de Condorcet, a ciência e as suas aplicações, de que faz parte a fotografia, são os motores de uma filosofia do progresso. Este progresso não é apenas económico, político e social; é também moral. A evolução técnica deve orientar as opções políticas e não o contrário: Arago opor-se-á sempre à ingerência da cena política na esfera científica. É assim que se manifesta, durante a Restauração, a sua pertença à oposição.

De 1830 a 1848, durante a monarquia de Julho, François Arago, agora deputado, desenvolve publicamente as suas ideias sobre o papel da ciência e milita a favor do desenvolvimento industrial, que continua em estado larvar durante o domínio dos Bourbon. A nova monarquia parece ser uma oportunidade para recuperar o tempo perdido. Para ele, tal como para Condorcet – que «considerava o interesse em apressar os progressos uma das mais doces ocupações, um dos primeiros deveres do homem [...]» –, as faculdades morais do ser humano são infinitamente aperfeiçoáveis. No entanto, contrariamente a Condorcet – que, após a demissão de Turgot(*), lamentava amargamente que tivesse de retomar os seus trabalhos de geometria, «de já só trabalhar para a glória quando se vangloriava de ter trabalhado durante algum tempo para o bem público» –, François Arago defende vigorosamente a ciência. «Se, levado ao paradoxo por uma dor legítima, Condorcet quis insinuar que as descobertas científicas nunca tiveram influência directa e imediata nos acontecimentos do mundo político, combaterei também esta tese, sem sequer precisar de evocar os nomes

---

(*) Turgot (1727-1781) foi um estadista e economista francês (*N. T.*).

118 | *A Fábrica do Olhar*

retumbantes da bússola, da pólvora ou da máquina a vapor.»

Herdeiro do Iluminismo, Arago preconiza ideais de democracia e igualdade; bate-se vigorosamente pela abolição da escravatura e pelo sufrágio universal. A educação é a condição do progresso humano; a emancipação do povo deve levar à sua emancipação política. A nova classe dos trabalhadores da indústria é agente do progresso. A fotografia, «esse insaciável objecto do desejo», afasta-se do campo artístico; é uma inovação industrial susceptível de dar trabalho a quem o não tem.

Em 1840, Arago pronuncia na Câmara dos Deputados um novo discurso que suscita vivos comentários: «A invenção das máquinas exige uma nova organização das sociedades modernas». No entanto, estes apelos à organização do trabalho que causam indignação não se aproximam das teses socialistas, às quais Arago não adere. Para ele, se há que haver reformas – e devem existir –, é no ensino e na política que se devem efectuar.

Para Arago, a fotografia é um progresso social, uma utilidade industrial, artística, um instrumento. Nunca uma finalidade. Ainda que Arago perceba a importância da descoberta da fotografia, nunca fala realmente de imagem. Os textos das suas comunicações – paradoxalmente – nunca são ilustrados. Não são objecto de qualquer demonstração. Em 1835, quando desenvolve o projecto de publicação das actas semanais da Academia das Ciências, exclui os esquemas e os quadros, justificando-se com as dificuldades de fabrico. Estamos longe das futuras obras ilustradas de divulgação científica dirigidas, na segunda metade do século XIX, por Gaston Tissandier, Flammarion e Louis Figuier.

As suas intervenções, porém, dão origem a um verdadeiro entusiasmo. Após aquele 19 de Agosto de 1839, mui-

Legitimações | 119

tos são os cientistas que, graças a Arago, dão livre curso ao seu desejo de imagens. Os daguerreótipos materializam os sonhos. Sem sentimentos de culpa: os procedimentos de legitimação foram cuidadosamente efectuados.

Capítulo IX

Fotomicrografia

Alfred Donné, 1844

Novas tecnologias

Saccharomyces cerevisiae: os fungos unicelulares que se movem na platina do microscópio são bem conhecidos pelos padeiros e apreciadores de cerveja. Utilizada desde a Alta Antiguidade na panificação e fermentação do lúpulo, a levedura de cerveja é, ainda hoje, um dos objectos pedagógicos privilegiados da microscopia. Na platina do microscópio, as leveduras, atravessadas pela luz, vêem-se à transparência. O suporte fotográfico inicial – um daguerreótipo – é uma emulsão de sais de prata sobre chapa de cobre. Peça única, um daguerreótipo não é reproduzível. No entanto, a sua perfeição, a sua precisão, o seu custo elevado, as dificuldades da sua realização, conferem-lhe naturalmente estatuto «científico». Nesta década de 40 do século XIX, observa-se ao microscópio e fabricam-se

122 | *A Fábrica do Olhar*

daguerreótipos: na vanguarda dos saberes, a microscopia encontra a fotografia. A imagem é rigorosa. Considerada uma das primeiras fotografias oriundas do meio médico, foi realizada em 1844 por Jean-Bernard Léon Foucault, assistente do professor Alfred Donné, que dava então, em Paris, cursos nocturnos de microscopia ao médicos. Alfred Donné não espera muito tempo, após a revelação dos processos da fotografia nesse ano de 1839, para se lançar nas suas próprias experiências. Especialista em microscopia e apaixonado pelas «novas tecnologias», é natural que tente ligar uma câmara escura à extremidade de uma ocular de microscópio. No dia 27 de Fevereiro de 1840, anuncia uma experiência bem sucedida: a realização de daguerreótipos de objectos microscópicos invisíveis a olho nu! «Depois de ter retirado a ocular do microscópio, recebo a imagem do objecto numa pequena tela transparente que me serve para encontrar o foco; substituo então a tela por uma chapa com iodeto, e quando a luz produz a sua impressão sobre esta chapa, exponho-a como habitualmente ao vapor de mercúrio.» Alfred Donné encomendou então a um óptico o fabrico de um microscópio daguerreótipo.

Como transmitir a todos aquilo que se oferece à vista de um só? Como descrever por palavras um disco de luz formigante de microorganismos? Antes da utilização da fotografia, o curso desenrolava-se assim: o professor Donné descrevia no quadro, perante cerca de 60 alunos, aquilo que deviam observar. Em seguida – nesta época, o facto era notável –, os alunos podiam, com a ajuda de uma dúzia de microscópios, rever à vontade aquilo que tinham aprendido. Jean-Bernard Léon Foucault, desempenhando o seu papel de assistente, estava então encarregue de os orientar nas suas observações. Em 1840, Alfred Donné considerava-se feliz. Graças aos seus

Fotomicrografia | 123

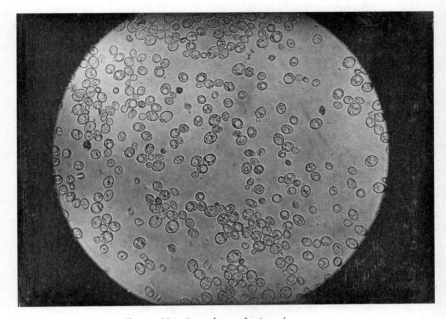

Figura 11. – Leveduras de cerveja.
Daguerreótipo.
Alfred Donné, Jean-Bernard Léon Foucault, 1844.

daguerreótipos, tivera a felicidade de ensinar e mostrar a mais de um milhar de alunos os pormenores da anatomia fina: saliva, animálculos espermáticos, leite, matérias purulentas...

A irrupção da fotografia no seio do dispositivo de observação é uma revolução. A imagem possibilita a partilha do olhar. Com este, o diálogo. Lembremo-nos das dificuldades dos primeiros microscopistas, que não sabiam reproduzir as suas observações pelo desenho e faziam viajar os seus bocais na mala-posta! A fotografia possui a inestimável capacidade de representar – com exactidão e simultaneamente – a totalidade e o pormenor. Melhor, um daguerreótipo observado à lupa revela

124 | *A Fábrica do Olhar*

os pormenores da imagem imperceptíveis a olho nu. Os observadores inexperientes não podem ter uma ideia correcta dos constituintes do sangue apenas pelo desenho de alguns glóbulos sanguíneos mais ou menos representados de frente ou de perfil. Alfred Donné entusiasma-se: com a fotografia, «conhecê-los-ão antes de os verem no instrumento, [...] terão uma noção e uma impressão clara do seu aspecto, e não terão qualquer dificuldade em encontrá-lo quando olharem ao microscópio». Ao não corrigir a realidade, a fotografia facilita o reconhecimento. Sobretudo, ao admitir o acaso, permite a descoberta.

O dispositivo constituído pelo objecto, observador e microscópio atinge a complexidade de um aparelho de visão. Instala-se assim uma nova ordem do olhar. Não fechada mas, pelo contrário, aberta. Pela transmissão do «observado», possibilita uma leitura colectiva do mundo, que dá origem a trocas científicas nacionais ou internacionais e a discussões.

Embora o daguerreótipo confira algum prestígio à ciência, não é um instrumento pedagógico ideal. Os reflexos de prata e os negros cintilam. É verdade que a imagem tem uma bela definição, mas a observação está longe de ser fácil. Para uma boa leitura, a lâmina deve estar inclinada enquanto se observa, colocada numa posição adequada relativamente aos raios luminosos que a atingem. Por último, embora a sensibilidade aos azuis seja bastante grande, é muito menor nos vermelhos. Ora, no domínio da histologia, são os vermelhos que dominam. Os corantes dos próprios tecidos, a cochonilha e o carmim, utilizados até cerca de 1860, são corantes vermelhos. É preciso grande habilidade para evitar que as subtilezas de um tecido não se traduzam em empastamentos enegrecidos.

Dispositivos de difusão

Donné, que deseja chegar a um público mais vasto do que o dos cursos nocturnos, empreende a realização do primeiro atlas de microscopia fotográfica, algo nunca antes feito. Incluem-se não só as leveduras de cerveja e os glóbulos sanguíneos, mas também o leite, o muco, os zoospermas, o tecido ósseo e o tecido dentário. O contexto institucional é favorável. O decano Orfila apressa-se a colocar as lições de microscopia – apesar do seu carácter privado – sob a égide oficial da École de l'hôpital des cliniques. Os trabalhos de Donné e de Foucault beneficiam de apoios sólidos. Para a impressão, Alfred Donné pode escolher entre dois processos. Atacar directamente as zonas escuras da chapa com ácido, após ter coberto as zonas claras com mercúrio, e depois entregar a talha doce ao impressor para tirar provas. Ou, mais simplesmente, mandar copiar as fotografias por um gravador hábil. Alfred Donné opta pela segunda via, que preserva as chapas dos daguerreótipos. O gravador Oudet realiza assim à mão 86 pranchas gravadas. A 27 de Janeiro de 1845, o atlas gravado do *Cours de Microscopie complémentaire des études médicales* [*Curso de Microscopia Complementar dos Estudos Médicos*] é apresentado à Academia das Ciências[1].

Até ao desenvolvimento da heliogravura na década de 60 do século XIX, a difusão da fotografia nascente continua largamente tributária do desenho. Após esta data, as dúvidas técnicas são tantas que se preferem muitas vezes os processos que não recorrem directamente à foto-

---

[1] A. Donné, J.-B. L. Foucault, *Anatomie microscopique et physiologique des fluides de l'économie. Atlas exécuté d'après nature, par MM. Donné et Foucault*, 1845.

126 | *A Fábrica do Olhar*

grafia. O início do segundo Império é até marcado por um período de desânimo: a impressão de fotografias mostra-se mais delicada do que o previsto. A partir de 1880, porém, a invenção da trama e a associação dos processos tradicionais da gravura e da fotografia facilitarão a impressão de modelados de cinzentos e permitirão finalmente a difusão de imagens – claro que insuficientemente contrastadas –, mas com aspecto de fotografias.

Nesta década de 40 do século XIX, a ideia de projectar as imagens na parede da sala de estudo nasce do desejo do jovem Jean-Bernard Léon Foucault de aperfeiçoar o sistema de iluminação do microscópio. Até então, os microscópios ditos «solares» faziam simplesmente convergir sobre a platina a luz natural reflectida num espelho. Foucault propõe a utilização da luz eléctrica: as observações e as fotografias poderiam então ser efectuadas mesmo com o tempo cinzento. Para esse fim, tem a ideia de utilizar o carvão de retorta, pouco combustível ao ar e muito bom condutor de electricidade. Duas pequenas barras de carvão são então ligadas aos dois pólos de uma pilha voltaica. Obtém-se assim uma luz de prodigiosa intensidade. A densidade do carvão garante a sua relativa estabilidade. A principal desvantagem destas lâmpadas primitivas provém do desgaste das barras de carvão: Foucault tinha de as aproximar manualmente à medida que se desgastavam. A partir de 1844, este processo – uma das primeiras iluminações eléctricas – é aplicado nas projecções de anatomia microscópica.

O ano 1844 não termina sem que o óptico Deleuil realize, graças ao dispositivo de Foucault e de Donné, a primeira experiência de iluminação pública jamais feita «em algum lugar do mundo». As duas pontas de carvão são colocadas nos joelhos da estátua de Lille e 100 elementos de pilha Bunsen são alojados num recanto dos

Fotomicrografia | 127

envasamentos da estátua. A experiência seria repetida alguns dias depois no cais Conti.

Pioneiro, Alfred Donné era-o também em matéria de pedagogia do microscópio. Ei-lo agora na vanguarda mundial em matéria de micro-daguerreotipia. Ninguém melhor do que ele sabe que aquilo que se fixa na chapa daguerreotípica não é *a* realidade, mas *uma* realidade. Não obstante, preconiza o automatismo, a neutralidade da imagem fotográfica. Donné justifica de modo peremptório o carácter especulativo das suas pesquisas: «A fotografia é a arma absoluta das ciências de observação». Para ele, a fotografia encontra a sua legitimidade, a sua glória, na aptidão para receber o acaso: «Reproduzimos a totalidade do campo microscópico, tal como apareceu no daguerreótipo, com as suas variedades e os seus acidentes». A autonomia da chapa sensível e a sua independência são erigidas em valores. Para a promoção da nova técnica, o entusiasmo leva a que se utilizem argumentos opostos aos classicamente utilizados a favor do desenho naturalista. O desenho sublinha o elemento significante? A fotografia de Donné regista. O desenho «diz» aquilo que se deve ver? A fotografia de Donné dá a ver. O desenho pretende ser afirmação? A fotografia é reflexão. O desenho abole o acaso? Ela recebe-o.

O objecto fotográfico

«Afinal, de que é feita?» Antes mesmo de tentar realizar a sua primeira imagem, Alfred Donné observa a superfície daguerreotípica ao microscópio: antes de ser imagem, a fotografia é matéria. A invisibilidade dos mecanismos moleculares de que ela é objecto constitui uma garantia de objectividade e de independência rela-

128 | *A Fábrica do Olhar*

tivamente ao observador sujeito. A imagem existe independentemente do gesto, do olho, de um domínio técnico. Os termos utilizados pelos cientistas para falar dela denunciam este desejo de objectivação. A imagem é descrita como um fenómeno sem observador, uma experiência sem experimentador. A camada sensível, os materiais – vidro ou papel –, as irradiações luminosas, as reacções químicas, os objectos fotografados, a atmosfera terrestre, tornam-se, nos discursos, os verdadeiros actores do acto fotográfico: as substâncias preciosas que se estendem na chapa de cobre possuem «sensações». Não só reflectem de forma um tanto misteriosa as radiações que as atingem, como também as modificam de modo diferencial. Paradoxalmente, a imagem fotográfica, «automática», «objectiva», ao interpor-se entre o olho do observador e o mundo, favorece a afirmação de um realismo científico. Ao proporcionar uma inegável impressão de realidade, funcionando como uma mecânica autónoma, um duplo perfeito do seu objecto, a fotografia parece fornecer a prova da existência de um mundo neutro, único, objectivo e universal, que não precisaria dos seus observadores para existir.

Simultaneamente, estas figuras de objectivação acompanham-se de uma implicação mais profunda da fotografia no centro dos debates científicos. Há um elemento fotográfico na ciência. Há um elemento científico na fotografia. De um ao outro, algo se trama, algo que pertence à ordem de um horizonte comum.

Capítulo X

Faradização

Guillaume Duchenne de Boulogne, 1862

Uma ortografia do rosto

«Era um velho internado que sofria de anestesia da face, ou seja, cuja pele era insensível a qualquer estímulo doloroso; a electricidade podia, portanto, ser aplicada na pele deste infeliz, atravessá-la sem provocar reacções dolorosas e estimular os músculos subjacentes que tinham preservado perfeitamente a sua contractilidade, ou seja, que funcionavam como numa pessoa normal. Podia-se assim contrair um seu músculo isoladamente, provocar, por exemplo, a acção do grande zigomático e dar ao rosto a expressão do riso, sem que o sujeito tivesse qualquer ideia daquilo que a sua fisionomia então reflectia.» Como anexo à sua obra *Mécanismes de la physionomie*[1] [*Mecanismos da Fisionomia*], o médico Guillaume Duchenne, conhecido

---

[1] G. Duchenne de Boulogne, *Mécanismes de la physiologie humaine ou analyse électrophysiologique de l'expression des passions.*

Figura 12. – Experiência electrofisiológica, hospital da Salpêtrière.
Fotografia realizada entre 1852 e 1856, publicada em Guillaume Duchenne de Boulogne. Mecanismos electrofisiológicos da expressão das paixões, 1862. Guillaume Duchenne de Boulogne (à direita na fotografia) aplica reóforos no rosto de um homem. A passagem da corrente eléctrica provoca a contracção dos músculos da cara e gera expressões específicas.

Faradização | 131

por Duchenne de Boulogne, do nome da sua cidade natal([2]), colocou a fotografia de um pobre homem de rosto enrugado, um pouco simples de espírito, internado no hospital da Salpêtrière e sapateiro de profissão. O homem apresenta uma expressão estranha, como que alucinada. A seu lado, o médico em pessoa aplica-lhe no rosto dois reóforos ligados a uma fonte de corrente de baixa intensidade. A contracção muscular provoca uma expressão fugaz, à qual a fotografia confere permanência. A operação de captação da imagem é delicada. Depois de ter colocado o paciente em posição conveniente graças a um apoio de cabeça, Duchenne de Boulogne cuida das iluminações e da focagem. Entretanto, a chapa fotográfica é coberta de colódio e sensibilizada. Quando Duchenne de Boulogne actua sozinho, a focagem sobre a sua própria personagem é apurada. Quando tem o auxílio de um colaborador, confia-lhe esta última tarefa. No entanto, reserva para si a tiragem das fotografias, pois considera que, melhor do que um fotógrafo, pode ajuizar sobre uma forma ou uma expressão. As muitas outras fotografias em que a sua própria personagem aparece desfocada e desenquadrada denunciam a dificuldade de execução de um duplo protocolo electrofisiológico e fotográfico.

De l'électricité localisée et de son application à la pathologie et à la thérapeutique, Paris, Baillière, 1862.
  ([2]) Guillaume Duchenne de Boulogne nasceu em Boulogne-sur-Mer em 1806. Instalado em Paris em 1842, torna-se um dos pioneiros da medicina clínica. Especialista nos sistemas musculares e nervosos, celebrizou-se pelas suas investigações sobre a atrofia muscular progressiva, pelos trabalhos sobre a paralisia atrófica infantil e sobre a paralisia glosso-lábio-faríngea. A sua descrição da paralisia muscular pseudo-hipertrófica valeu à doença a denominação de «doença de Duchenne» Os seus trabalhos sobre a utilização da electricidade no conhecimento da fisiologia muscular e nervosa valeram-lhe várias distinções. Duchenne de Boulogne morreu em Paris em 1875.

132 | *A Fábrica do Olhar*

As experiências fotográficas de Guillaume Duchenne de Boulogne pretendem-se «científicas». Retiram explicitamente a sua legitimidade da *História do Homem*, de Buffon. Os rostos são quadros – «telas» – sobre os quais se pintam as mais secretas agitações: a sua alma é o pincel. Assim se traduzem tanto a delicadeza como a energia, as hesitações e as vontades indomáveis. A equação é simples. Cada movimento da alma exprime-se por uma forma do rosto; a cada forma corresponde um carácter. Para Duchenne de Boulogne, a escolha de um simples de espírito internado na Salpêtrière facilita as primeiras experiências: as emoções básicas ajudarão ao estabelecimento de conclusões claras.

Cabe ao leitor aprender a descrever estes textos do rosto escritos pela natureza. «Se a alma é a fonte da expressão, se é responsável pelo funcionamento dos músculos, se pinta no rosto com traços característicos a imagem das nossas paixões, então, as leis que regem a expressão da fisionomia humana podem ser procuradas através do estudo da acção muscular. [...] Não me limitarei a formular essas leis; representarei pela fotografia as linhas expressivas do rosto durante a contracção eléctrica dos seus músculos. Em suma, darei a conhecer, pela análise electrofisiológica e com o auxílio da fotografia, a arte de pintar correctamente as linhas expressivas do rosto humano, a que poderíamos chamar ortografia da fisionomia em movimento.» [3]

Ainda que Guillaume Duchenne de Boulogne cite como antecessores o pintor Le Brun [4] ou o fisionomista suíço Johann Caspar Lavater [5], a sua abordagem do

---

[3] G. Duchenne de Boulogne, *op. cit.*
[4] Charles Le Brun (1619-1690).
[5] Johann Caspar Lavater (1741-1801).

Faradização | 133

rosto é profundamente original. É verdade que a correspondência entre a profundidade dos sentimentos e os traços da figura humana é o pressuposto das suas experiências, mas o médico não tenta, como Le Brun ou Lavater, ler nos rostos os sinais de uma disposição da alma. A faradização leva-o, músculo após músculo, a elaborar uma cartografia dos mecanismos usados nas expressões. Os risos sarcásticos e as expressões de terror só não nos fazem hoje tremer porque esquecemos os dispositivos de captação de imagem; conhecemo-los mal. No entanto, Duchenne de Boulogne deixou os seus instrumentos visíveis no quadro: os reóforos, os fios condutores e a máquina de indução fornecem-nos a chave de leitura. Deste modo, devemos ver neles apenas uma superfície, e não uma semiologia corporal que, traduzindo a dor ou a alegria, nos conduziria aos sintomas.

A fotografia é o motor desta viragem da atenção para as superfícies. Os rostos que nela aparecem, com os seus sorrisos verdadeiros ou falsos, os seus choros, os seus trejeitos e sobrancelhas como acentos circunflexos, só existem por causa dela. É a fotografia que dá a oportunidade para o seu estudo sistemático. É ela que incita a usar a electrização. Erraríamos em ver nela uma mera técnica de registo: é o motor essencial da experiência, a verdadeira criadora daqueles rostos sem paixão. Sem a fotografia, eles não existiriam.

Do espaço ao tempo

Duchenne de Boulogne ensina um enraizamento territorial, quase uma ecologia. Cada sentimento tem os seus músculos; cada músculo ou grupo de músculos tem o seu sentimento. Certas expressões obtêm-se pela con-

134 | *A Fábrica do Olhar*

tracção de um único músculo. Outras pela contracção simultânea de vários músculos; o todo é rigorosamente a soma das partes. O fundamento lógico é cartesiano. «O corpo só obedece à alma na condição de ser antes mecanicamente a isso disposto. A decisão da alma não é condição suficiente para o movimento do corpo»: Duchenne poderia fazer suas as afirmações de Descartes. A alma em si não fornece qualquer explicação; só a interpretação das contracções musculares em termos de «mecanismo» – máquina constituída por peças perfeitamente ordenadas e dotadas de finalidades – permite responder ao «como?».

O rosto mecânico de Duchenne de Boulogne anuncia o homem-máquina do fisiologista Étienne Jules Marey, que surgirá – fotograficamente – nos últimos anos do século XIX. Ambos são «modelos», criações experimentais de uma série de fotografias que imitam a realidade sem forçosamente se lhe assemelhar, mas que permitem compreender o seu funcionamento.

Alguns anos depois, Darwin retira estas expressões faciais da sua base territorial. Numa das suas últimas obras, *A Expressão das Emoções*[6], serve-se das fotografias do rosto que lhe foram generosamente cedidas por Guillaume Duchenne de Boulogne. Publica algumas delas tal como se apresentavam. Outras manda-as regravar. Nas gravuras, fez desaparecer os reóforos e o experimentador. Fica apenas um rosto animado por uma expressão de terror, outro contorcido pela dor e sofrimento extremos... De facto, já não interessa fazer figurar o dispositivo técnico nas imagens: para Darwin, o rosto já não é um mecanismo.

---

[6] C. Darwin, *A Expressão das Emoções no Homem e nos Animais*, 1872.

Faradização | 135

Darwin leu Duchenne. Inscreve-se na mesma linhagem de antepassados que ele, e *A Expressão das Emoções* está organizada segundo um plano similar ao dos *Mecanismos da Fisionomia Humana*, sentimento após sentimento. Embora Darwin preste homenagem ao médico («Ninguém estudou com tanto cuidado a contracção de cada músculo em particular»), não deixa de o criticar fortemente («Exagerou a importância da contracção isolada dos músculos considerados individualmente na produção da expressão»). Para ele, à excepção de Spencer («o grande intérprete do princípio da evolução»), todos os que estudaram a expressão dos rostos – e Duchenne de Boulogne não é excepção – cometeram um erro grave: estavam convencidos de que a espécie humana tinha aparecido no seu estado actual. Para Duchenne de Boulogne, afirma Darwin, foi o Criador que quis que os sinais característicos das paixões se inscrevessem passageiramente no rosto do homem; para ele, a universalidade da linguagem das expressões não tem sentido.

Para Darwin, os dentes que se mostram, os cabelos que se levantam, são inexplicáveis se não se admitir que, outrora, o homem era marcado pela animalidade. Os músculos faciais não têm como função única a expressão de sentimentos humanos: «A prova disso é que os macacos antropóides possuem os mesmos músculos faciais que nós e ninguém pode admitir que os têm com a única finalidade de executarem as suas caretas hediondas». É preciso quebrar as barreiras entre o homem e os animais: a negação dos laços entre eles impossibilita a investigação das causas da expressão. A contracção dos mesmos músculos faciais durante o riso, tanto no homem como nos macacos, só se compreende se admitirmos a existência de um antepassado comum.

136 | *A Fábrica do Olhar*

As fotografias facilitam a passagem: da expressão das paixões à das emoções, de Duchenne a Darwin. As mesmas imagens cobrem uma ruptura profunda: um abismo epistemológico separa as descrições territoriais das que, mais conceptuais, se inscrevem no tempo.

Da ciência à arte

As imagens viajam. A técnica fotográfica favorece as relações entre domínios culturais por vezes muito afastados. No século XIX, associa artistas e cientistas na mesma altura em que se manifestam rupturas violentas entre uma abordagem sensível do mundo e a sua abordagem formal. A Sociedade Francesa de Fotografia, criada em 1854 «com uma finalidade exclusivamente científica e artística», estabeleceu como objectivo reunir os artistas e os cientistas. Trata-se então de melhorar a «arte» fotográfica, ou seja, o ofício, os conhecimentos: nas exposições organizadas pela Sociedade os retoques estão interditos. A passagem da ciência para a arte, porém, não é uma mera circulação. Longe de se limitar a uma passividade, ela age e transforma.

Através das suas imagens, Duchenne de Boulogne dirige-se, simultaneamente, aos cientistas e aos artistas. Aos cientistas, quando investiga as leis que regem a expressão da fisionomia humana. Aos artistas, quando fornece uma descrição das formas.

Evitando fazer o papel de sábio demiurgo no centro de um diabólico dispositivo experimental, Duchenne de Boulogne absteve-se de fotografar os rostos dos mortos que reactivava nas morgues dos hospitais. Também não preservou a memória das cabeças de cães separadas dos corpos, através das quais fazia passar correntes eléctricas

Faradização | 137

de modo a gerar nessas cabeças expressões semelhantes às dos rostos humanos. Mas estas precauções não foram suficientes. O médico enfrenta críticas inesperadas: escolhera como primeiro modelo um homem «terrivelmente feio». Sensível a estes argumentos, conclui a *Parte Científica* da obra e prossegue os seus trabalhos utilizando principalmente uma jovem como modelo na *Parte Estética*. A recepção condiciona o estatuto da imagem. É importante que o que é visto na imagem corresponda àquilo que é esperado; se esta correspondência não existir, a imagem fotográfica não faz parte da construção de uma verdade. É difícil suportar o rosto de um infeliz num contexto de leitura que remete para o mundo artístico. A tensão que se cria então é desestabilizadora, mas é também motor de transformação. Uma jovem substitui um velho: nestas viagens entre a ciência e a arte, a imagem técnica circulou, mas o seu objecto mudou.

Nesta época, um médico é considerado um homem de arte, e Duchenne de Boulogne pode facilmente considerar-se pintor. Os seus pincéis são os músculos do rosto. A prática da fotografia, o domínio dos seus processos então muito delicados, bastaria aliás para conferir estatuto de artista aos seus técnicos. É como adepto do claro-escuro que Duchenne de Boulogne reflecte, referindo-se a Rembrandt ou a Ribera. As expressões sombrias de sofrimento, dor, pavor, tortura misturada com medo, traduzem-se – também – em sombras profundas. O espanto, o assombro, a admiração, a graça são descritos por fotografias muito luminosas. O artista Duchenne já não se pode limitar, como o cientista Duchenne, a destacar as linhas características de uma expressão. Só o rosto já não basta. A verdade artística é diferente da verdade científica: a significação de uma emoção passa também pelo

138 | *A Fábrica do Olhar*

gesto e pose das personagens. O tronco e os membros devem ser fotografados com tanto cuidado como o rosto. Na fotografia intitulada *A Oração Dolorosa*, uma jovem coberta com um véu branco, de cabelo apanhado, ergue os olhos para o céu. A seu lado, o médico aplica-lhe um eléctrodo nas têmporas. O rosto do modelo adquire uma expressão dupla, invulgar: «Resignação no lado esquerdo; oração com alguma tristeza no lado direito». Numa segunda imagem, a jovem, coberta com um véu, como uma santa, debruça-se sobre um berço. No seu rosto desenha-se uma expressão curiosa e dupla. No lado esquerdo, alegria maternal misturada com dor (riso e lágrimas dolorosas). No lado direito, alegria maternal completa. A legenda redigida por Duchenne relata a história desta mulher cujos dois filhos teriam sido vitimados por uma doença grave. Um deles estaria morto, o outro moribundo. No entanto, os traços da mãe revelam os primeiros sinais de uma evolução favorável. Ela exclama: «Está salvo!» A jovem manifesta naturalmente sentimentos contraditórios. No seu rosto desenham-se, em simultâneo, alegria e dor.

Descreveu-se demasiado Duchenne como um original, um cientista isolado, para que não se tente precisamente compreender os seus trabalhos artísticos como a materialização de uma convergência, o fruto de uma história por ela criada. Esta história não se limita à da arte: inclui também a da fisiologia, da medicina, da fotografia e das instituições. Em relação directa com os três domínios mais dinâmicos e mais prometedores da época – a medicina, a fotografia e a electricidade –, Duchenne de Boulogne é realmente uma figura da modernidade. Jean-Martin Charcot, que gostava de lhe chamar «querido mestre», reconheceu-o como um dos grandes precursores da medicina clínica. Prestou homenagem àquele

Faradização | 139

que foi um dos descobridores da ataxia locomotora progressiva (a tabe), que descreve a paralisia muscular hipertrófica ou mioesclerótica («miopatia de Duchenne»), e desenvolveu o conhecimento da fisiologia e das patologias neuromusculares através da electricidade. É provável que tenha sido graças a Duchenne de Boulogne que Jean-Martin Charcot desenvolveu o interesse pela fotografia. Em 1878, Charcot criou o primeiro serviço fotográfico institucional no hospital da Salpêtrière. Entre a medicina, a electricidade, a fotografia e o estudo do rosto humano, qual apareceu primeiro? Qual a actividade que induziu o interesse por outra? Será que a ideia foi o prelúdio para os desenvolvimentos técnicos? Ou será que, pelo contrário, as ideias, os estudos estéticos, nasceram de uma oportunidade técnica? É verdade que houve premissas: a electricidade não espera por Duchenne de Boulogne para encontrar a medicina ou os músculos. E a fotografia cruza, desde o seu aparecimento, os caminhos dos médicos e dos retratistas. É inevitável que os rostos de Félix Nadar, cujo irmão fotógrafo colaborava com Guillaume Duchenne de Boulogne, sejam marcados pelos trabalhos do mesmo Duchenne que os tinham precedido.

Só que a posição história excepcional de Duchenne de Boulogne torna-o pioneiro, promotor das tecnologias modernas da electricidade e das tecnologias da imagem na clínica médica. Melhor, abala as cronologias: antes do desenvolvimento de uma anátomo-clínica por Charcot, Duchenne de Boulogne abre o caminho a uma fisiologia do vivo. A fotografia é um percutor. É ela que dá azo à experimentação de grande amplitude sobre os rostos. É ela que dá origem àquelas expressões de que é, afinal, a única justificação. Estabelece pontes entre o espaço e o tempo, o indivíduo e a espécie, a medicina e a estética, a ciência e a arte. Age duplamente: como imagem e como instrumento de uma modernidade. A história das ideias enraiza-se aqui profundamente na das técnicas fotográficas.

O peso da não-utilização

As passagens da imagem fotográfica da ciência para a arte efectuam-se também por defeito. Quando o estudo de uma relação entre uma aparência e as características

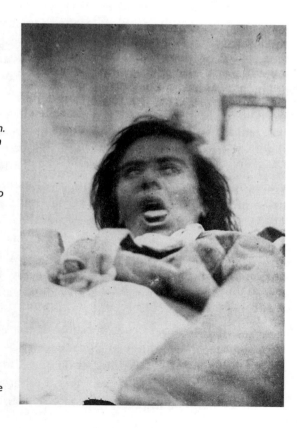

Figura 13. – «Histeroepilepsia».
Papel albuminado. – 6 × 9,5 cm.
«M., filha de uma lavadeira e de um relojoeiro-actor, deu entrada no hospital da Salpêtrière (serviço do Sr. Delasiauve) a 9 de Junho de 1867 e passou em 1870 para o serviço do Sr. Charcot [...]. M. parece sofrer uma autêntica angústia; os olhos estão fortemente virados para cima e para a esquerda; a boca, aberta, deixa sair a língua, que está azulada. Trata-se de uma expressão demoníaca.»
Legenda e fotografia extraídas de D. M. Bourneville e J. Régnard, Iconographie fotographique de la Salpêtrière, 1875.

Faradização | 141

profundas não dá resultados, quando parece que os ordenamentos e as classificações induzidos pela fotografia não têm outro sentido que não eles mesmos, as imagens perdem brutalmente o interesse científico. Destituídas agora de sentido para o mundo médico ou científico, as imagens voltam-se para as instituições artísticas; aqui, em muitos casos, adquirem outra dimensão estética e pedagógica. As novas utilizações transformam as próprias imagens, conferem-lhes novas significações.

No hospital da Salpêtrière, os anos passados a fotografar as crises de histeria não produzem novos saberes. As imagens de corpos em convulsão acumulam-se sem que se descubra uma origem anatómica da doença. Em 1880-1890, os impasses a que conduzem várias pesquisas «visuais» realizadas no hospital da Salpêtrière, sob a égide do neurologista Jean-Martin Charcot, incitam Paul Richer e Albert Londe a voltarem-se para o mundo artístico: as suas fotografias, desenhos e esculturas poderiam ter aqui maior utilidade. Poderiam atenuar, por exemplo, as deficiências de uma anatomia descritiva, que, até então, não leva em conta o movimento. Esta passagem do mundo médico para o mundo artístico permite-lhes, além disso, libertarem-se dos pesados protocolos científicos e médicos. Doravante, podem escolher livremente os seus enquadramentos, as suas iluminações e até os seus pacientes. Incapazes de curar o corpo doente, e principalmente o corpo histérico, tentam impor noutro lado a hegemonia dos seus saberes. A passagem do laboratório e do hospital para o atelier de pintura é acompanhada por derivas perigosas.

Em 1890, o interno Paul Richer, que entrara há alguns anos no hospital da Salpêtrière como colaborador de Jean--Martin Charcot, publica a sua *Anatomia Artística*. Os conhecimentos da ciência são aqui postos ao serviço dos

142 | *A Fábrica do Olhar*

artistas: para os seus desenhos, Paul Richer inspirou-se muito directamente nas cronofotografias do fisiologista Étienne Jules Marey e de Albert Londe, então responsável pelo laboratório fotográfico do hospital. O escultor Gérôme felicita-se por estas iniciativas. Agora professor de Anatomia na Escola de Belas-Artes, Paul Richer estabelece um ensino da anatomia do movimento, enquanto critica a anatomia da imobilidade. A pouco e pouco, define «cânones artísticos e científicos» relativos às diferentes proporções do corpo humano e defende então um autêntico eugenismo baseado em argumentos científicos de tipo darwinistas. «A raça mais perfeita, a que terá direito ao primeiro lugar na hierarquia a estabelecer, será pois [...] aquela que, na luta pela vida, tenha demonstrado a maior superioridade, a que tenha conquistado mais espaço ao sol. Graças à ciência, ou antes aos vários ramos das ciências, irradiaremos, portanto, como não podendo pretender representar a perfeição humana, muitos indivíduos: em primeiro lugar, os deformados por causas mórbidas ou outras; depois, os que não estão suficientemente desenvolvidos, os que mostram ainda alguns sinais exteriores de animalidade, os que apresentam uma mistura mesmo que atenuada dos atributos sexuais; por último, os que não representam em toda a sua pureza o tipo da raça mais resistente.»[7]

Ao passar do meio médico para o meio artístico, Paul Richer salta alegremente das leis para os cânones. O eugenismo que se desenvolve então no mundo médico é uma característica francesa[8], que não precisa de esperar pela

---

[7] P. Richer, *Introduction à l'étude de la figure humaine*, Paris, 1902, in J.-M. Charcot, P. Richer, *Les Démoniaques dans l'art*, Paris, Macula, 1984.

[8] A. Drouard, «Aux sources de l'eugénisme français», *La Recherche*, n.º 277, Junho de 1995.

Faradização | 143

criação, em 1883, do conceito de eugenismo por sir Francis Galton. A fotografia é probatória e legitimatória. Paul Richer, médico e professor, encontra aí a ocasão de erigir em normas critérios de beleza.

Capítulo XI

Olhares de superfície

Hardy e Montméja, 1868

A máquina fotográfica que, em meados do século XIX, se instala entre o olho do médico e o corpo do paciente altera as relações entre ambos. De facto, desde há algumas dezenas de anos que o olhar sobre o doente e sobre a doença evoluiu profundamente. O decreto de 4 de Dezembro de 1794, assinado pela Convenção, realizou a fusão de dois ofícios até então distintos: o de cirurgião e o de médico. Legitimou a observação directa dos doentes. As profundas reorganizações institucionais e sociais consequentes à Revolução Francesa possibilitaram o toque, a apalpação, o olhar directo sobre o corpo. Nesta redescoberta do visível, a medicina clínica emergente e a fotografia convergem. As figuras da dor alteram-se.

Dispositivos de captação de imagens

A fotografia que surge no espaço médico orienta a atenção das profundezas para a superfície. A gravura convidava às dissecações, ao mergulho do olhar no interior dos corpos; a fotografia troca as anatomias pelas aparências. Dois domínios são assim brutalmente promovidos: a dermatologia e as patologias do andar e do comportamento. Nestes jogos de superfície, a fotografia regista – algo que a gravura nunca poderia fazer – o rosto e o olhar dos doentes. Simultaneamente jogo superficial e transmissão do trágico, a imagem fotográfica converte-se assim em profundos paradoxos.

Em 1868, A. Hardy, médico no hospital Saint-Louis, e o seu aluno A. de Montméja, que conhecem já os tra-

Figura 14. – Paciente afectada por Penfigus foliáceo, hospital Saint-Louis.
Fotografia pintada a aguarela, publicada em A. Hardy e A. de Montméja, La Clinique photographique, 1865.

Olhares de superfície | 147

balhos fotográficos dos seus colegas ingleses, empreendem a publicação de *A Clínica Fotográfica do Hospital Saint-Louis.* Primeiro tratado médico ilustrado com fotografias, a obra destina-se a circular, a criar laços entre os médicos de Paris ou de outros lugares. A pele que mostra as suas lesões torna-se o primeiro objecto de uma fotografia médica institucionalizada.

De touca bordada inglesa atada na cabeça com fitas largas, esta mulher de rosto alterado com películas brancas semelhantes a crostas de cascas de bétula imobiliza-se, de olhar voltado para o fotógrafo. Ridícula como um Pierrot. A manga direita de uma camisa listada, levantada, deixa aparecer o antebraço. Fragmento de pele, propositadamente tornado visível, leva-nos a pensar que todo o corpo está coberto de escamas. Nenhum discurso, nenhuma queixa: a fotografia emudece o doente. Nesta busca absoluta da visibilidade, o diálogo torna-se inútil. A realização das imagens não é simples: os desfasamentos entre a realidade dos corpos e a sua representação fotográfica irritam os médicos. As dificuldades técnicas geradas pela utilização do preto e branco para registar as cores da pele parecem intransponíveis. «[...] uma pátina violácea será representada por um tom mais claro, uma parte amarelada aproxima-se do preto e, porém, o amarelo é, para o nosso olho, o mais claro destes dois tons». Para se transmitir os matizes de coloração, é preciso passar para papel salgado a prova que servirá de suporte à realização de uma aguarela. A coloração faz-se depois, na presença dos doentes, por comparação directa com as alterações das suas peles. As fotografias aguareladas efectuam-se assim em três fases: a captação da imagem propriamente dita, a passagem para papel em câmara escura, o regresso junto dos pacientes e a coloração.

148 | *A Fábrica do Olhar*

A este custo, a fotografia é a semelhança, a própria exactidão. No entanto, esta utopia de uma imagem objectiva e exacta não leva em conta as queixas ou as dores; impede que o olhar se detenha nas causas. A fotografia é totalmente semiológica e a semiologia é fotografia. A doente com touca de renda reduz-se a este *penfigus foliáceo*[1], que lhe enche a cama de restos de peles a uma velocidade incrível. Graças a uma legenda, sabemos que a paciente transpira constantemente, que a pele sua e exala um odor pútrido, que as comichões são quase insuportáveis, as curas raras. Os doentes sucumbem ao esgotamento ou às complicações: enterites crónicas, tuberculoses pulmonares, bronquites agudas. As opções terapêuticas são limitadas: o doente deve apenas abster-se de banhos e de tópicos emolientes e tomar quinquina o mais possível. *A Clínica Fotográfica* alinha assim, página a página, os seus pacientes silenciosos. O «tudo visível» dos corpos afirma-se; os rostos desaparecem por detrás de aglomerações, cristalizações, cancros e deformações insuportáveis.

Doentes sem histórias, anónimos e coloridos como cartas de jogo, alinham-se em labirintos de classificações. Preenchem todos os seus casos. A fotografia, além das suas funções de classificação, de diagnóstico, de semiologia, de taxinomia e memória, familiariza o médico com uma realidade por vezes aterradora. É uma negação do real. As toucas bordadas e as camisas engomadas tentam atenuar à vista os estragos de doenças cujas formas

---

[1] Os *penfigus foliáceos* são hoje reconhecidos como doenças auto-imunes em que os anticorpos produzidos pelo paciente provocam uma ruptura da coesão das células epidérmicas e a formação de bolhas. Antes da descoberta dos corticóides, os penfigos eram geralmente mortais. Ver Daniel Wallach em R. Pujade, M. Sicard, D. Wallach, *À corps et à raison*, Paris, Marval, 1995.

Olhares de superfície | 149

extremas hoje já não conhecemos. A visão de uma pele doente é desconcertante.

A clínica fotográfica substitui a clínica dos corpos. As alterações de superfície convidam às classificações baseadas nas morfologias. A cada tipo de pústulas corresponde um nome; a cada nome um tipo de pústulas. As escamas de pele brancas são o *penfigus foliáceo*. Por outro lado, como doença mortal, o *penfigus foliáceo* é definido por um aspecto de superfície que exclui qualquer análise funcional, qualquer pesquisa das causas. O êxito médico reside inteiramente nestas taxinomias; por pouco, esquecer-se-iam de tranquilizar e até de tratar.

Na verdade, a fotografia cria as classificações, estabelece correspondências entre uma forma e um nome. O sinal substitui o sintoma; o nome substitui o diagnóstico. A ausência de termos para exprimir a diversidade das alterações torna-se flagrante. Debatem-se entre as pústulas, as manchas e as pápulas. E o sistema funciona em círculo: se não tivermos cuidado, exclui pela força centrífuga tanto o doente como a doença. Hardy vê-se na obrigação de lembrar com vigor que a medicina deve observar e não se contentar com palavras.

No entanto, *A Clínica Fotográfica* é o instrumento pioneiro insubstituível da comunicação entre médicos. Substituindo bem as ceras anatómicas, os «casos» fotografados circulam, levando ao domicílio, em França e no estrangeiro, as patologias raras. Com elas, mais as dúvidas do que as certezas; a fotografia, que possui a incomparável capacidade de não eliminar nem o desconhecido nem o surpreendente, facilita a consideração de novas patologias. Para facilitarem estas trocas, Hardy e Montméja tentam por todos os meios diminuir os custos de fabrico. *A Clínica Fotográfica* é produzida no próprio hospital, na oficina concebida para esse efeito. As foto-

150 | *A Fábrica do Olhar*

grafias são tiradas no mesmo número de exemplares dos livros; em seguida, uma a uma, são aguareladas à mão. Com a lentidão das produções fotográficas nasce também, por outro lado, uma familiaridade com os doentes. Mais tarde, Félix Méheux, fotógrafo das doenças de pele no hospital Saint-Louis entre 1884 e 1904, será acusado de não estar a fazer trabalho científico, de não homogeneizar as suas séries fotográficas através de protocolos perfeitamente definidos. «Todos os médicos conhecem as admiráveis fotografias devidas ao talento do Sr. Méheux. Mas [se] este modo de fazer [...] fornece algumas pranchas maravilhosas, boas para serem emolduradas num museu, não serve para trabalhos de publicação, ou seja, para a instrução de todos e não só de alguns.» ([2]) É verdade que Méheux trata as luzes, as encenações e o enquadramento. Assina as suas imagens. Alguns chamam-lhe «artista dermatologista». Mas, aqui, a obra de arte opõe-se ao inventário científico.

Quando o preto e branco, a «grisalha», já não são suficientes, Félix Méheux desenvolve as técnicas finas da cor e insiste, mesmo quando os médicos o criticam. A qualidade das iluminações, a atenção prestada aos modelados e à matéria fotográfica dão mais voz ao doente do que à doença. Chegam para fazer o objecto mudar para o sujeito que sofre. Homens e mulheres dramaticamente marcados por cancros sifilíticos, por pelada decalvante, por psoríase, mostram-se e escondem-se ao mesmo tempo, como se fossem censuras. Da repetição das imagens nascem geralmente o humor, a ironia, o protesto, mas as diferenças individuais que emergem das colecções de Félix Méheux revestem-se de um carácter trágico. As fotografias já não

---

([2]) A. Burais, *Applications de la photographie à la médecine*, Paris, Gauthiers-Villars, 1896.

Olhares de superfície | 151

podem ser lidas com o distanciamento necessário a qualquer pesquisa médica. Elas aterrorizam; fazem fugir ou, pelo contrário, suscitam enormes compaixões. Méheux cria a desordem dos sentimentos. A sábia organização de *A Clínica*, de Hardy e de Montméja, fica para trás.

Apresentação do corpo médico

De facto, as primeiras fotografias da década de 40 do século XIX apresentavam o corpo médico antes do corpo humano, evocando assim as antigas gravuras sobre madeira e as representações das primeiras dissecações. A chapa de prata do daguerreótipo, preciosa, rica em esperanças, fixava cenas plenas de futuro: o cirurgião ocupava, simultaneamente, o centro do espaço médico e o da fotografia. Multiplicáveis, as fotografias sobre vidro ou papel vieram substituir os processos anteriores, consolidando as posições sociais dos médicos. A partir do segundo Império, o cartão de visita ilustrado com o retrato do seu proprietário, ou com uma figura da patologia, eterniza o prestígio do corpo médico. A imagem faz o médico: ao reforçar o respeito devido ao homem da arte, forma, por outro lado, o paciente.

Com o olhar voltado para o aparelho de captação de imagem, os médicos posam à cabeceira dos primeiros pacientes anestesiados. O soldado John Parmenter, voluntário na guerra civil americana em 1865, admitido a 16 de Abril do mesmo ano no Hospital Geral de Washington com um ferimento no tornozelo direito, está estendido de barriga para baixo num tosco leito de madeira. Olhar claro, cabelos encaracolados, consideraríamos a pose lasciva não fora aquela ferida no pé, já invadida pela gangrena. Numa segunda fotografia, John Parmenter está, desta feita, deitado de costas. Adormecido. O cirurgião mantém-se de pé, atrás da cama, com a mão paternalmente posta sobre um dos joelhos do soldado. A perna esquerda de John Parmenter assenta numa cunha, brutalmente interrompida. O pé gangrenado foi cortado. A imagem é a recordação de uma proeza: uma operação sob anestesia. John Parmenter sairá do hospital alguns dias depois.

A primeira anestesia tivera lugar no dia 16 de Outubro de 1846, no Massachusetts General Hospital, em Boston. O médico William Moton adormecera aí o seu primeiro operado com o auxílio de vapores sulfúricos de éter. Cerca de quinze anos depois, a guerra de Secessão forneceria novas oportunidades às investigações: nesta época, o éter anestesiante fora adoptado pelos médicos de todo o mundo. No entanto, a mortalidade durante as opera-

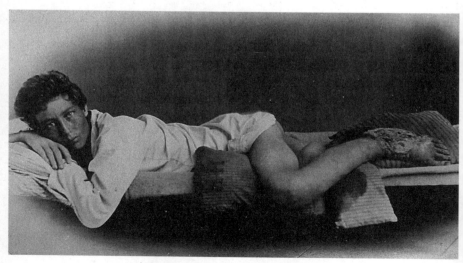

Figura 15. – O soldado John Parmenter.
Hospital Geral de Washington, 1865.

Olhares de superfície | 153

ções continuava a ser muito elevada: quase um paciente em cada dois perdia aí a vida. Simultaneamente, a guerra conferia novo impulso à fotografia. Por sua influência, o campo de batalha tornava-se brutalmente o lugar da morte e dos cadáveres em decomposição. O heroísmo passava agora para a sala de operações; com a fotografia, o hospital tornava-se o lugar das façanhas. Truncam-se e retocam-se as imagens. O pavimento de uma sala de operações é renovado; os cortinados são embranquecidos; um colega ausente no momento fatídico é reinstalado no centro da cena. Uma rapariga com uma perna falsa cortada está ao lado da sua própria imagem munida agora de duas pernas bem sólidas. Reconstituição contra reconstituição: a surpresa fotográfica e a surpresa protésica funcionam em sinergia.

Os médicos colocam-se à cabeceira dos doentes e estes duplos retratos – que articulam o do paciente e o do médico – oscilam permanentemente entre o documento e a figura de promoção. Auguste Nélaton, cirurgião francês de enorme prestígio, posou assim com grande elegância à cabeceira de Garibaldi, segurando a mão direita do doente nas suas próprias mãos. O célebre paciente acabara de escapar à amputação: a perna engessada, sustentada por uma muleta, é bem visível. A imagem serve de prova: Garibaldi, prisioneiro na fortaleza de Varigiano em La Spezia, foi bem tratado pelos exércitos italianos, que não hesitaram em recorrer a um cirurgião de renome internacional. Atingido na coxa esquerda, ferido no tornozelo direito, Garibaldi ficará curado. «Enquanto Napoleão III viver, não o deixaremos tocar num cabelo de Garibaldi!», escrevia o *London Daily News* em 1862.

Enquanto as gravuras do século XVI representavam as capacidades dos novos dispositivos de visão da medicina, a fotografia instala as capacidades técnicas da cirurgia.

154 | A Fábrica do Olhar

Prova e verdade nua, torna-se por vezes um magnífico instrumento de propaganda. Nos nossos *outdoors* contemporâneos, os cirurgiões posam agora ao lado de um computador, com os olhos fixos no ecrã; o paciente está fora da imagem.

Capítulo XII

Figuras do galope

Eadweard Muybridge, 1872

Dúvidas na imagem

Do cavalo, vê-se apenas a silhueta. O animal galopa frente a um cenário branco cuidadosamente munido de pontos de referência numerados. A observação atenta leva-nos a perceber a estranheza desta sucessão de imagens, aparentando-a mais a um *travelling* lateral obtido a partir de um aparelho em movimento do que a uma panorâmica clássica realizada com um aparelho fixo. Com efeito, o conjunto é obtido com o auxílio de um dispositivo original: uma série de câmaras fotográficas, regularmente dispostas no chão, que são disparadas uma a uma pela passagem do cavalo.

Apesar da sua aparente cientificidade, estas imagens realizadas pelo fotógrafo anglo-americano Eadweard Muybridge na década de 70 do século XIX tiveram grande dificuldade em se impor.

As declarações que sublinhavam a sua exactidão e o seu papel de prova não foram suficientes para que se lhes reconhecesse o seu valor excepcional.

Em 1872, Eadweard Muybridge realiza a primeira fotografia de um cavalo a galope. Nos Estados Unidos, há uma mistura de incredulidade e entusiasmo. Na Europa, impera o cepticismo. O desafio técnico é considerável: o processo a colódio húmido, que Muybridge manipula com destreza, necessita, quando o sol brilha, de um tempo de exposição de cerca de dez segundos. Obter uma imagem de um cavalo a galope que não seja totalmente desfocada representa uma proeza. As primeiras experiências são, aliás, insatisfatórias, apesar da extrema velocidade dos obturadores desenvolvidos por Muybridge. Este afirma ter obtido nesta época velocidades de 1/500 de segundo.

Figura 16. – Sally Gardner a galope (68,5 km/h).
Papel albuminado. 10,5 × 19,6 cm.
Fotografia de Eadweard Muybridge publicada em La Nature, na forma de gravura em 1878.

Figuras do galope | 157

No dia 19 de Outubro de 1874, o *San Francisco Examiner* noticia um drama: Muybridge foi acusado de homicídio. Matou um homem chamado Larkins, que supõe ser o pai do seu filho. O fotógrafo é detido e julgado. Beneficiando de amizades e apoios consideráveis, nomeadamente de Lelan Stanford, governador da Califórnia, com quem fizera as fotografias de cavalos, é libertado. No entanto, o caso lança sobre ele uma terrível suspeita.

Após um interregno de alguns anos, Muybridge retoma os seus trabalhos e, no dia 2 de Agosto de 1877, envia ao jornal *Alta California* uma fotografia do cavalo *Occident*. O cavalo trota à velocidade de 36 pés por segundo [10,8 m/s], a uma distância de 40 pés [12 metros] da máquina fotográfica, e a imagem é quase nítida! A proeza justifica-se pelo melhoramento simultâneo da velocidade dos obturadores através de um sistema eléctrico e da sensibilidade do colódio. «A duração da exposição – avaliada em 1/1000 de segundo – foi determinada com relativa precisão graças à imagem um tanto indistinta do chicote do condutor: este não teve tempo de percorrer uma distância igual ao diâmetro do seu cabo.» [1]

Não seria exacto afirmar que a fotografia de *Occident* foi acolhida em toda a parte com o mesmo entusiasmo. A prova, tal como a maioria das fotografias de Muybridge, fora retocada. O público, os invejosos e os incrédulos sabiam-no. Indeciso entre o rigor da experimentação científica e a preocupação de agradar pela realização de «belos» retratos de cavalos, Muybridge não

---

[1] E. Muybridge, citado por Mac Donnel, *Eadweard Muybridge, L'homme qui a inventé l'image animée*, trad. fr., Paris, Le Chêne, 1972. Ver também D. Robbel, *Eadweard Muybridge et la culture de l'image en mouvement*, Actas do colóquio Marey/Muybridge, Palais des Congrès, Beaune, 19 de Maio de 1995, pp. 34-59.

158 | *A Fábrica do Olhar*

resistiu ao desejo de fazer retoques, como o costumava fazer nas fotografias de paisagens.

No mês de Setembro de 1877, o *San Francisco Evening Post* demonstra que a fotografia foi truncada: «As roupas do condutor não têm dobras, as patas do cavalo não têm o comprimento certo». Sobretudo, a realização de um instantâneo a uma velocidade inferior a um décimo de segundo parece impossível. O aperfeiçoamento do protocolo experimental demora ainda um ano. Uma série de imagens «mostrando o passo do cavalo em todas as posições» é obtida graças à utilização de uma bateria de 12 máquinas fotográficas alinhadas ao longo da pista percorrida pelo cavalo *Abe Edington*. Os obturadores de cada um dos aparelhos fotográficos estão ligados a «fios galvanizados» que atravessam perpendicularmente a pista. À medida que se deslocam, os cascos do cavalo ou as rodas da carroça que ele puxa estabelecem contactos rompendo os fios. Realizam-se assim séries de 12 fotografias tiradas a partir de aparelhos de captação de imagem regularmente espaçados.

Para obter maior nitidez, Muybridge esforça-se novamente por melhorar a velocidade de fecho dos obturadores e a qualidade das chapas sensíveis; terá então obtido velocidades de obturação da ordem de 1/2000 de segundo.

Prova pela imagem

Para que as fotografias de Muybridge se constituam finalmente como provas, é preciso que a égua *Sally Gardner*, espicaçada pelos fios colocados através da pista, se ponha a escoicear rompendo a sua rédea. A comparação entre os pormenores da ruptura do couro registados pelos

Figuras do galope | 159

aparelhos fotográficos e o aspecto real da rédea prova a honestidade intelectual de Muybridge. O jornal *La Nature* do mês de Dezembro de 1878 e o seu director Gaston Tissandier, apaixonado pela fotografia, difundem rapidamente a notícia à escala internacional. Muybridge aperfeiçoa os dispositivos fotográficos. O cenário é mudado: de modo a aumentar o contraste fotográfico tão difícil de obter a alta velocidade, cobre-se a pista com borracha branca. Um mecanismo de relojoaria torna os fios inúteis; os obturadores são disparados cada um à sua vez por meio de um contacto por fricção rotativa. Durante o Verão de 1879, o número de aparelhos passa de 12 para 24: as sequências fotográficas ganham em precisão. Instala-se assim um percurso irreal do olhar. Tudo se passa como se o observador seguisse o cavalo a galope, à mesma velocidade que ele, movendo o olho segundo uma linha perfeitamente horizontal, paralela à pista. As captações de imagem desencadeiam-se a intervalos de tempo tão breves que duas imagens sucessivas podem ser, de facto, parcialmente sobrepostas.

Nesta segunda metade do século XIX, o cavalo é mais do que um meio de transporte ou um companheiro fiel: é um objecto simbólico. Na Europa, representa o mesmo que os nossos automóveis contemporâneos. Na América, é o instrumento da conquista, a expressão do dinamismo e do poder dos seus proprietários, do domínio de uma natureza fogosa e selvagem. Lelan Stanford, governador da Califórnia, antigo responsável pela Central Pacific Railroad, enriquecido pela construção da linha de caminho-de-ferro que atravessa os Estados Unidos do Oeste ao Leste, dispõe então de uma brilhante escuderia de cavalos de corrida. Para Muybridge, ele é um «comanditário-mecenas» enérgico. As fotografias dos seus cavalos a correr em grande velocidade deviam ser o testemunho de um momento de emoção: a força de um cavalo

160 | *A Fábrica do Olhar*

de corrida lançado a galope não nos deixa indiferentes. Além disso, para Lelan Stanford, convencido de possuir os melhores cavalos do mundo, a imagem fotográfica é um belo instrumento de promoção das suas luxuosas escuderias. Contudo, será a fotografia capaz de resolver a discussão entre aqueles que afirmam que um cavalo levanta os quatro cascos do solo durante um ciclo de galope e os que afirmam o contrário?

Não há dúvida de que Eadweard Muybridge é o melhor fotógrafo da Califórnia, além disso é protegido do governador da mesma província, mas continua a ser considerado um homicida. É recordado como perito nos retoques fotográficos. Nessa altura, não hesitava em animar os céus vazios das suas imagens com uma Lua ou uma nuvem. Apesar da apresentação bem visível dos dispositivos fotográficos, a suspeição limita a instauração de uma confiança nas imagens. Não obstante o apoio institucional de Lelan Stanford, os sistemas de legitimação estão fortemente desacreditados. A adesão só pode renascer de uma comparação entre certos elementos do real imprevisíveis mas verificáveis à vista (uma rédea cortada) e a impressão correspondente na imagem (a mesma rédea, o mesmo corte). Para funcionar como prova, a imagem tem de se apresentar como capaz de captar o imprevisto; tem de se impor numa dimensão situada fora do campo das intenções dos autores.

Críticas e argumentos

«Na verdade, Miguel Ângelo e Muybridge permanecem-me no espírito e pode ser que tenha aprendido com Muybridge algo sobre as posições e com Miguel Ângelo algo sobre a dimensão, sobre a grandeza da forma.»

Figuras do galope | 161

Quem assim se exprime é Francis Bacon. Os seus quadros *Duas Figuras* ([2]) e *Tríptico – Estudos do Corpo Humano* ([3]), inspiram-se claramente nas fotografias sequenciais de lutadores de Muybridge, ainda que os rostos das personagens possuam por vezes os traços dos familiares do pintor. As fotografias da análise dos movimentos humanos e animais marcam ainda com a sua influência os domínios artísticos contemporâneos.

No século XIX já suscitam a emoção dos pintores realistas.

O pintor Thomas Eakins está directamente na origem da importante encomenda feita a Muybridge, em 1883, pela universidade da Pensilvânia. Esta encomenda vai resultar na realização de um célebre álbum de 19 000 imagens, que apresentam, à atenção dos artistas, um inventário dos movimentos humanos e animais.

Em França, o fisiologista Étienne Jules Marey toma conhecimento dos trabalhos de Muybridge por intermédio do jornal *La Nature*: estes trabalhos levá-lo-ão a utilizar a cronofotografia para o estudo da locomoção animal.

No dia 26 de Setembro de 1881, no seu domicílio parisiense, Marey reúne em torno de Muybridge e das suas fotografias várias personalidades do mundo das artes, das ciências e da imprensa. A 3 de Novembro de 1881 e depois a 26 do mesmo mês, as reuniões realizam-se em casa do pintor Meissonnier. As fotografias sequenciais de diversas espécies animais em movimento, reanimadas com o auxílio de mecanismos de rotação, parecem de «prodigiosa autenticidade». Muybridge sublinha o carácter rigoroso e científico das suas pesquisas e reivindica a sua legitimidade académica.

([2]) Realizado em 1953.
([3]) Realizado em 1979.

No entanto, o realismo artístico não cobre o realismo científico. A sensação de movimento não nasce espontaneamente de uma decomposição fotográfica cientificamente compassada. Ernest Meissonnier acusa os aparelhos de captação de imagem de verem falso. «Quando me derem um cavalo a galope como este», diz ele desenhando um esboço para os cientistas, «ficarei satisfeito com a vossa invenção». Um quadro, diz Helmholtz, deve ser mais uma imagem impressionante do que uma imagem fiel à confusão: se constitui uma espécie de ilusão de óptica, não é à maneira como as uvas pintadas por Appelle incitavam os pássaros a irem debicá-las. O que interessa não é a adequação perfeita entre a imagem e o seu objecto, mas sim o choque emotivo que provoca.

Para o fisiólogo fotógrafo Georges Demeny, colaborador de Étienne Jules Marey, as novas imagens rigorosamente decompostas da cronofotografia são «autênticas», sem dúvida, mas, para que sejam aceites pelo olho, é preciso educar a própria visão. Isto porque as sucessões de instantâneos que seleccionam e fixam nunca dão conta da presença de um rosto, da delicadeza do movimento. Não transmitem o sentimento da realidade, mas antes a sua caricatura. Como representar o movimento? Deve-se levar em conta a recepção sensível ou procurar a semelhança com o referente real?

Meissonnier resolve tirar as coisas a limpo. Na sua propriedade de Passy, montado num carro que desliza sobre carris por uma encosta, observa a corrida paralela de um cavalo montado por um colaborador. No entanto, hesita: a arte decorre do ver ou do saber? Deve-se seguir a intuição do olho do artista ou obedecer aos resultados científicos? Optando pelo risco menor e apoiando-se nos trabalhos de laboratório, acaba por efectuar emendas no quadro *1807*: a posição das patas do cavalo é rectificada.

Figuras do galope | 163

Na sua obra *O Movimento*, publicada em 1894, Marey mostra-se prudente. Se os seus próprios trabalhos são susceptíveis de interessar os artistas, não lhe cabe a si falar de estética, pois não está qualificado. Contudo, acrescenta com alguma malícia, criticando de maneira velada os erros dos pintores que pretendem captar os atletas em plena corrida: «[...] devia-se poder tomar como árbitro a própria natureza e pedir que a fotografia instantânea mostrasse as verdadeiras posições de um corredor».

Apesar destas reticências, a fotografia torna-se gradualmente uma referência visual: já não se tolera que os cavalos galopem conferindo às patas um movimento tal que «todas as articulações se encontram dobradas em ângulo recto» [4], que homens corram com o busto obstinadamente inclinado para a frente, que bandos de pássaros voem todos com as asas levantadas, «como se nunca se tivesse observado que as baixam de vez em quando». Os artistas académicos que se afirmam «ciosos de exactidão» utilizam as análises fotográficas de Muybridge e de Marey. As pinturas militares e as vastas manobras de cavalaria em imensas planícies são as suas principais beneficiárias [5]. Os pintores Detaille, Neuville e Meissonnier sacrificam assim o seu próprio sistema de valores a uma verdade científica, instalando as suas imagens num novo sistema de legitimação. A cronofotografia fornece uma legitimidade científica inesperada a uma cópia do mundo, que ela contribui assim para erigir como valor.

---

[4] P. Souriau, *L'Esthétique du mouvement*, Paris, Alcan, 1889.
[5] M. Frizot, E. J. Marey, *La Photographie du mouvement*, Centre Georges Pompidou, Musée national d'art moderne, Paris, 1977.

O *direito à inexactidão*

No entanto, o debate não está encerrado. A análise fotográfica do movimento, por muito exacta que seja, não parece mais perfeita. Em França, o carácter científico das cronofotografias de Étienne Jules Marey, bem como a sua própria notoriedade, não são suficientes: de que vale a exactidão científica se as sequências obtidas não dão a sensação do movimento? A inquietação emana dos próprios cientistas. Paul Richer, médico na Salpêtrière e professor da Escola de Belas--Artes, nota que as figuras que melhor parecem exprimir a ideia da corrida são justamente aquelas que mais se afastam «do ponto de vista da verdade autêntica, do ponto de vista da verdade científica».

«Não somos da opinião de que o artista deve copiar literalmente os documentos que lhe são dados pela fotografia instantânea, como alguns o fizeram no início desta descoberta»: Albert Londe, embora director da oficina fotográfica do hospital da Salpêtrière, introduz assim a sua obra *Cronofotografias Documentais Para Uso dos Artistas*. «Do facto de o documento fotográfico, seja ele qual for, ser sempre verdadeiro do ponto de vista científico, não decorre que seja sempre verdadeiro do ponto de vista artístico. O artista só deve produzir as posições que melhor apresentam o movimento em causa, sem se deter naquelas que, nunca sendo percepcionadas pelo nosso olho, seriam inverosímeis e chocantes.» Albert Londe opera uma inversão do debate: a ciência não deve comandar a arte; deve estar ao seu serviço.

Instalam-se assim – mesmo nos meios científicos e médicos – protestos contra a omnipotência científica. Neste início do século XX, a ausência de resposta dos académicos à questão das origens do Homem e os efei-

Figuras do galope | 165

tos devastadores do desenvolvimento industrial levam alguns a concluir no falhanço da ciência. Os artistas, em contrapartida, reivindicam uma forma de liberdade, uma espécie de «direito à inexactidão». Para Rodin, a realidade do movimento e a sensação do movimento são duas coisas distintas. A questão não é copiar a fotografia científica. É no próprio desequilíbrio e nas formas impossíveis que reside a sensação do movimento, não na captação de uma realidade. O excesso de fotografia é apresentado como um perigo. Nos primeiros anos do século XX, criticam-se os artistas que, por uma espécie de bravata, se comprazem a reproduzir textualmente os resultados da fotografia. As posições reproduzidas são grotescas, mas, «se as recriam, provam, com a fotografia na mão, que essas posições são verdadeiras» ([6]). Essas imagens são «desagradáveis e enganadoras, pois mostram as coisas de modo diferente como as vemos na natureza [...]. O primeiro trabalho do pintor é fazer uma escolha na verdade» ([7]).

Por conseguinte, os resultados científicos da cronofotografia estão longe de ser entendidos como solução miraculosa para a questão da representação do movimento, de que Étienne Jules Marey pensava, porém, deter o segredo. O aspecto caricatural das imagens ressurge na mesma altura em que o realismo artístico e a ciência positiva perdem terreno.

Em Itália, o pintor Giacomo Balla inspira-se nas cronofotografias científicas para a realização de uma das suas caricaturas. Numa gigantesca pauta de música, os corpos de uma série de semicolcheias ascendentes são ocupados pelo rosto de um padre, que se esfalfa de nota

---

([6]) P. Souriau, *op. cit.*
([7]) *Ibid.*

166 | *A Fábrica do Olhar*

em nota, do grave ao agudo. Os trabalhos de Étienne Jules Marey são bem conhecidos em Itália: o fisiologista que partilha a vida entre o seu apartamento parisiense e a sua *villa* de Nápoles não hesita, de vez em quando, em publicar em revistas italianas.

No entanto, o quadro *Dinamismo di un cane al guinzaglio* [8], de Giacomo Balla, vai mais longe do que a cronofotografia de Marey em chapa fixa. Longe de se limitar à análise do movimento, esforça-se por dar a sensação de vibrações. O cão agita-se. A sua dona acelera o passo. Há um elemento fotográfico nos tons monocromáticos do quadro. A ligeireza do tema, quase caricatural, faz lembrar algumas cenas «científicas» realizadas por Marey: a agitação do cão preso pela trela tem algum parentesco com o andar da sua galinha presa por um cordel. Ou com as vibrações da sua mosca a bater as asas. Melhor: o quadro de Balla tem os defeitos técnicos das cronofotografias em chapa fixa: a personagem em movimento desvanece-se brutalmente sem ficar desenquadrada. Este desaparecimento, se fosse fotográfico, marcaria precisamente o instante em que o aparelho de captação de imagem deixaria de funcionar. Estes «defeitos», que em nada prejudicam as experiências da cronofotografia, persistem na pintura de Balla, cuja intenção é realmente conferir a ilusão do movimento.

Outros quadros de Balla são directamente inspirados na cronofotografia científica: por exemplo, o célebre *Bambina che corre sul balcone* [9], pintado em 1912--1913, em que a análise do movimento é acompanhada por uma decomposição cromática. À semelhança de Marey, Balla trabalha sobre o voo dos pássaros e sobre

---

[8] *Dinamismo de um cão com trela.*
[9] *Menina correndo numa varanda.*

Figuras do galope | 167

a corrida do homem. *La mano del violonista*([10]), pintado em 1912, retoma inconscientemente um tema caro a Georges Demeny. Em Janeiro de 1912, Marcel Duchamp repara no *Cão com Trela*, exposto em Paris. Exactamente nesta época, conclui o *Nu Descendo Uma Escada n.º 2*, que coroa vários estudos empreendidos sobre a desmultiplicação e a questão do movimento na pintura. Duchamp di-lo mais tarde: «Esta versão definitiva [...] foi a convergência no meu espírito de diversos interesses, como o cinema, ainda na infância, e a separação das posições estáticas nas cronofotografias de Marey em França e de Eakins e Muybridge na América.» ([11])

Na Itália, porém, as críticas começam a manifestar-se; Balla não cria uma sensação dinâmica, porque, pelo contrário, pára o movimento dez, vinte vezes por segundo. Ora, o movimento é uma continuidade, não uma sucessão de formas. O espírito rejeita esta ideia de apreensão de um fragmento de tempo: para ele, o movimento não tem princípio nem fim. A abordagem de Balla seria considerada demasiado científica, mesmo quando o primeiro manifesto futurista anuncia: «As nossas sensações não podem ser murmuradas. Fazemo-las cantar e berrar nas nossas telas». O objectivo dos trabalhos futuristas é realmente tornar o artista actor desta vida «exasperada pela velocidade, dominada pelo vapor e pela electricidade [...], turbilhante vida de aço, de orgulho, de febre»; não é criar uma observação distanciada.

Num primeiro tempo, Balla mantém-se fora do movimento futurista. Em 1910, o segundo manifesto futurista,

---

([10]) *A Mão do Violonista*.
([11]) M. Duchamp, «A propos of myself», conferência realizada no City Art Museum de Saint-Louis, Missuri, 24 de Novembro de 1964.

168 | *A Fábrica do Olhar*

que menciona explicitamente os trabalhos de Étienne Jules Marey, apela à utilização das análises cronofotográficas, que abrem caminho a novas traduções da velocidade. Nesta data, Balla adere ao movimento. Mas, a pouco e pouco, começa a surgir uma crítica aos trabalhos da fotografia científica. O pintor italiano Umberto Boccioni ouviu ou leu Henri Bergson. Deste retirou a convicção de que o movimento não podia ser fragmentado em instantes, pois possuía uma unidade profunda. Adquiriu uma certeza: a da força da intuição. Em Boccioni, a noção de movimento opõe-se assim fundamentalmente à objectividade e ao aspecto mecânico do movimento em Marey. Para os irmãos Bragaglia, fotógrafos, a cronofotografia científica é incapaz de traduzir a vivacidade de um gesto, a sua irregularidade. Está longe da realidade que pretende traduzir; não transmite a vida.

Enquanto que Marey se esforça por olhar o mundo como observador exterior abstraindo-se dos seus próprios sentidos, as fotodinâmicas dos irmãos Bragaglia desenvolvem, pelo contrário, nos seus traços luminosos e formas fluidas, uma combinação de qualidades intrínsecas do objecto fotografado e da sensação do movimento. Para Anton Giulio Bragaglia, a fotografia não é nem uma janela de observação nem um olho mecânico que capta o mundo natural: em completa oposição com o realismo, a fotografia é, antes de tudo, criação de um autor, investida sobretudo de uma capacidade de emocionar.

As críticas abertas dos Bragaglia, tal como as críticas veladas de Boccioni, inspiram-se muito directamente nas censuras formuladas por Bergson ao «realismo científico». A duração é aí sacrificada ao interesse dado ao instantâneo; matéria e percepção já não podem, portanto, coincidir. De facto, o realismo científico estabelece uma

Figuras do galope | 169

separação entre a matéria e a percepção. A matéria evolui de tal modo que se passa de um momento para o momento seguinte por dedução matemática. A percepção dá-nos uma série de quadros pitorescos, mas descontínuos do universo. Para Bergson e para os fotógrafos futuristas, esta separação não tem razão de ser. A substituição da clareza do instantâneo pela indistinção fotográfica deveria abolir as contradições entre o objecto e a sua percepção. A materialidade de Étienne Jules Marey dá lugar à desmaterialização dos corpos. As construções positivas sucumbem à sensação. A modernidade futurista nega a história. Nesta primeira década do século XX, os trabalhos de Étienne Jules Marey parecem já fazer parte de outro mundo. A cronofotografia nascera na época em que o cavalo constituía o principal meio de locomoção. Os quadros vibrantes, as fotografias indistintas dos futuristas são o fruto do desenvolvimento do automóvel e das modificações profundas das cidades que daí resultam. A efémera sensação de um espaço aberto pela introdução dos corpos que circulam a grande velocidade ou pelos turbilhões sonoros leva-os a desenvolver ataques virulentos contra um academismo fortemente influente em Itália. O primeiro manifesto lançado pelo poeta Filippo Tommaso Marinetti, em 20 de Fevereiro de 1909, incita ao hino à modernidade e à civilização industrial. Será para o melhor e o pior: a rejeição do velho mundo é também o desprezo pelo passado. A originalidade inovadora erigida em norma, uma exclusão. A rejeição da emoção, um perigo.

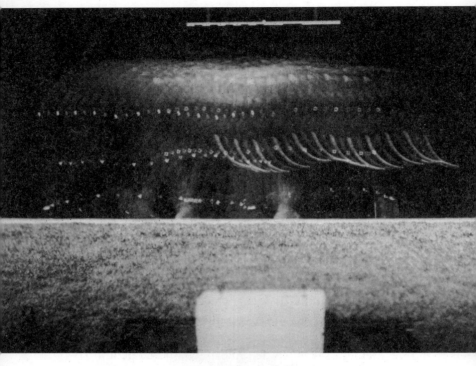

Figura 17. – O elefante.
Cronofotografia em chapa fixa, realizada com referências geométricas brancas.
Étienne Jules Marey, 1886-1887.

Capítulo XIII

Modernidades

Jules Janssen, 1874

O *eclipse*

Para os astrónomos, 1874 é um ano excepcional: no início do mês de Dezembro, o planeta Vénus estará no alinhamento da Terra e do Sol. O eclipse deve ser perfeitamente visível em certos pontos do globo terrestre: o pequeno disco escuro de Vénus destacar-se-á então claramente durante a sua «passagem» frente ao enorme disco solar. Durante este ano de 1874, seis missões astronómicas francesas são enviadas para diversos pontos do globo a fim de observarem a passagem de Vénus no dia 9 de Dezembro. Janssen, que dirige a missão ao Japão, leva consigo um novo instrumento de captação de imagens: o famoso revólver fotográfico. Ainda antes da partida, o instrumento fora já objecto de várias comunicações na Academia das Ciências e de comentários nas revistas de divulgação. No entanto, enquanto que os relatórios no

172 | *A Fábrica do Olhar*

regresso das missões de Pequim, de São Paulo e das Malvinas são ilustrados com fotografias realizadas durante o fenómeno, o da missão «Janssen» tem apenas uma gravura realizada a partir de uma fotografia do revólver fotográfico. E também não há qualquer novidade com as fotografias realizadas pelos cientistas ingleses que utilizam – igualmente – o revólver. Actualmente, subsistem apenas três exemplares das chapas obtidas com o aparelho fotográfico de Janssen: uma no Observatório de Paris e outras duas na Sociedade Francesa de Fotografia[1]. Só a primeira corresponde ao fenómeno de 9 de Dezembro de 1874. As outras duas seriam «passagens artificiais», simulações efectuadas para testar o aparelho. Na verdade, a imagem aparece aqui como pretexto. Aparelho original de certa dimensão e que encarna a modernidade, só o revólver é susceptível de suscitar adesões ao projecto.

Deixemos falar o próprio Jules Janssen: «A combinação do movimento da Terra e do movimento do planeta Vénus nas suas respectivas órbitas faz com que Vénus só passe pelo Sol em intervalos singulares de 113,5 anos e mais ou menos oito anos. Assim, ocorreu uma passagem no mês de Dezembro de 1631; a seguinte teve lugar oito anos depois, em Dezembro de 1639. A que ocorreu em seguida teve lugar no mês de Junho de 1761, ou seja, 113,5 anos *mais* oito anos – 121 anos após o anterior. Agora, para se obter a data da nova passagem, foi preciso acrescentar à data anterior 113,5 anos *menos* oito anos, ou 105,5 anos, o que deu Dezembro de 1874».

Os cientistas conservaram a memória da catastrófica expedição do astrónomo Legentil, que tinha ido para a Celebes a fim de observar o eclipse de 1761. Vítima de

---

[1] D. Bernard, A. Gunthert, *Albert Londe, l'instant rêvé*, Nîmes, Jacqueline Chambon, 1994.

Modernidades

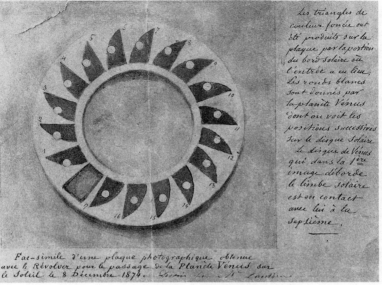

Figura 18. – Passagem de Vénus frente ao Sol.
Fac-símile de uma chapa fotográfica obtida com o revólver para a passagem do planeta Vénus frente ao Sol, no dia 8 de Dezembro de 1874. – Jules Janssen.
Em cada imagem da chapa de daguerreótipo em forma de coroa – aqui redesenhada –, o pequeno disco de Vénus representado a branco sobrepõe-se ao disco solar figurado a negro.

uma terrível tempestade, não chegara a tempo. Esperou oito anos pela passagem seguinte e não conseguiu observar o eclipse de 1769; o céu estava demasiado nebulado...

No entanto, a partir de 1870, aprendendo a lição do desastre da derrota, a ciência francesa reorganiza-se. As instituições, como o Observatório de Paris ou o Museu de História Natural, apoiam os projectos e reanimam as esperanças. Em 1872, a França prepara-se para o acontecimento: este ano assiste à criação de uma «grande Comissão académica para a passagem de Vénus, presidida pelo senhor Dumas». Está decidido a enviar, em

174 | *A Fábrica do Olhar*

1874, três missões para o hemisfério Norte e três missões para o hemisfério Sul. Cinquenta pessoas empreenderão perigosas viagens, cuja ida, apenas, deveria durar vários meses e cujo resultado não era garantido. Jules Janssen lidera a expedição de Yokohama, que, na sequência de um terrível ciclone, se transforma na «expedição de Nagasáqui». As viagens durarão meses: as diferentes missões estarão fora de França durante quase um ano. Quando Janssen chega ao Japão à cabeça de uma equipa de uma dezena de pessoas, as suas 250 caixas e pacotes são entregues ao cuidado de 500 carregadores. Uma centena de cabouqueiros e carpinteiros constrói uma aldeia de madeira. As chapas daguerreótipos são polidas na noite anterior ao eclipse. No próprio dia é preciso enganar a meteorologia, aproveitar abertas providenciais para realizar observações e fotografias. Por sorte, dirá Jules Janssen, «a Providência fez, no meio deste período deplorável, uma curta trégua a nosso favor». No dia seguinte, a chuva voltou a cair incessantemente.

Questões internacionais

Internacionalmente, aquilo que está em jogo na expedição é importante. A França não está sozinha na aventura. A passagem de Vénus mobiliza expedições holandesas, inglesas, americanas... «Todas as nações civilizadas rivalizam em luxo e generosidade, pelo menos aparentemente, para se prepararem.» [2] A qualidade dos resultados obtidos assinalará o estado de desenvolvimento dos países envolvidos. Ora, a França tem um atraso a recuperar: neste

---

[2] C. Flammarion, «Le prochain passage de Vénus et la mesure des distances inaccessibles», *La Nature*, 21 de Novembro de 1874.

Modernidades | 175

início da década de 70 do século XIX, tem de fazer esquecer o desastre de Sedan: «As nações estrangeiras estavam longe de imaginar que a França, abatida e arruinada, pudesse [...] posicionar-se, como outrora, no primeiro nível; mas eis que a Assembleia Nacional veio atribuir os fundos necessários; não recuou perante qualquer sacrifício para ajudar a Academia a preservar a honra científica do país. Graças à sua generosidade esclarecida, os astrónomos franceses participarão dignamente, tal como os seus antepassados, neste concurso que o céu abre em cada século a todas as nações em que a ciência é honrada»[3].

Deposita-se enorme esperança na fotografia. Por um lado, os astrónomos estão convictos de que, entre os vários métodos preconizados, só ela pode oferecer o rigor necessário. Por outro, mas sem se ousar realmente afirmá-lo, espera-se dela uma revelação, algo que ela ofereceria como uma surpresa.

A passagem de Vénus não é o único acontecimento científico capaz de recuperar a honra de França. A adopção internacional do sistema métrico, baseado na utilização do metro-padrão francês adoptado em 1795 pela Convenção, é esperada com impaciência. A régua de platina conservada nos armários dos Arquivos Nacionais devia tornar-se referência universal tanto para a medição das grandes distâncias como para a dos pequenos objectos. Em 1872, Thiers organizou, para esse fim, uma reunião internacional com os representantes de mais de 20 países.

De facto, no início desta década, os Ingleses estavam muito à frente dos Franceses em matéria de fotografia astronómica. Warren de la Rue e Rutherford obtiveram «maravilhosas» fotografias da Lua. Rutherford, princi-

---

[3] H. Faye, actas da Academia das Ciências, sessão de 25 de Novembro de 1872.

176 | A Fábrica do Olhar

palmente, realizou provas de cinquenta centímetros de diâmetro nas quais se pode reconhecer à lupa os pormenores que não se podiam ver com boas lunetas. Os cientistas americanos atribuem também grande importância às produções fotográficas. Cada uma das suas oito equipas enviadas, em 1874, para Hobart Town, para as ilhas Kerguelen, Nova Zelândia, Crozet, Chatam, Nagasáqui, Vladivostoque e para a costa do Pacífico, leva um grande telescópio concebido especialmente para as observações fotográficas. A distância focal do aparelho foi calculada de forma a obter uma imagem do globo solar com o excepcional diâmetro de quatro polegadas (*). Em França, a passagem de Vénus confere novo estatuto à fotografia: pela primeira vez, é oficialmente convocada a título de instrumento de observação capaz de colmatar os defeitos da visão humana.

Os astrónomos Janssen e Brackmuski pretendem seriamente ganhar estes desafios. Constroem um primeiro aparelho que fornece provas fotográficas de 11 a 12 centímetros de diâmetro. Fotografando apenas uma porção do globo solar, pensam mesmo conseguir um diâmetro de 20 centímetros. É assim que, para Jules Janssen, se constitui a esperança de obter uma imagem dessa *carne* do Sol, dessa lanugem especial, desses grãos de arroz que lhe cobrem a superfície.

Questões científicas

Aquilo que se procura com a fotografa não é apenas a memória de um eclipse excepcional. A sua função também não se limita a deixar a marca de um «estive *lá*,

---

(*) 10,16 centímetros (N. T.).

Modernidades | 177

naquele dia». A observação atenta do eclipse tem como objectivo a avaliação rigorosa da distância entre a Terra e o Sol. Esta medição fundamental serve, com efeito, de base para o cálculo de muitas distâncias celestes. Uma estimativa desta distância fora obtida durante as duas anteriores passagens de Vénus em 1761 e 1769, substituindo – segundo um método preconizado em 1716 por Halley – os cálculos angulares menos rigorosos pela medição dos tempos. Em 1874, a incerteza que pesa sobre a distância entre a Terra e o Sol é de 500 000 quilómetros. Iria ser reduzida para 5000 quilómetros. «Em breve, poderemos comparar os valores obtidos por todos os observadores assim espalhados pelos dois hemisférios e concluir-se-á a verificação da distância do Sol: saberemos se esta importante distância é de 148 milhões de quilómetros ou de 149 ou de 147 [...]. Só a fotografia nos poderá fornecer esta precisão.» [4]

Supondo que as medições do tempo sejam suficientemente precisas, duas delas bastariam para que um observador determinasse com rigor a distância entre a Terra e o Sol: as dos instantes precisos de dois dos contactos aparentes de Vénus com o globo solar.

Sabendo assim, pela fotografia, a distância aparente desde o centro de Vénus até ao centro do disco solar, e considerando equações conhecidas que descrevem a trajectória de Vénus, será possível estabelecer a medida fundamental a partir da qual se organiza a arquitectura geral do universo. Não se trata de uma simples distância, mas antes, como diz Janssen, do «[...] cálculo da maior base de medição que o homem pode descobrir e conhecer».

O revólver fotográfico de Jules Janssen destina-se a obter uma série sucessiva de fotografias perfeitamente

---

[4] C. Flammarion, *op. cit.*

178 | A Fábrica do Olhar

datadas. Deste modo, a hora dos contactos entre os dois discos será determinada com exactidão. O revólver está munido de uma chapa sensível daguerriana de cobre prateado, que efectua uma volta completa em 72 segundos. Uma engrenagem em cruz de Malta condiciona exposições regulares. Frente a esta chapa, um disco obturador munido de 12 aberturas regularmente espaçadas efectua uma volta completa em 18 segundos: girando quatro vezes mais depressa do que a chapa sensível, abre e fecha o acesso à luz, posicionando-se, durante os instantes de paragem, no centro da luneta que serve de câmara escura. Obtém-se numa mesma chapa fotográfica uma série de 48 imagens realizadas a cada 1,5 segundos. A manobra obriga a preparar previamente as chapas sensíveis. Enquanto uma delas é colocada no revólver, o observador acompanha com a luneta paraláctica a progressão de Vénus. É ele quem decide o momento em que se liberta o mecanismo de relógio. Deste modo, a captação de imagem realiza-se automaticamente a intervalos perfeitamente regulares. Cada um deles dá lugar a uma determinação automática da hora.

É verdade que a utilização do daguerreótipo constitui uma espécie de luxo ou até de preciosismo numa época em que os processos com colódio húmido estão largamente difundidos. Mas estes são pouco rigorosos. Sobretudo, continuam demasiado dependentes dos gestos e conhecimentos dos fotógrafos.

Não se trata de transmitir o *movimento*, mas sim o *instante*. Jules Janssen pretende imobilizar um mundo onde tudo se move, incluindo a Terra na qual se encontra o observador. Das 48 imagens realizadas numa mesma chapa em 72 segundos, só uma (a do contacto) é utilizável: há uma degenerescência da série fotográfica. Em 1872, o almirante Pâris avançou a ideia de que se

Modernidades | 179

poderia obter uma «inscrição fotográfica do tempo» [5] na observação da passagem de Vénus.

Questões cósmicas

As fotografias realizadas não são apenas uma «ajuda à medição» ou a preservação da memória de um fenómeno. Elas permitem descobrir o inesperado, ver melhor do que o olho, ampliar o campo do visível. Espera-se o inesperado. Ele *deve* acontecer. Em 1839, Arago já percebia o interesse que a fotografia podia representar para a astronomia. Insistia então para que as aplicações científicas não fossem encerradas num quadro previamente definido. «De resto», acrescentava ele, «quando os observadores aplicam um novo instrumento ao estudo da natureza, aquilo que dele esperavam é sempre pouco relativamente à sucessão de descobertas originadas pelo instrumento. Neste sentido, é com o *imprevisto* que se deve especialmente contar» [6].

O revólver fotográfico de Janssen permite a Camille Flammarion concluir o valor profético daquelas palavras de Arago: «[...] tínhamos dito que, ao tentar verificar os momentos críticos da passagem, encontraríamos outra coisa. Esta coisa imprevista que observámos foi *a atmosfera de Vénus* [...].»

Embora as expedições científicas organizadas em 1874 não tivessem como objectivo principal detectar uma

---

[5] Almirante Pâris, *Project d'inscription photographique du temps dans l'observation du passage de Vénus*, 3 de Dezembro de 1872, recolha de memórias e documentos relativos à observação da passagem de Vénus pelo Sol, Paris, Firmin-Didot, 1876.

[6] F. Arago, *Le Daguerréotype*, actas da Academia das Ciências, sessão de 19 de Agosto de 1839.

180 | *A Fábrica do Olhar*

atmosfera em Vénus, não há dúvida de que a ideia estava fortemente presente nos espíritos.

Durante a preparação das missões da passagem de Vénus, Charles Cros tomou a palavra na Academia das Ciências: «É possível que Vénus seja habitado; é possível que haja astrónomos entre os seus habitantes; é possível que esses astrónomos pensem que a passagem do seu planeta frente ao disco solar pode atrair a nossa curiosidade. Por último, é possível que tentem, a partir do momento em que sabem que muitos telescópios estão apontados para o seu planeta, enviar-nos sinais» [7]. E mais: «Eles podem estar mais bem preparados para compreender as nossas tentativas de comunicação, tanto mais que, entre eles, um outro Charles Cros pode ter feito uma declaração relativa à Terra, mas muito análoga àquela que a Academia recebe a respeito de Vénus».

Não se trata de um sonho singular e efémero. Mais tarde, Louis Figuier [8] exclamará: «É provável que nunca se chegue a explicar os canais de Marte eliminando à partida a possibilidade de uma rectificação industrial dos cursos de água, tal como os astrónomos de Vénus poderão não chegar a explicar as nossas redes de caminhos-de-ferro se admitirem apenas a acção das forças da natureza na superfície da Terra».

Em 1874, Janssen acredita que pode existir vida em Vénus, mas, como cientista rigoroso, não ousa falar disso sem ter uma prova visível.

Tomará a palavra mais tarde, quando a ciência se liberta do positivismo de Auguste Comte e a sua adesão

---

[7] C. Cros, *Communication avec les habitants de Vénus*, actas da Academia das Ciências, sessão de 22 de Setembro de 1873.

[8] L. Figuier, *L'Année scientifique et industrielle, trente-sixième année* (1892), Paris, Hachette, 1893

Modernidades | 181

à prova dos factos se torna mais fraca(⁹): «[...] embora a vida ainda não tenha sido verificada directamente na superfície de nenhum planeta, as razões mais decisivas levam-nos a admitir a sua existência em vários deles. Digamos então que, se o problema não é resolvido directamente pelos olhos, é-o por um conjunto de factos, analogias e deduções rigorosas que não deixam qualquer dúvida. É o fruto maduro e perfeito da ciência, é a visão da inteligência, tão certa e de ordem mais elevada e mais notável do que a dos sentidos».

Actualmente, pode parecer curioso que esta questão da habitabilidade de Vénus tenha encontrado tal eco em revistas científicas de alto nível e que tenha sido tema de comunicações na Academia das Ciências. Ora, é precisamente nas épocas em que a ciência está mais forte que ressurge a projecção do espírito – e aqui do espírito racional – no espaço astronómico. As regiões celestes até então ocupadas pelas divindades enchem-se de intelecto em momentos fundamentais da história do pensamento. Foi assim no final do século XVII, no início do século XVIII e durante o século XIX, quando a ciência positiva ocupa o primeiro plano. Tudo se passa como se o pensamento não admitisse vazio para o pensamento. A inteligência extraterrestre ocupa o espaço deixado livre pelas revoluções científicas.

Aquilo que se observa no século XIX confirma as hipóteses formuladas por Steven J. Dick: «[...] a afirmação de uma inteligência extraterrestre pode ser considerada o complemento metafísico da revolução científica, o acto final que, após os maiores triunfos do homem na compreensão da Natureza, lhe negou à escala universal

---

(⁹) Anónimo, *Janssen, de l'Institut*, extraído da Colecção enciclopédica dos notáveis do século XIX ou novo dicionário dos contemporâneos, Paris, s.d.

182 | *A Fábrica do Olhar*

a unicidade da última qualidade que lhe restava: o espírito»[10]. O Homem não seria, portanto, único; as feridas narcísicas impostas pela eventual existência de vida extraterrestre somam-se às infligidas, em 1859, por Darwin e *A Origem das Espécies*.

Para Janssen, existe uma unidade das condições às quais os planetas estão submetidos. Portanto, é lógico pensar que, tal como a Terra, os planetas podem ser produtores de uma vida inteligente que reinaria na sua superfície. Esta concepção é, porém, relativizada: embora de origem comum, os planetas têm idades muito diferentes. Nem todos se encontram no estádio da evolução geológica que condiciona o aparecimento e desenvolvimento da vida na superfície...

A descoberta de uma atmosfera em Vénus, o «planeta irmão», levanta a questão das nossas origens. A importância do revólver de Jules Janssen, muito além da realização de uma série fotográfica cronológica, é científica, internacional e também metafísica. O revólver promete uma determinação finalmente rigorosa do planeta Terra no seio do sistema solar e uma resposta à inquietante questão: «Estaremos sós no universo?»

É assim que se misturam inextricavelmente os interesses oficiais e os interesses oficiosos daqueles fotografias sucessivas. Oficialmente, trata-se de medir a distância entre a Terra e o Sol. Oficiosamente, tramam-se em filigrana os interesses de uma competição internacional, de uma procura das origens e dos seus mecanismos ficcionais.

Quando Janssen regressa da sua «grande» missão ao Extremo Oriente, decide-se criar um observatório em Meudon(*). Aqui serão construídos grandes laboratórios

---

[10] S. J. Dick, *La Pluralité des mondes*, Arles, Actes Sud, 1989.
(*) Comuna do Hauts-de-Seine, a sudoeste de Paris (*N. T.*).

Modernidades | 183

para o estudo dos gases e vapores da nossa atmosfera e dos outros planetas. Mas a principal novidade científica reside na criação, em Meudon, de um laboratório de fotografia solar. No final do século XIX, o Observatório de Meudon estará na posse de «4000 clichés de grandes fotografias solares de uma perfeição nunca alcançada em qualquer outro lugar». Estes trabalhos irão relançar por arrasto as fotografias estelares e lunares do Observatório de Paris.

O *mito do revólver*

Como diz Janssen, «a fotografia é a verdadeira retina do cientista». Colmata as insuficiências dos órgãos dos sentidos, incapazes de observar com objectividade. Aquilo que o astrónomo cria com o seu revólver fotográfico é, de facto, uma espécie de grande olho mecânico, que só funciona quando se carrega no botão de accionamento. Muito mais do que as próprias fotografias, pouco legíveis e nada espectaculares, estas captações de imagens automáticas em sequência programada não deixaram de admirar os contemporâneos. O revólver de Jules Janssen tem algo que ver com um autómato da visão.

Instrumento de medição, a fotografia permite a quantificação. Ferramenta de visão, traz ao visível aquilo que é invisível ao olho nu, à luneta ou ao telescópio. A estas duas funções principais juntam-se os campos políticos, as questões estratégicas, os motivos individuais e aquilo que se refere a um mais íntimo «prazer da imagem».

Embora os daguerreótipos de Jules Janssen não tenham fornecido muitas imagens do planeta Vénus, contribuíram pelo menos para lançar as bases de um novo olhar, quase de uma nova escrita: a que descreveria um

184 | *A Fábrica do Olhar*

universo móvel, fragmentado em pedaços de 72 segundos, que, ao decompor os fenómenos, só os apreenderia por intermitência, como que por efeito estroboscópico, no seu ordenamento cronológico. O observador encarnado por Janssen é herdeiro de um pós-guerra. Ao criar instrumentos novos, mostrando novas imagens e levantando novas questões, é uma das grandes esperanças científicas do país. É também homem do terreno, homem do real, herdeiro dos grandes viajantes naturalistas do século XVIII, que não hesitavam em empreender, «em nome da ciência», viagens incertas e sem fim.

Com um passado aventureiro, o astrónomo-viajante Janssen é, porém, neste último terço do século, astrónomo antes de ser viajante, ainda sábio mas já cientista, independente mas responsável por um observatório, racional mas obediente aos seus impulsos. Longe dos antigos viajantes-astrónomos, Janssen transmite modernidade. E a fotografia desempenha um papel importante nesta imagem que ele gosta de dar de si.

Em 1856, Janssen efectua a sua primeira grande «viagem recreativa» a «Constantinopla, à Ásia Menor e ao Egipto». No ano seguinte percorre a América do Norte e a América do Sul a fim de determinar a posição do Equador magnético. As suas biografias relatam que esteve então quase a morrer de febre. Em 1862-63, está na Itália. Em 1867, em Santorini, onde observa uma erupção. No ano seguinte, está na Índia. Mais tarde, por volta de 1883, está nas ilhas Carolinas, no oceano Pacífico. Na volta, detém-se nas ilhas Sandwich e passa uma noite sozinho na borda de uma cratera em erupção para estabelecer uma eventual analogia com os fenómenos da superfície fotosférica solar.

Isto ainda não é nada: no dia 2 de Dezembro de 1870, às 6 horas da manhã, rompe o cerco de Paris a bordo de

Modernidades | 185

um balão, passa por cima do exército prussiano e vai aterrar junto à foz do Loire. Qual o objectivo desta viagem? A observação de um eclipse na Argélia. A operação é bem sucedida e a notoriedade de Janssen aumenta. Em 1874, quando parte para o Japão, Jules Janssen já adquiriu uma sólida reputação. Ainda mais tarde, terá a ideia – que concretizará – de construir um observatório astronómico de madeira no cume do Monte Branco...

É incontestável que o observador de 1874 tem certezas das quais retira uma energia considerável. Acredita na superioridade da ciência ocidental, na do racionalismo sobre qualquer outra forma de pensamento. Nesta década de 70 do século XIX, adere completamente aos factos da observação, e não ousa afirmar no meio científico aquilo que, em si, decorre do campo do imaginário e aquilo que vem das representações. É preciso esperar para que o paradoxal lirismo do seu cientismo se manifeste claramente. É assim que, mais tarde, afirmará a sua fé numa ciência como garante da rectidão moral: «A submissão das forças materiais e o reinado do Homem sobre a natureza são apenas os primeiros frutos da Ciência. Ela prepara-lhe outros, mais nobres e preciosos, pela beleza dos estudos a que ela convida, pela grandeza dos horizontes que lhe abre, pela grandeza do espectáculo que lhe oferece das leis e das harmonias do Universo, ela desviá-lo-á das suas preocupações actuais, talvez demasiado exclusivamente positivas, e prestar-lhe-á, numa forma nova e de grandeza incomparável, esse culto enfim do ideal que é uma das mais imperiosas necessidades da alma humana e que ela nunca abandonou sem perigo nem risco»[11].

---

[11] J. Janssen, *Les Époques dans l'histoire astronomique des planetes*, Instituto de França, sessão pública anual das cinco academias, 24 de Outubro de 1896, Paris, Typographie de Firmin-Didot et Cie.

186 | *A Fábrica do Olhar*

Como um imaginário popular largamente difundido pelos jornais de divulgação científica em detrimento da própria imagem fotográfica, o revólver, erigido em mito, realiza um acto de solidariedade histórica. Já portador de ficções, será mais tarde considerado o antepassado do cinematógrafo, contribuindo então para enraizar os irmãos Lumière em origens astronómicas.

Capítulo XIV

A impressão

Secondo Pia, 1898

No último terço do século XIX, o estatuto científico da fotografia reforça-se. O caso do santo sudário é revelador da instalação de um paradigma fotográfico: por efeito da nova imagem, o olhar sobre a peça de pano muda. Os mecanismos da prova alteram-se.

Questões

Desde o seu aparecimento em 1357, na pequena aldeia de Lirey, em Champanha, perto de Troyes, o santo sudário preocupou as autoridades eclesiásticas. Dois bispos proibiram vigorosamente a exposição da tela de linho que, alegadamente, terá envolvido o corpo de Cristo após ter sido retirado da cruz. Por meio de uma carta enviada ao papa, um deles pedira a promulgação de uma bula: «O sudário era apenas uma cópia, uma simples reprodução da mor-

188 | *A Fábrica do Olhar*

talha de Cristo e não a própria mortalha». Em seguida, o
pano passou de Lirey para Sabóia. Teve proprietários poderosos. «Tornava-se ou voltava a tornar-se autêntico.» [1]
A pouco e pouco, o interesse desvaneceu-se.

Tudo iria mudar em 1898 com as primeiras fotografias da alegada impressão do corpo de Cristo. Ao substituir a própria tela, a imagem fotográfica proporciona
finalmente a possibilidade de uma análise cuidadosa.
Causa, sobretudo, uma surpresa considerável ao revelar
factos inesperados. Invertendo as zonas escuras e as zonas
claras, os negativos fazem aparecer de maneira flagrante
o desenho de um rosto. Inegável impressão de realidade:
os olhos fechados com um círculo branco do positivo
recuperam um aspecto normal no negativo. E, tal como
num verdadeiro rosto, a sombra do nariz, esbatida nas
bordas, torna-se mais clara no centro. As manchas e as
impressões vagas da tela de linho dão lugar a um «homem
verdadeiro», cuja cabeça emerge de uma semiobscuridade.
O negativo fotográfico parece imitar uma realidade; em
contrapartida, o próprio pano parece o negativo de um
corpo humano.

Objecto técnico, objecto fetiche: o negativo fotográfico, ainda que fabricado pela mão do homem, é recebido
como se – *achiropoiete* (*) – falasse em nome do próprio
Cristo. Funcionando, além disso, como novo paradigma,
a fotografia autoriza de uma forma mais geral os cientistas a levarem em conta, como factos científicos, as impressões realizadas à distância. Para nós, o caso é revelador da
mudança de estatuto da prova induzida pelo grande desenvolvimento da prática fotográfica no final do século XIX.

---

[1] P. Vignon, *Le Linceul du Christ, Étude scientifique*, Paris,
1902.
(*) Não fabricado pela mão do homem. (*N. T.*)

A *impressão* | 189

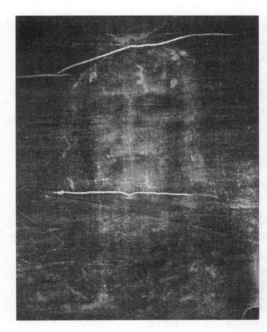

Figura 19. – Santo Sudário, pormenor. *Negativo fotográfico, Secondo Pia, 1898.*

Em 1370, os primeiros conflitos tinham oposto o deão de Lirey às autoridades eclesiásticas superiores residentes em Troyes. Com a exposição da tela, o deão atraía à aldeia uma multidão de peregrinos; por seu lado, as autoridades eclesiásticas desejavam exercer controlo sobre este poder emergente.

Henrique de Poitiers, bispo da diocese de Troyes, interdita as peregrinações e as exposições da relíquia, que tornavam demasiado célebres a aldeia de Lirey e o seu deão. O bispo lança dúvidas sobre a autenticidade do sudário. O pano deixa então o relicário da igreja. Durante 34 anos ninguém houve falar dele: a Champanha, dizimada pelas guerras e pela peste, tem mais com que se preocupar.

Em 1389, o pano é novamente exposto. O novo bispo de Troyes, Pedro d'Arcis, renova as interdições. Iniciam-

190 | *A Fábrica do Olhar*

-se então os conflitos e os processos entre o papa Clemente VII de Avinhão, os cónegos de Lirey e o bispo de Troyes. Este ordena que não se fale da mortalha nem da sua imagem, nem bem nem mal. Rodeando-se de uma comissão de teólogos, redige um relatório que depois envia ao papa Clemente VII no final de 1389: neste relatório, acusa o deão de Lirey de ter fabricado o sudário, de ter encenado curas e de ter suscitado a idolatria com a exposição de uma relíquia falsa. Na verdade, os cónegos de Lirey não afirmam a autenticidade da relíquia, mas apenas a insinuam. O papa fala de uma «cópia ou representação do sudário do Nosso Senhor». Em 1389, o rei Carlos VI manda suspender a exposição. No dia 6 de Janeiro de 1390, o papa Clemente VII impõe a Pedro d'Arcis, bispo de Troyes, *perpetuum silentium*. Autoriza os cónegos a exporem o pano, na condição de este ser apresentado como uma cópia e não um original, e que se respeitem algumas condições: os eclesiásticos não podem em caso algum usar trajes ou ornamentos litúrgicos durante a exposição. Não se pode acender tochas, velas ou candeias, nem utilizar qualquer tipo de luminária. Por último, na altura de maior afluência, o povo deve ser advertido por uma voz forte e inteligível de que a figura exposta não é o verdadeiro sudário de Cristo, que é apenas um quadro(²). O santo sudário adquire oficialmente estatuto de objecto fabricado.

A prova pela fotografia

No dia 1 de Maio de 1898 inaugura-se em Turim uma exposição de arte sacra: o rei Humberto autoriza a apre-

---

(²) P. Vignon, *op. cit.*

A *impressão* | 191

sentação do pano. O acontecimento é excepcional: há 30 anos que ninguém tinha a oportunidade de ver o pano, conservado num cofre metálico munido de fechaduras sofisticadas. Pela primeira vez, o pano é fotografado. A imagem fotográfica, «automática», desprovida de subjectividade, tem valor de prova: «O argumento fotográfico mais não é do que a constatação de um facto» ([3]). Sem recearem contradições, os organizadores da exposição de Turim valorizam o autor das imagens: Secondo Pia é «muito apreciado em Itália» pelos seus notáveis trabalhos. A sua lealdade científica iguala a sua competência. No entanto, a avalancha de argumentos é ainda insuficiente para fazer admitir a autenticidade do sudário. Os negativos fotográficos são confiados para estudo a cientistas da Sorbonne, «cujo papel não é fiarem-se nas velhas tradições». A fotografia é uma modernidade; será avaliada por homens isentos.

É então que se opõem, na charneira dos séculos XIX e XX, os cientistas positivistas, apegados aos factos, e as autoridades eclesiásticas, assustadas com o fetichismo. Paradoxalmente, os primeiros afirmam as suas convicções quanto à autenticidade do sudário; os segundos desejam provar a todo o custo que se trata de uma falsificação. Os primeiros apoiam-se nas imagens fotográficas. Os segundos, nos textos de arquivos, fundamentando assim a sua argumentação nas revelações de um pintor falsário da Idade Média que teria confessado o embuste ao bispo de Troyes.

É importante que a análise realizada a partir das fotografias de Pia conserve a objectividade: por isso, põe de lado as circunstâncias da morte de Cristo. Prefere-se falar do «homem a quem este pano serviu de mortalha». Efeito das

---

([3]) *Ibid.*

192 | A Fábrica do Olhar

terminologias positivistas: o santo sudário torna-se «uma grande peça de tela de linho, com 4,10 metros de comprimento e 1,40 de largura, amarelecida pelo tempo, usada e rasgada em algumas zonas, meio queimada num incêndio e marcada com a impressão de silhuetas vagas». Com estas precauções oratórias, os cientistas pensam desembaraçar o pano das crenças que pautavam as discussões. A disposição das manchas numa vaga silhueta humana não é posta em causa. A problemática clarifica-se: ou o pano é obra de um pintor da Idade Média ou é uma mortalha.

Para os cientistas – que tentam provar a autenticidade da mortalha –, o auxílio vem do horizonte fotográfico. Trata-se agora de provar que as imagens do sudário têm origem numa acção *natural*, «à distância», entre o corpo e o pano. Só a «natureza», ou seja, aquilo que existe sem o homem, é capaz de reunir as opiniões dos que acreditam na ciência e dos que crêem em Deus; desempenha, simultaneamente, o papel de causa e de explicação. «A observação mais directa, mais simples, provará que essas imagens não têm origem na mão de um pintor, mas que são impressões naturais.» Rapidamente, os cientistas da Sorbonne eliminam a tese do artista falsário: como é que um homem da Idade Média poderia ter realizado tal pintura de aspecto fotográfico?

A prova pela experiência

Apresentar uma prova pela fotografia não é simples. Se, no negativo, o rosto tem um aspecto real, persistem algumas bizarrias inexplicáveis: as manchas escuras do sangue e os vestígios de um incêndio que alterou o pano em 1532 aparecem brancos no negativo quando deviam ser escuros. Opta-se então por uma abordagem experi-

A *impressão* | 193

mental. Claude Bernard é implicitamente convocado. Citam-se os trabalhos do fisiologista Georges Demeny e do médico Paul Richer, que induz com sanguina os pés dos pacientes atáxicos e depois fá-los andar sobre compridas faixas de papel, incitando-os a escreverem, com as impressões das plantas dos pés, o texto da sua doença. A marca da sanguina é tanto mais clara quanto mais forte for a pressão. Entre o contacto leve das partes internas da abóboda plantar e a compressão enérgica do calcanhar e da raiz dos dedos do pé, declinam-se todas as formas intermédias. O rosto de um cientista com uma barba postiça induzida artificialmente de pigmento é aplicado contra um tecido. Mas a impressão obtida, muito grosseira, tem pouco a ver com a, esperada, do rosto distinto de nariz recto que se pretende atribuir a Cristo.

Neste ponto, as técnicas de argumentação evoluem sensivelmente. Tomando consciência de que as palavras são estruturantes, os cientistas consideram enganador o termo «negativo». Este, dizem eles, só tem sentido após a invenção da fotografia e não se pode aplicar ao fabrico de um tecido que data da Idade Média. Convém substituir esse termo por «contraluz». Sublinha-se, aliás, que a imagem produzida, não realizada pela luz, não merece o nome de «fotografia», etimologicamente, «escrita de luz». O estatuto científico da tela manchada reforça-se: se resulta de uma acção à distância, esta é de tipo químico, resultante de emanações provenientes do próprio corpo e das substâncias utilizadas para o embalsamento. A análise rigorosa das manchas da tela mostra que as zonas correspondentes às concavidades do corpo são menos nítidas do que as que correspondem a relevos. Só uma acção à distância pode explicar aqueles modelados. O mais importante está demonstrado: as imagens de Turim são a expressão de um fenómeno natural.

194 | *A Fábrica do Olhar*

Resta produzir impressões análogas às manchas observadas, praticar uma espécie de arqueologia experimental. Além dos raios luminosos, nesta época conhecem-se os raios Röntgen ou raios X e os raios radioactivos, todos susceptíveis de alterar uma camada sensível fotográfica. É verdade que a radioactividade natural, destacada por Becquerel em 1896, e o rádio, descoberto por Pierre e Marie Curie em 1898, nada explicam: parece pouco provável que o corpo seja capaz de emitir radiação radioactiva. No entanto, dão razões àqueles que desejam demonstrar a cientificidade das acções à distância. Imaginemos que o corpo amortalhado com o seu pano tenha sido embalsamado com ervas aromáticas... o aloé e a mirra teriam desempenhado o papel de camada sensível na produção da impressão. A ideia não é absurda: qualquer corpo supliciado é produtor de ureia, e estes vapores orgânicos são capazes de oxidar as essências do aloé.

Nesta fase da argumentação, os cientistas marcam uma posição: o método experimental tem limites. Um homem que transpira não pode ser mantido na imobilidade absoluta necessária à realização de uma imagem. Realizar experiências com um cadáver também não é simples: seria preciso esperar que aparecesse um falecido por uremia num hospital amigo. E mesmo que se arranjasse um corpo, que aconteceria? A camisa e as roupas da cama absorveriam o suor; a oxidação procurada não se produziria. Além disso, como obter a autorização para deixar um pano em cima do rosto de um morto sem que este tenha sido lavado? E mesmo que, por acaso, estas dificuldades fossem ultrapassadas, o que se aprenderia que já não se soubesse?

A *impressão* | 195

A *prova pela química*

Dizer que se trata da mortalha de um morto não é suficiente: os cientistas afirmam que a impressão é realmente a do corpo de Cristo. «As feridas que cobrem o corpo, cuja projecção química estudámos, têm um carácter tão especial que designam imediatamente o cadáver de Jesus Cristo.» As interpretações entusiasmam-se: as manchas morenas situadas na base dos cabelos em redor da cabeça seriam a marca da coroa de espinhos. O traço lenticular com cerca de 4,5 centímetros situado à esquerda da impressão, ou seja, no flanco direito do morto, seria a marca do golpe de lança que Cristo sofreu no peito. Nas costas, coxas e pernas, uma série de marcas singulares seriam efeito dos botões metálicos das pontas das correias de alguns chicotes romanos. E mais, no ombro direito encontram-se as marcas da pesada cruz. Bem como as marcas dos golpes sofridos no rosto, na noite da detenção em casa do sumo sacerdote Caifás. O pano é, de facto, a mortalha de um homem supliciado na cruz, com todas as chagas de Cristo.

Contudo, os argumentos são ainda insuficientes: não se poderia, por fraude, «fazer um Cristo» com um cadáver qualquer?

Lógica da *impressão*

Nesta fase da discussão, a argumentação assenta em novas características do pano: «Um falsificador não poderia reproduzir tais traços; se tivesse a ideia de os pintar, não os teria representado desta forma [...]. Para os cristãos, é inadmissível pintar Cristo nu, e o sentido da inconveniência era ainda mais claro na Idade Média».

196 | A Fábrica do Olhar

Com efeito, na impressão não existe qualquer vestígio do cinto: o homem terá sido envolvido nu na mortalha. Os vestígios complexos «de cerca de quinze golpes de chicote ao longo do corpo» reforçam as conclusões: as manchas do pano não obedecem a uma lógica artística; só se explicam pelos factos: «Sim, o homem que esteve envolvido no sudário era certamente Jesus Cristo».

Só uma imagem técnica podia provocar assim a mobilização desculpabilizada da comunidade científica sobre um objecto sagrado.

Esta história é um exemplo do modo como, neste final do século XIX, se reforça o estatuto científico da fotografia. Acção «natural», apresenta saberes positivos; as suas imagens desempenham o papel de um novo real sobre o qual se apoia a prova. Instrumento de visão, a mesmo título que o telescópio ou o microscópio, a sua utilização impulsiona o estudo «objectivo» do pano.

A fotografia é não só uma técnica, como também um paradigma explicativo. As relações que ligam o negativo fotográfico ao sudário fornecem um modelo às que ligam o sudário ao corpo de Cristo: o negativo e o sudário são impressões. Além disso, a fotografia – tal como os raios X, o magnetismo ou a radioactividade – fornece a prova de que as acções à distância podem existir fora da fantasia humana. Melhor ainda, é a demonstração de que essas acções à distância conservam os valores e as formas. Para os cientistas deste fim de século, a fotografia permite o reconhecimento total do seu objecto. Nada se opõe a que, em contrapartida, os objectos do mundo sejam vistos como fotografias.

Capítulo XV

Vistas aéreas

1914-1944

A guerra vista do alto

1914-1918: a utilização do automóvel transforma profundamente a guerra. Já não se hesita em concentrar as tropas até 100 ou 200 quilómetros dos campos de batalha. A guerra de posição evolui para uma guerra dinâmica.

Em simultâneo, o olhar eleva-se, abre caminho a novos pontos de vista: os aviões e a fotografia aérea abrangem do alto um vasto campo de visão. O novo olhar, móvel, livre do peso, «vê» em todos os sentidos. As imagens produzidas sem cima nem baixo libertam-se das leis da perspectiva. A guerra é assim, segundo Brecht, «a grande lição de coisas para uma nova visão do mundo».

A fotografia aérea não nasceu com a guerra, mas as necessidades militares fazem-na evoluir consideravelmente. Ao facilitar a comparação entre duas disposições

Figura 20. – Istres, vista aérea.
Fotografia realizada em 16 de Agosto pela aviação americana do aeródromo de Istres ocupado pelo Exército alemão.
Anónimo.

Vistas aéreas | 199

sucessivas do campo de batalha, encontra o seu objecto de predilecção na guerra de movimento. Desempenha plenamente o seu papel quando, nas situações dramáticas, os espíritos mais envolvidos não podem conservar a objectividade. Não sem cinismo, os cronistas afirmam a supremacia da fotografia sobre as observações a olho nu: «Quando um bombardeiro declara de boa-fé ter visto as suas bombas explodirem no meio da rotunda de uma gare importante, o mal não é grande. Mas quando um observador declara ter visto todas as trincheiras do inimigo arrasadas e as redes destruídas, enquanto que essas destruições só foram assim completas na sua imaginação, disso pode depender o sucesso de um ataque».

Em 1914, a declaração de guerra apanhara o Exército francês desprovido de qualquer preparação. Os aviões existentes foram então equipados à pressa; os aparelhos fotográficos entraram a bordo junto com as armas. Só no Verão de 1917 é que o avião Bréguet 9 foi munido de aparelhos fotográficos correctos. Quanto ao Exército alemão, já utilizava há meses, não aviões adaptados, mas aparelhos especializados, concebidos e construídos para captação de imagens.

A fotografia aérea provoca simultaneamente o aparecimento de uma nova ciência: a foto-interpretação. No teatro de guerra, os foto-intérpretes são formados às dezenas. Nunca a imagem fizera sentir a tal ponto a urgência de uma ciência da sua leitura; os pontos, as manchas e as linhas são os únicos acessos aos territórios impenetráveis. Elabora-se uma lógica do traço. As idas e voltas entre as fotografias e o terreno facilitam a classificação: trincheiras, arames farpados, chicanas, passagens de acesso, baterias, pontos de abastecimento. A superfície do solo erige-se em texto para se ler. Conserva ainda a sua parte de indecisão: em muitos casos, é difícil distinguir as cavidades e as saliências.

200 | *A Fábrica do Olhar*

Tudo aparece com «a esquisita impressão de uma limpeza maravilhosa e deslumbrante! Sem escórias nem rebarbas. Só o distanciamento para escapar a todas as fealdades». Estradas, cidades e florestas transformam-se num jogo de crianças: «Brinquedos, aquelas casinhas de telhados vermelhos ou de ardósia [...]. Ainda mais brinquedos, aqueles bocadinhos de caminho-de-ferro [...]»[1]. A guerra tende para uma abstracção: é tragicamente facilitada. Longe de se limitar ao registo da acção, a fotografia adquire um valor de predição. Uma vitória, tanto tecnológica como estratégica, é conseguida no dia em que, graças apenas à interpretação de dois traços suspeitos, se evita uma das últimas batalhas da Primeira Guerra Mundial. Antecipam-se os movimentos do inimigo. Contrariam-se os seus projectos.

Estas imagens aéreas recebidas como que por uma janela aberta e, num primeiro tempo, não interpretadas, geram rapidamente o logro. Falsas baterias alemãs e estações de caminho-de-ferro falsas desviam a atenção dos verdadeiros depósitos escondidos debaixo de folhagens espessas: o terreno molda-se como resposta às fotografias. A superfície do solo evolui em imagens. Como resposta aos logros, a foto-interpretação evolui radicalmente. As fotografias são analisadas e retocadas; sublinham-se os elementos importantes. Elaboram-se mapas estratégicos destinados a todo um sector do exército. Estes são cobertos de flechas e pontilhados. Ao produzirem e integrarem a sua própria análise, estas «imagens-acções» modificam profundamente a evolução da guerra.

Só quando o conflito termina é que se pensa utilizar o avião militar fotográfico para os levantamentos geográficos civis; só então se toma consciência da insufi-

---

[1] F. Nadar, *Dessins et écrits*, Paris, Booking International, 1994.

Vistas aéreas | 201

ciência do material, da extrema imprecisão dos sistemas de mira. Nesta época, os levantamentos civis necessitam de um rigor muito superior ao das imagens de guerra. Em matéria de fotografia aérea, os geógrafos tomam o lugar dos militares.

Absoluta mobilidade

Em 1858, a bordo de um balão, Nadar já fizera fotografias «horizontais» da terra vista de cima, desligando claramente o aparelho fotográfico do olho do observador. «Tudo está "no ponto". O rio corre ao nível do cume da montanha. Não há disparidade perceptível entre os campos de luzerna uniformemente nivelados e os altos bosques das montanhas seculares [...]. O convite à objectiva era quase formal, imperativo, e tão intensa foi a nossa absorção levada até à incerteza do sonho que, de facto, seria preciso nunca ter entreaberto a porta de um laboratório para que não fôssemos logo assaltados pela ideia de fotografar aquelas maravilhas.» (²) Enquanto recusava colaborar com o Ministério da Guerra, sublinhava que as fotografias «permitiam operações estratégicas pela construção de fortificações». No ano seguinte, as fotografias seriam utilizadas na guerra de Itália. Em 1885, Gaston Tissandier, director do jornal *La Nature* e adepto do voo em balão, obtém a primeira fotografia de Paris tirada na vertical. O ponto de vista estranho e radicalmente novo do mundo visto de cima despertou as imaginações.

Os pontos de vista elevados, os ângulos inéditos, os enquadramentos desequilibrados não são, porém, apa-

---

(²) *Ibid.*

202 | A Fábrica do Olhar

nágio da fotografia aérea; nascem também da cidade moderna. Entre 1903 e 1917, Alfred Stieglitz e os fotógrafos americanos da revista *Camera Work* descobrem simultaneamente os primeiros arranha-céus nova-iorquinos e as vistas em picado. Em França, Léon Gimpel realiza a partir da grande roda fotografias «do alto» para a revista *L'Illustration*.

A fotografia, que retira a sua força de uma aptidão para captar o acaso, transforma paradoxalmente o real num mundo codificado, do qual se exclui todo o acaso. De traço, torna-se prova. De contemplação, torna-se acção. A grande guerra terminou. As imagens sobrevivem-lhe. As fotografias aéreas retiraram o olhar do solo, despertaram a imaginação dos artistas, transformaram a terra numa imensa imagem e fizeram da imagem uma porção do mundo.

Mobilidade absoluta, as fotografias dão força ao sonho de voar. Nem o olhar nem o mundo são já fixos: ambos flutuam, um em relação ao outro, numa nova independência e instabilidade. A abstracção fotográfica faz esquecer a guerra: o olhar dos homens pode cruzar-se com o dos anjos. Os *Proun* de El Lissitzky, a obra teórica de Malevitch *Die Gegenstandlose Welt*, publicada em 1927, são acompanhados por fotografias aéreas. Ambos fazem flutuar corpos geométricos em espaços brancos, livres, sem profundidade. Quer se olhe para baixo ou para cima, vemos esquadrilhas aéreas. Em 1915, Malevitch pinta o *Aeroplano*. Entre 1914 e 1916, os seus *Elementos Suprematistas Exprimindo a Sensação de Voo* e a sua *Composição Suprematista* conferem ao espaço uma dimensão universal. Uma nova concepção do ponto de vista toma lugar ao lado dos olhares situados à altura do homem herdados do Renascimento. As composições diagonais marcam as obras de muitos pintores abstractos constru-

Vistas aéreas | 203

tivistas. As fotografias de Moholy Nagy, principalmente as suas «vistas aéreas aproximadas», são atravessadas por linhas oblíquas.

As vanguardas encontraram na fotografia um modo de legitimação; o entusiasmo é profundo. A imagem concentra propriedades até então consideradas incompatíveis: ainda que abstracto, o «fotografado» é exacto. É fruto de um olhar objectivo. Na fotografia artística, os pontos de vista inéditos conhecem a sua maior voga por volta de 1925. A moda das viagens de avião é contemporânea da abstracção.

Reflexões identitárias

Para os geógrafos, a questão da substituição de uma visão do fragmento por uma visão sintética aérea acompanha-se do nascimento de uma «ciência da paisagem». Os atlas fotográficos multiplicam-se. Em França, Marcel Griaule sublinha que a fotografia aérea é agora o instrumento indispensável dos etnólogos: não se pode conhecer as populações sem conhecer a globalidade dos seus territórios. No entanto, as fotografias aéreas não anunciam apenas novas liberdades: geradoras de discursos sobre o espaço e o território, são também os instrumentos de legitimação das reflexões identitárias. Na revista de arte *Das Kunstblatt*, Robert Breuer[3] pressente que, «do mesmo modo que para o homem a velocidade crescente dos transportes transformou o mundo, abriu as fronteiras entre os objectos e reforçou a unidade cósmica, não é de excluir que a visão aérea modifique o olhar colectivo». Em 1931,

---

[3] R. Breuer, *Welt von oben. Zu den Aero-Luftbild-Flugaufnahmen*, Berlim, Das Kunstblatt, 1926.

204 | *A Fábrica do Olhar*

Eugen Diesel legitima a existência de uma «Terra dos Alemães»[4] pela utilização da fotografia aérea[5]: «A geografia esforça-se mais do que nunca para reunir uma série de domínios de conhecimento em função de uma concepção globalizadora; nasceu por amor à nossa terra, o domicílio da humanidade, e volta o seu olhar tanto para o concreto como para o espiritual. [...] Só hoje é que possuímos, graças à fotografia aérea, um maravilhoso meio para tornar, com toda a magia da evidência, a terra visível como um mapa, e o mapa como a terra». Dois anos depois, no discurso que pronuncia por ocasião da inauguração da exposição *Die Kamera* em Berlim, Goebbels afirma a sua fé no meio fotográfico, valorizando a função de testemunha absoluta: «Acreditamos na objectividade da máquina fotográfica e somos cépticos em relação a tudo o que nos é transmitido de forma oral ou escrita».

---

(4) E. Diesel, *Das Land der Deutschen*, Leipzig, Bibliographisches Institut, 1931.

(5) O. Lugon, «La vue aérienne», *La Photographie en Allemagne*, Nimes, Jacqueline Chambom, 1997.

Terceira parte

A IMAGIOLOGIA

Capítulo XVI

Radiografias

Antoine Béclère (1856-1939)

Mãos

Impressão directa: a radiografia *é* o indivíduo, a própria realidade. Não se trata de uma mera figura; é já um «objecto mão» colocado numa placa de vidro sensível e transparente, *atravessado* pela irradiação. A mão lesionada é a de Antoine Béclère, fundador da radiologia francesa[1]. Um dedo está perdido; os outros não estão muito melhor. Nos arquivos do Centro Antoine Béclère, a chapa de vidro está arquivada junto dos registos de laboratório e da grossa luva que cobria a mão esquerda do radiologista. Três dedos da luva estão furados por formas de madeira.

O médico conservará durante toda a vida um «corajoso silêncio» sobre o mal profissional que o consome.

---

[1] Ver *Pratique. Les cahiers de la médecine utopique*, Junho de 1998.

Após a sua morte, os biógrafos acrescentarão, porém, que não conheceu os «últimos estádios do terrível mal dos radiologistas». Com efeito, houve mortes nos primeiros tempos em que as dermatites se tratavam com bombardeamentos repetidos.

Aqui, é de si mesma que a radiografia nos fala. A mão que fabrica a imagem, ao mostrar-se, destrói-se.

Os raios X são descobertos no fim de 1895; a partir de Janeiro de 1896, a notícia corre como um rastilho de pólvora. Ninguém suspeita dos perigos desta «fotografia da sombra». Os caricaturistas exultam: ver – finalmente! – o feto no corpo da mãe, os pensamentos dos políticos ou

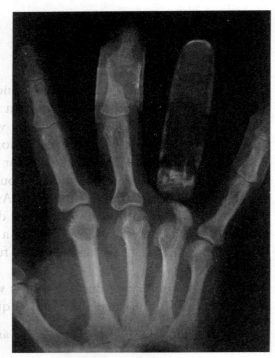

Figura 21. – A mão esquerda de Antoine Béclère.
Radiografia.
Gelatino-brometo de prata em placa de vidro.
17,5 × 13 cm.
Anónimo, s.d.

Radiografias | 209

a mulher no quarto adúltero... Em 1897, os médicos Oudin e Barthélemy, colaboradores de Antoine Béclère, descrevem os primeiros incidentes cutâneos e viscerais com origem no uso repetido dos tubos emissores de raios. Na charneira dos dois séculos, a segurança dos médicos não deixa de diminuir à medida que aumenta o poder dos aparelhos. A protecção dos doentes, em contrapartida, é mais rapidamente levada em conta.

A imagem da mão de Bertha Röntgen, realizada em 22 de Dezembro de 1895 pelo físico Wilhem Conrad Röntgen, abalou a Europa. Ao mobilizar a imprensa internacional, contribuiu para a difusão da descoberta. Pela primeira vez, o olho acedia ao interior do corpo *vivo*. Pela primeira vez, a máquina de visão via melhor do que o olho humano: a chapa sensível fotográfica captava à distância raios invisíveis. A imagem da mão anelada, enquadrada como uma simples «vista», abria caminho para um diálogo entre o real e a máquina produtora de raios.

Em 20 de Janeiro de 1896, Henri Poincaré comunica à Academia das Ciências a fotografia de outra mão, desta vez realizada pelos médicos Oudin e Barthélemy. Em seguida, às mãos normais sucedem-se rapidamente as mãos de crianças, as «mãos» animais – de faisão ou de rã – e as mãos patológicas. No hospital da Salpêtrière, Albert Londe, chefe do serviço fotográfico, lança-se na aventura. Desde a morte de Charcot, em 1893, que abandonara os seus trabalhos fotográficos infecundos relativos à histeria. Neste mês de Janeiro de 1896 obtém rapidamente o material necessário para a produção de raios X, facilmente disponível nos laboratórios de física. O laboratório radiográfico da Salpêtrière que ele monta racionalmente servirá durante algum tempo de modelo para a instalação de outros laboratórios hospitalares. As suas radiografias de mãos com seis dedos são testemunho da época dos inventários eclécticos; da época

210 | *A Fábrica do Olhar*

em que o domínio das técnicas era grande, mas em que não se hesitava utilizar bombardeamentos prolongados para se obter uma imagem contrastada. Se a mão de Antoine Béclère, que fala de si mesma, é uma *enunciação*, a de Bertha Röntgen, mal enquadrada, recebida como que por uma janela aberta, é uma *vista*; as mãos com seis dedos de Albert Londe, elementos monstruosos nascidos do desejo de promover as máquinas, são *curiosidades*.

Abalos institucionais

A máquina radiográfica que surge no final do século XIX não se limita à produção de novas figuras do corpo. Desloca o olhar médico para novos objectos, obriga a reorganizar os lugares da medicina. Sobretudo, subverte as hierarquias. A invenção da radiografia médica surpreendeu. Após as descobertas da assepsia, da anti-sepsia e da anestesia, já não se esperava grande coisa da medicina nos últimos anos do século XIX. Ninguém podia imaginar o aparecimento inesperado de uma máquina miraculosa. Depositava-se mais esperança na electricidade ou no higienismo. O automóvel e o avião pareciam então muito mais promissores do que a medicina, cujos saberes davam a ideia de estar encerrados([2]).

O aparecimento do novo instrumento radiográfico provoca profundas reorganizações institucionais. Antoine Béclère toma consciência dos perigos do novo poder adquirido pelos fotógrafos e físicos que dominam as máquinas. Aproveitando a imprecisão das fronteiras entre radioscopia, radiografia e radioterapia, denuncia vigorosamente a

---

([2]) Ver *Rêves de futur, Culture technique*, n.º 28, Éditions CRT, 1986, MIT Press, 1993.

Radiografias | 211

prática desta última pelos não médicos. As primeiras tensões importantes manifestam-se em Dezembro de 1896: envolvem os partidários de uma radioscopia exclusiva e os defensores de uma radiografia tecnicamente mais sofisticada. A querela, nascida com a chegada de máquinas dispendiosas e complexas, assenta na questão da partilha do poder e do saber entre médicos não técnicos e técnicos não médicos. Durará dezenas de anos. O *Journal* de 7 de Fevereiro de 1906 intitula: «Deve-se interditar a radiografia aos charlatões, mas, por outro lado, será justo reservar o seu monopólio exclusivo ao corpo médico?»

No entanto, Albert Londe, na Salpêtrière, e Contremoulin, no hospital Necker, ambos não médicos, são nomeados responsáveis pelos departamentos de radiologia dos seus estabelecimentos respectivos. Os conflitos duplicam de intensidade. A controvérsia adquire tal dimensão que é preciso recorrer ao arbítrio de Georges Clemenceau, ministro do Interior e médico. Ordena-se uma investigação, que dura dois anos, no fim da qual a Academia das Ciências considera que não há razões para rectificar a lei de 30 de Novembro de 1892 sobre o exercício ilegal da medicina no que respeita aos raios X: a sua utilização só pode ser confiada a doutores em medicina. Os conflitos só se atenuam realmente com a lei de 16 de Março de 1934, que reconhece a obrigação do diploma de doutor em medicina para a utilização de raios X com fins diagnósticos ou terapêuticos, mas respeitando as posições adquiridas por alguns não médicos.

Lentamente, estabelece-se um novo olhar médico: o diagnóstico já não se faz apenas a partir da observação do paciente, mas também a partir da observação de imagens. Nasce assim um campo de saber radicalmente novo, tanto pelos seus objectos como pelos seus métodos: as especialidades da imagiologia.

Capítulo XVII
Olhares submarinos

Jean Painlevé (1902-1989)

O aparecimento da câmara

Se não tivesse uma câmara, se dispusesse apenas da máquina fotográfica, Jean Painlevé nunca teria dado a descobrir aos seus contemporâneos o beicinho amuado do hipocampo ou a pá em cruzes da cauda dos camarões. O facto de os seus filmes serem «biológicos», como ele próprio dizia, não significa que obedeçam às regras do documentário científico clássico. É verdade que convidam à descoberta das espantosas formas dos invertebrados marinhos, mas não «ensinam» nada, se «ensinar» consiste em transmitir conhecimentos escolares. Esse não é o seu objectivo. O seu cinema procura, inventa, funda.

A obra cinematográfica de Jean Painlevé continua a ser ainda pouco conhecida; no entanto, marcou fortemente o público sem televisão da época anterior à Segunda Guerra Mundial. As suas imagens inauguraram, para o grande público, a descoberta dos invertebrados marinhos. O filme *O Hipocampo*, realizado em 1935, acompanhado de comentários deliberadamente antropomorfos, conheceu um verdadeiro sucesso público. O espantoso cavalo-marinho era usado em broches, brincos e bordado nas camisolas, como um sinal de ligação ou de pertença. Na verdade, Jean Painlevé, o chistoso, divertia-se a eliminar as fronteiras. Detendo-se neste peixe macho que toma conta dos filhos na sua bolsa ventral, demonstrava que a divisão social do trabalho entre homens e mulheres não tinha fundamentos biológicos. E no metropolitano falava-se des-

Figura 22. – Pá da cauda do camarão.
Jean Painlevé, 1929.

Olhares submarinos | 215

tas mudanças na divisão das tarefas. O hipocampo tornara-se – para todos – símbolo de aspiração à liberdade. Jean Painlevé nasceu em 1902 e faleceu em 1989. Nascido com os inícios do cinema, atravessou o século, apanhou-lhe brilhantemente as alegrias e não escondeu os seus dramas. Jean tem um apelido célebre: o do seu pai, Paul, matemático honrado, amigo – entre outros – de Albert Einstein, mas sobretudo político, profundamente republicano. De 1910 até à sua morte em 1933, Paul Painlevé foi sucessivamente deputado, ministro da Educação, ministro da Guerra, presidente do Conselho, candidato a Presidente da República e novamente ministro da Guerra.

Admiramo-nos: como é que Jean Painlevé, o filho, que teve a oportunidade de frequentar a fina flor do mundo político e cultural, se pôde entregar à tarefa ingrata e difícil de filmar as medusas e os lavagantes? É verdade que os amores do polvo ou a locomoção do ouriço-do-mar suscitam interesse e até fascínio, mas dá-nos que pensar: porque não filmou os seus amigos Jean Vigo, Jean Eisenstein, Antonin Artaud, Man Ray, Calder, Darius Milhaud, Louis Aragon, Jacques Prévert, Philippe Halsman, Joris Ivens e tantos outros? Por que é que este apaixonado pelo século não cumpriu aquilo a que hoje chamaríamos o «dever da memória»? Por que razão não captou aquilo que, facilmente, se lhe oferecia?

Aos 20 anos, movido por um duplo sentimento de oposição e de obediência, Jean Painlevé rejeita a matemática e opta, com alguma provocação, pela última das ciências: a zoologia. «Filho de...», entra no Laboratório de Histologia Comparada da Sorbonne. No ano seguinte, participa numa primeira comunicação à Academia das Ciências. Nesta época, desejoso de criar um filme documental, trava conhecimento com o encenador René Sti,

216 | *A Fábrica do Olhar*

que o convence antes a participar como actor, ao lado de Michel Simon, no seu primeiro filme. Jean tem 21 anos. O cinema tem apenas 27. Manipular a câmara assinala a pertença a uma modernidade. Muitos jornais noticiam a aventura. Intitulam: «O filho de Paul Painlevé lança-se no cinema», escrevem a história e criam o acontecimento fundador de uma biografia. É impossível recuar. O filme de René Sti nunca será concluído, mas, no mesmo ano, Jean Painlevé apresenta *L'Œuf d'épinoche* [*O Ovo do Peixe-Espinho*] como apoio à sua segunda comunicação à Academia das Ciências. O filme «de pesquisas» provoca comentários. Os académicos desconfiam daquelas imagens animadas, que acusam de serem enganadoras: o filme, realizado imagem por imagem, apresenta-se como um *ralenti*. Os jornalistas e os amadores do cinema consideram-no interessante; só lhe criticam – indirectamente – o facto de ser aborrecido, pouco virado para o grande público.

O encontro entre Jean Painlevé e Jean Vigo é fulgurante. Foi o segundo quem teve a iniciativa. No dia 31 de Agosto de 1930, de Nice, onde está ser tratado de uma tuberculose, Jean Vigo escreve a Painlevé: «Perdoe-me não recear incomodá-lo. Sei apenas que compreenderá que só a preocupação por um melhor cinema, mais conhecido, me guia as acções.» Jean Painlevé já realizara sete ou oito curtas metragens. Os dois Jean – o filho do presidente do Conselho e o do anarquista Vigo, conhecido por Almereyda – são movidos por uma mesma procura exigente da verdade, pelo mesmo humor. É verdade que o ódio ao conformismo «que mata a vida» constitui a trama narrativa de *Zéro de conduite* [*Zero em Comportamento*], enquanto que se metaforiza nos comentários de Jean Painlevé. Mas o olhar satírico deste em relação ao polvo, ao bernardo-eremita ou ao hipocampo

Olhares submarinos | 217

nada deve à visão de Vigo dos habitantes abastados da costa em *À propos de Nice*...

Assim se exprime, na sua descrição do polvo, o enorme desprezo que Jean Painlevé nutre pela burguesia e pelas suas mulheres: «Envolta na sua pele de cores mutantes, a Senhora dos Amplexos fechou os olhos... Entre as suas pesadas pálpebras de boémia alerta, espreita porém um pequeno olhar perpetuamente à espera. É que este vulgar molusco possui pálpebras e pode regular o olhar, contrariamente aos peixes com o espanto permanente dos seus olhos redondos... Ele vê longe, aponta bem [...] Como resistir a este abraço sempre renovado?»

Os filmes de Jean Painlevé foram muitas vezes considerados simples documentários científicos, filmes bons para a juventude; mas é um contra-senso. É por provocação que Jean Painlevé, certamente movido pelo desejo de saber, filma estas formas estranhas tão próximas de nós. A transmissão de conhecimentos é apenas um pretexto; as referências científicas não passam de um modo de legitimação.

De facto, os seus actores possuem rostos muito curiosos e comportamentos estranhos. Tal como em Jean de La Fontaine, a opção «animal» autoriza as liberdades de ponto de vista. A violência e o antropocentrismo provocador dos comentários desaparecem sob o «rigorosa e cientificamente exacto» das imagens. Para o grande público, o seu cinema mostra a realidade, e isso basta.

Cenas teatrais

Aquilo que Painlevé apresenta – além do próprio mundo submarino – é uma cena teatral, em que se ins-

218 | *A Fábrica do Olhar*

talam na «ilusão verdadeira» da vida actores quimeras, simultaneamente seres autênticos e personagens. Mais do que uma sessão de cinema, é a um espectáculo vivo que nos convida; a busca não de um saber, mas de uma verdade. Este teatro, nem bom nem mau, drena um fundo de crueldade latente. É que a natureza, mesmo nas águas doces, não é meiga. O comentário do filme *Assassins d'eau douce* [*Assassinos de Água Doce*] diz assim: «Noite e dia, a morte sem raiva, sem paixão, sem reflexão, sem concessões, sem moral, a morte necessária: é por necessidade. [...] Em todos estes assassínios, somos abalados pelos gestos suplicantes das vítimas, a imaginação ouve-lhes os gritos. Trata-se apenas de uma questão de hábito: em Saint-Amour, as crianças vão ver escaldar os porcos.» Dos filmes de Painlevé, o historiador de cinema Georges Sadoul dirá que são «ferozes como assassinos de água doce».

Em *Vampire* [*O Vampiro*], iniciado antes da guerra e concluído em 1945, os comentários já não se limitam ao exercício de metáforas da crueldade social: «O calor húmido esmaga o homem... Só ele nada vê das trevas palpitantes [...] A morte atinge o seu auge. As aranhas saltadoras, grandes como pratos, de olhos compostos luzidios como os dos gatos, massacram os pássaros. A serpente, que desliza em torno de um cipó, atravessa como uma flecha a garganta de um puma ou engole um sapo-boi abafando-lhe o mugido.

«É a hora do Vampiro, a de todas as lendas de assassinos.»

Ao procurar e mostrar a verdade a todo o custo, o próprio Painlevé torna-se cruel. Do latim *crudelis*, «que faz correr o sangue»; não hesita em filmar, em cenas hoje dificilmente sustentáveis, uma cobaia indefesa a ser atacada por um morcego hematófago.

Olhares submarinos | 219

Ainda jovem, Jean Painlevé trabalhou com Antonin Artaud, quando este frequentava a cena teatral. Em 1927, ao realizar as cinco ou seis cenas filmadas de *Mathusalem* [*Matusalém*], drama burlesco do surrealista Ivan Goll, encenado por René Sti, filma o actor, que acaba de desempenhar um papel em *Joana d'Arc*, de Dreyer. Jean Painlevé conta a filmagem: «A senhora Matusalém, vestida de chaleira, aproxima-se da janela e exclama: olha, um funeral! E o filme mostra um Bugatti que eu conduzo, sobre o qual é colocado um catafalco. O carro é seguido por Antonin Artaud, vestido de cardeal, e a família de trotineta».

Os textos reunidos em 1936 por Artaud sob o título *O Teatro e o seu Duplo* esclarecem o cinema de Painlevé, sem que se possa dizer se as influências vêm do primeiro, do segundo ou, simplesmente, de uma «cultura» difusa. Para Painlevé, tal como para Artaud, a linguagem constitui um entrave ao conhecimento da vida; os actores mudos de Painlevé dizem mais pelas suas formas, pelos seus comportamentos e pelas suas zonas de sombra do que algumas personagens tagarelas do cinema falado. Tanto para Painlevé como para Artaud, a verdade deve ser procurada na espontaneidade da vida selvagem. Deve-se oferecer ao espectador «precipitações verídicas de sonhos, em que o seu gosto pelo crime, as suas obsessões eróticas, a sua selvajaria, as suas quimeras, o seu sentido utópico da vida e das coisas, até o seu canibalismo, se expandam, num plano não suposto e ilusório, mas interior». Estas linhas escritas por Artaud adaptam-se literalmente ao cinema de Painlevé.

E nas cenas espectaculares de Painlevé, as reivindicações de rigor científico levam a ver tudo, a ver «real», a qualquer preço. Indo com a câmara «ao fundo do olhar», tornam as coisas estranhas e sobrepõem um «super-real»

220 | *A Fábrica do Olhar*

às contingências marinhas. Destes excessos de rigor científico nasce um imaginário: a câmara vê melhor, outras coisas, do que o olho do observador. E este imaginário transporta-se para outro lado, para um mundo plausível, portador de ficções.

Organizações materiais

Para que esses animais flácidos e moles existam, foi necessário enfrentar incomensuráveis obstáculos técnicos. No entanto, a tarefa valia a pena: na época da sobrevalorização das proezas técnicas, possuía uma forte componente simbólica.

A juventude de Jean Painlevé, com efeito, desenrolou-se ao ritmo frenético de um mundo marcado pelas transformações da vida moderna. Feliz proprietário de vários carros que se sucedem a grande velocidade, participa nas corridas automóveis ou transporta velozmente pelos bosques de Meudon os aviadores que tanto o tinham amedrontado nos ares. Filho de ministro, actor atento dos inícios da aviação, é ele quem arranja (no Ministério da Guerra!) o aparelho que permite a Costes e Bellonte efectuarem a sua volta ao mundo.

A produção de filmes prende-se também com o feito técnico. Que fazer quando a iluminação indispensável à filmagem perturba o comportamento do polvo ou do peixe-espinho que o realizador deve captar? O combate técnico ganha proporções gigantescas. Os aquários explodem. Os polvos fogem pela janela e caem no passeio aos pés dos transeuntes... Jean Painlevé improvisa, inventa dispositivos e câmaras. É por fabricar que compreende o funcionamento dos seres que filma. A técnica é, além disso, um modo de legitimação e de desculpabi

Olhares submarinos | 221

lização: fazer um filme já não é um divertimento, mas um ofício.

O desenvolvimento de um escafandro autónomo, efectuado pelo comandante Le Prieur, e o fabrico de câmaras submarinas são, nesta década de 30, factores que desencadeiam um abalo cultural: o nascimento do mundo submarino para um público vasto. O escafandro leve de Le Prieur dá azo a todos os sonhos. Utilizando ar normal, não precisando de qualquer colaboração de superfície, funciona em todas as posições do mergulhador, «até de cabeça para baixo». Para Jean Painlevé, o essencial é aventurar-se com confiança e liberdade nesta nova noite e poder espreitar com paciência os seus dramas. Estes aperfeiçoamentos técnicos abrem caminho à criação da primeira escola de escafandro, por Painlevé e os seus amigos. Nestes anos anteriores à segunda grande guerra, o mergulho submarino torna-se um entretenimento popular.

As legitimações técnicas e científicas desempenham um papel importante na confiança que – por vezes sem o querer – é atribuída a Jean Painlevé. Desde a morte do pai que Jean funciona como personagem de substituição. Trabalhando desde 1934 como observador do fascismo nascente na Áustria e depois na Polónia, cria e anima, alguns anos depois, o Comité do cinema francês para o auxílio às crianças refugiadas de Espanha, adere à Frente Popular, participa na Resistência na rede de Jean Moulin e, finalmente, esconde-se. Em 1944, quando lidera o Comité de libertação do cinema francês, é nomeado director do cinema francês. É demitido das suas funções no dia 16 de Maio de 1945, oito dias após a libertação de Paris. Um pouco mais tarde, com Joris Ivens e Henri Storck, funda a União Mundial dos Documentaristas, abrindo o cinema documental a uma qualidade internacional.

222 | *A Fábrica do Olhar*

Provocações

Tempori cedere. Jean Painlevé cedeu ao tempo: a sua juventude abriu-se às contingências da ocasião. Curioso com um mundo em plena explosão, fascinado pelas novas máquinas, absorvido pela modernidade, tirando partido de legitimações científicas e técnicas, fugiu dos géneros estabelecidos. Insuficientemente anónimos, os seus filmes não são documentários científicos como os seus temas poderiam levar-nos a crer. Demasiado documentados, escapam aos puros estudos plásticos. Marcados por uma revolta latente, só podem considerar-se um surrealismo marginal. Profundamente herdeiros de um *Chien andalou* [*Cão Andaluz*, de L. Buñuel], de *Ballets mécaniques* [*Bailados Mecânicos*, de Fernand Léger], de um *Zéro de conduite* [*Zero em Comportamento*, de Jean Vigo] ou de um *Théâtre de la cruauté* [*Teatro da Crueldade*, de A. Artaud], devem ser vistos como uma leitura feroz da sociedade burguesa. A riqueza deste cinema invulgar decorre precisamente do facto de não pretender agradar. A possibilidade da sua existência é-lhe dada pelas suas aparentes características de cientificidade.

Ao contrário dos dramas de uma cinematografia expressionista, o cinema objectivo de Painlevé relaciona-se com as tentativas temerárias dos realizadores que, a partir de 1924, se esforçam deliberadamente por romper com a produção comercial. Esta nova forma da arte cinematográfica não é apresentada em Paris nas grandes salas, mas nas salas «especializadas». Produz-se aqui um fenómeno que Jean Painlevé considera espantoso: «Os espectadores que tinham assobiado vigorosamente alguns filmes projectados nas salas comerciais aplaudem freneticamente os mesmos filmes projectados nas salas especializadas». Uma simples modificação do dispositivo

Olhares submarinos | 223

de recepção bastou para a constituição de um público. *A Estrela do Mar, A Dáfnia* ou *Ouriços-do-mar* já não são o que o público não espera, mas sim aquilo que ele procura ver. Jovem, Jean Painlevé abria-se às oportunidades; mais velho, chama-as. Doravante, encarrega-se da história, constrói-a a partir do presente, forjando ele próprio as filiações: «... encontrei nas telas de Fernand Léger algo de familiar [...] a proliferação irremediável dos cogumelos, dos bacilos, a insinuação das algas. [...] Surpresas em cataclismos, todo um sofrimento se desenha, o mesmo que preside à transformação da larva em ninfa, da ninfa em insecto.» Entre as suas pesquisas e as de um Fernand Léger, o parentesco é, para ele, manifesto: o confronto com o mundo *real*, comandado por «impulsos não subjugados».

Uma leitura dos filmes de Jean Painlevé que se limitasse aos seus referentes (a biologia do polvo, da estrela-do-mar...) e visse apenas documentos nessas imagens ficaria rapidamente caduca. Correria o risco de não descortinar qualquer sentido no universo mediático contemporâneo. O interesse desses filmes é outro: reside na invenção de um mundo – o das beiras-mar – sob os efeitos directos de dispositivos técnicos originais: os da difusão das imagens em redes especializadas, da sua produção artesanal. Reside também nos traços que nos deixa: os de um olhar de um homem sobre a vida cultural da primeira metade do século.

É neste nó que as imagens se entrelaçam entre saber, técnica e política. Pelo seu objecto, os filmes de Jean Painlevé seriam facilmente relegados para o documentário científico. Pela sua escrita, estão imersos numa actualidade cultural e artística. Pela gestão do olhar que propõem, pela sua própria existência, enraízam-se plena-

224 | A Fábrica do Olhar

mente numa actualidade – quer se erijam no seu movimento ou em contracorrente. Por todas as suas características, enraizam-se, por último, nas políticas técnicas desta primeira metade do século XX.

Capítulo XVIII

A invenção de uma arqueologia

Carl Sagan, 1972

A placa de ouro

No dia 2 de Março de 1972, a sonda Pionner 10 é lançada em direcção a Júpiter. Para a NASA, trata-se já de renovar o «gosto pelo espaço», após o fim um tanto triste das missões lunares Apollo. Germina então a ideia de que as sondas, destinadas – depois de concluída a missão a Júpiter – a alcançar outras galáxias, podiam transportar uma imagem da Terra e dos Terráqueos. Esta ideia vem de Carl Sagan, professor na universidade de Cornell, membro de uma equipa de investigação sobre as naves planetárias automáticas da NASA, altamente reconhecido e condecorado pela realização e análise das fotografias do planeta Marte com a sonda Mariner 9. Carl Sagan, convicto de que pode existir vida noutros lugares, consegue persuadir os dirigentes da NASA da urgente necessidade de significar claramente a origem das sondas ter-

226 | A Fábrica do Olhar

restres aos habitantes de outros mundos. Por sua proposta, a Pioneer 10 transporta consigo uma pequena placa coberta de ouro com 22 centímetros de comprimento e 15 de largura. Quase inalterável, a placa contém desenhos gravados. Transporta uma imagem de nós mesmos destinada a extraterrestres aleatórios. Na parte direita da placa estão um homem e uma mulher. O olhar desta para o homem é franco e directo. Vigorosamente assente nas suas duas pernas, erguendo a mão direita com a palma para fora, em sinal de boas-vindas, o homem dirige-se aos futuros observadores, leitores e decifradores da placa. Ela, mais pequena, olha na diagonal, na direcção do homem. Uma ligeira desarticulação coloca-a mais atrás. Ambos são louros, jovens e belos; estão nus e de boa saúde. As proporções dos corpos são perfeitas. O cabelo da mulher é liso. O do homem – imberbe – é ligeiramente ondulado, cortado à ocidental.

Contudo, Carl Sagan afirma vigorosamente ter criado figuras multirraciais: o homem e a mulher não seriam louros: a gravura traçada fora a única responsável por tal efeito. A imagem pretende ser neutra, objectiva, clara, simples, compreensível e amistosa. Um traço de união entre nós e «outros». Os traços de cada um dos rostos resultariam da sobreposição dos principais tipos humanos. Estes rostos compósitos, retratos-robô da humanidade, estariam habilitados para falar em seu nome.

Os esforços sinceramente efectuados para apagar os sinais distintivos do conquistador ocidental falharam. Adão e Eva, já que é preciso chamá-los pelos nomes, estão marcados de cristandade. Muito provavelmente, grande parte da humanidade teria dificuldade em identificar-se com aquele homem que saúda à ocidental, como se desembarcasse numa ilha deserta.

A invenção de uma arqueologia | 227

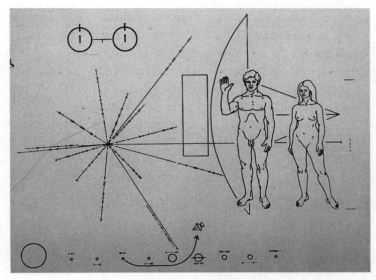

Figura 23. – Placa de ouro transportada a bordo da sonda Pioneer 10.
22 × 15 cm.
2 de Março de 1972.

Na parte inferior da placa de ouro, esquematizada pela gravura, a sonda adquire o aspecto de um brinquedo. O seu trajecto no sistema solar é representado por uma curva simples. Os planetas estão dispostos em linha, a intervalos perfeitamente regulares. E compreende-se que o esquema constitui, à sua maneira, uma imagem das origens. Antes de sair do sistema solar, a sonda, vinda da Terra, contornou Júpiter.

No entanto, a maior parte da placa de ouro é ocupada por um conjunto de raios convergentes. Ao centro, o sistema solar; na extremidade dos raios, de comprimentos variáveis, outras galáxias. O esquema astucioso representa a disposição da nossa galáxia no centro do universo, com o auxílio de um sistema de coordenadas independente da posição do observador. Deve – logicamente! – oferecer a

228 | *A Fábrica do Olhar*

qualquer observador do espaço a possibilidade de localizar a origem da sonda. Por detrás destes códigos está o pressuposto de que nos dirigimos apenas a seres capazes de nos responderem pelo envio de sinais e, por isso, capazes também de decifrarem símbolos que, para nós, Terráqueos sem qualidade, são esotéricos. A pequena placa de ouro é dirigida apenas a uma elite evoluída, inteligente e tecnologicamente avançada.

Na parte superior da placa está o esquema da molécula do hidrogénio, formada simplesmente por dois átomos implicitamente assimilados a esferas materiais estáveis. A figuração escolhida é a das representações «em bola» criadas no século XIX. O hidrogénio, a mais simples das moléculas, é também a mais abundante no Universo, do qual constitui por si só 80% da massa. É verdade que o hidrogénio está presente na Terra e na atmosfera terrestre, mas o seu espectro óptico localiza-o nas estrelas; o seu espectro rádio, na matéria estelar. Na placa de ouro, a molécula do hidrogénio simboliza o bem comum à maioria dos objectos do universo. É a «palavra» que poderíamos partilhar com os habitantes de outros mundos. E a sua representação antiquada na forma de alteres deve dar uma boa ideia desta solidariedade que nos liga aos astros e a todo o Universo.

Microssulco e correcção de imagem

Imagem de nós próprios que não deixa de nos espantar, a placa de ouro terá nascido directamente das críticas engendradas pela fraca qualidade dos programas televisivos terrestres. A argumentação lógica de Carl Sagan é clara: a fonte terrena de ondas de rádio mais intrusiva é a televisão.

A invenção de uma arqueologia | 229

As emissões televisivas ganharam amplitude em finais dos anos 40: deram então origem a uma frente de ondas oriundas da Terra e que avançam pelo espaço à velocidade da luz. Carl Sagan lamenta: «A nossa única esperança é que as séries televisivas de lamentável puerilidade sejam indecifráveis. [...] As crises internacionais, os conflitos fratricidas no seio da família humana, eis as principais mensagens que resolvemos difundir para o Cosmos. Que pensarão de nós os seres que o habitam?» As mensagens televisivas circulam à velocidade da luz; é impossível apanhá-las, impossível anulá-las com uma mensagem mais rápida. Para Carl Sagan, uma civilização evoluída, que ocupe um planeta de uma estrela próxima, deveria distinguir facilmente nesta confusão de ondas dois tipos de mensagens televisivas: as mensagens iterativas, como os indicativos das emissoras, as mensagens publicitárias, e as mensagens difundidas simultaneamente em diversos pontos do planeta, como os discursos pronunciados em tempos de crise pelo presidente dos Estados Unidos. A tecnologia espacial, as suas sondas e a imagem gravada da placa de ouro seriam as únicas possibilidades de rectificar esta imagem que damos de nós próprios aos outros mundos...

As sondas Voyager, enviadas no início dos anos 80 para os confins do sistema solar e agora a caminho das estrelas, transportavam já um disco de cobre de tipo microsulco, chapeado a ouro, uma célula e uma agulha de leitura. Os cientistas americanos registaram no disco os seus comentários sobre «os nossos genes, o nosso cérebro e as nossas bibliotecas». A NASA desejava então transmitir a seres desconhecidos uma noção das especificidades do ser humano.

Nestes registos sonoros, as estruturas cerebrais figuram em posição destacada: o Terráqueo tem orgulho no

230 | *A Fábrica do Olhar*

seu cérebro. Parte relativamente considerável dos comentários consagra-se à descrição do sistema límbico e do córtex cerebral: é verdade que o homem faz parte do mundo animal, mas beneficia de uma inteligência superior. A definição do Terráqueo mediano, porém, não pode limitar-se às características da espécie. Também há o indivíduo; foi necessário dar através do som uma ideia da emoção, da sensibilidade e do pensamento. Foi por isso que os cientistas americanos registaram sucessivamente no disco de ouro a actividade eléctrica cerebral, cardíaca, ocular e muscular... Acrescentaram-se saudações em 60 línguas diferentes, fotografias mostrando seres humanos «do mundo inteiro» ocupados em «acções audaciosas e colectivas». Uma hora e meia de música que ilustra a nossa solidão cósmica e uma gravação do canto das baleias-corcunda, paradigma da mensagem de amor, completaram esta antitelevisão. Os astronautas dizem-se convencidos de que a mensagem será indecifrável: o importante não foi emitido. Os discos de ouro da Voyager alcançaram actualmente o espaço interstelar, levando consigo a imagem de um Terráqueo alegre, amigável, inteligente e sensível. Formas superiores de transmissão, os discos terão vida mais longa do que os clássicos sistemas de memória terrestres: livros, objectos manufacturados ou monumentos. Concebidos para durarem mil milhões de anos, devem até sobreviver à espécie humana...

Construção da memória

O planeta Júpiter transformou-se com o sobrevoo das sondas Pioneer 10 e Pioneer 11. Anteriormente espesso, cinzento opaco e pesado, tornou-se – com as imagens – vivo, dotado de turbulências e estratificações, animado

A *invenção de uma arqueologia* | 231

por bandos de nuvens alternadamente escuras e brilhantes. Adquiriu uma grande mancha vermelha, gigantesco turbilhão no qual podia facilmente caber toda a Terra. «Quase moribunda», a Pioneer 10 encontra-se actualmente a caminho da constelação do Touro. No dia 31 de Março de 1997, razões orçamentais levaram a NASA a cortar contacto com a sonda. Ressurgiram então os delírios insensatos: a sonda encontrará a sua primeira estrela daqui a 30 000 anos. No próximo milhão de anos, passará na sua rota por uma dezena de estrelas. Os seus restos imortais continuarão a percorrer as solidões gélidas da Via Láctea muito após a morte do nosso próprio Sol e de toda a vida na Terra.

É assim que as tecnologias espaciais cobrem de inteligência criadora as regiões outrora reservadas às divindades. Em oposição completa a uma visão medieval do mundo, em que seres cósmicos muito diferentes dos habitantes da Terra moviam com grande dificuldade as esferas celestes, transportamos para outros sítios, com as nossas sondas, imagens das nossas racionalidades conquistadoras. E estes sonhos, paradoxalmente nascidos dos desempenhos da ciência e da tecnologia, mobilizam as opiniões públicas, as instituições, os Estados e os orçamentos. Dando origem a projectos de uma audácia extraordinária, respondem adiantadamente a perguntas que não tivemos tempo nem a ideia de fazer: «Que imagem das nossas civilizações deixaremos após a morte do Sol?»

É no início do século XVII, numa época em que se instala a revolução copernicana, que o conceito de vida extraterrestre irrompe nos debates científicos e filosóficos. Os turbilhões de Descartes, a gravitação universal de Newton, a procura exacerbada de atmosferas planetárias e os conceitos racionais e unificadores preparam, paradoxalmente, a chegada de formas de vida extraterrestre.

232 | *A Fábrica do Olhar*

O desaparecimento dos deuses todo-poderosos abre caminho à instalação de novas solidariedades cósmicas. O envio de engenhos espaciais e, no regresso, a chegada de imagens revolucionárias que transformam a noção que tínhamos de nós próprios, produzem o mesmo efeito. As racionalidades científicas e industriais não são opostas à existência, embora muito ilusória, de extraterrestres. Pelo contrário. Povoam, além de nós mesmos, o insuportável vazio do mapa do céu. E esses indivíduos de pacotilha só podem ser infinitamente inteligentes. Eficaz, a pequena placa de ouro torna possível a habitabilidade dos mundos. Os seus códigos gráficos interrogam a construção deste vestígio de nós mesmos que legamos à posteridade.

O ovo original

«O *big bang* tem uma imagem!»
No dia 23 de Abril de 1992, a análise dos resultados obtidos pelo satélite americano COBE([1]) gera um acontecimento mediático. Lançado a 18 de Novembro de 1989, o satélite dotado de receptores tem por missão analisar as radiações emitidas na forma de microondas rádio pelos objectos mais distantes e, por isso, mais antigos; estas radiações assinalariam a explosão original. Ao registar efectivamente uma radiação «vinda da noite dos tempos», o satélite confirmou durante muito tempo o valor da temperatura esperada, ou seja, aproximadamente 270 graus Celsius, mostrando-a desesperadamente idêntica em todos os pontos do Universo. Ora, os defensores da teoria do *big bang* não podiam ficar satisfeitos

---

([1]) COBE: Cosmic Background Explorer (ou explorador do fundo do céu cósmico).

A *invenção de uma arqueologia* | 233

com tal resultado. A repartição irregular das galáxias no espaço actual só se pode explicar, com efeito, por variações de densidade originais, «grânulos» de matéria que prefiguram estrelas e galáxias. O céu não é liso nem homogéneo: a radiação fóssil registada pelo COBE deveria, logicamente, ser um indício dessas desiguais repartições de matéria.

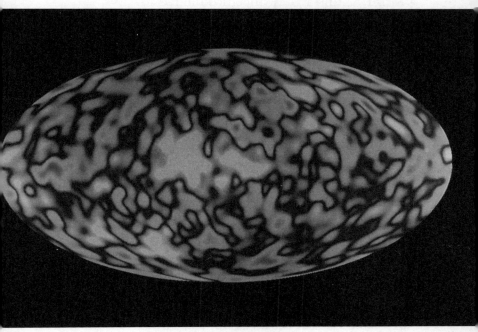

Figura 24. – *Big bang.*
Imagem da radiação fóssil captada pelo satélite COBE, que mostra uma repartição não uniforme das temperaturas do fundo do universo.
23 de Abril de 1992.

Durante anos, o COBE mediu temperaturas uniformes. No dia 23 de Abril de 1992, multiplicando-se os resultados obtidos por um factor 10 000, foi possível verificar ínfimas variações de temperatura, da ordem de

234 | A Fábrica do Olhar

cerca de trinta milionésimos de graus. Estas seriam o vestígio de variações muito ligeiras de densidade da matéria. A emoção, considerável, foi rapidamente difundida pelos meios de comunicação social, tanto mais que havia uma imagem para apoiar essas demonstrações.

Retraduzida em falsas cores de tons azuis e cor-de--rosa, pouco habituais em matéria científica, confere a forma de um ovo às origens do universo.

Doravante, o *big bang* tem uma imagem. É visível. Mais exactamente, obtivemos uma imagem da qual podemos dizer que é do *big bang* e que lhe confere existência. Esta imagem, muito esperada, preenche um vazio irrepresentável. Imagética, funciona como uma fotografia. Construção, apresenta-se como uma marca. É a prova de que as nossas diversidades, todas nascidas do mesmo ovo, estão ligadas por uma origem indiferenciada. Tal como a placa de ouro, o ovo azul e cor-de-rosa afirma as solidariedades.

Pouco importa a etimologia: a expressão «*big bang*» foi inventada por um astrofísico de Cambridge, Fred Hoyle, que pretendia precisamente escarnecer de um ponto de partida único, explosivo, origem de todas as nossas especificidades individuais... O ovo azul e cor-de--rosa seria o irrepresentável finalmente fotografado, que ordena e confere beleza às circunstâncias impensáveis da origem suscitadas pela desordem. Para nós, é impossível imaginar que nascemos de um acaso.

Amplamente difundida e comentada pelos *media*, a imagem constrói o cosmos do mundo: ordena-o, celebra--o e, ao mesmo tempo, decora-o. É aquilo que convém e não deixa de se relacionar com a beleza: o cosmos é cosmético. Este encantamento que limita os infinitos no espaço do ovo enraíza-se numa ordem serena. Sem ele, só haveria angústia e assombro: uma imagem do cosmos, uma representação do *big bang*, deve ser calma.

A invenção de uma arqueologia | 235

Simultaneamente, a hipótese de um modelo simples e regular do *big bang* é frequentemente criticada ([1]). Segundo o efeito demonstrado pelo matemático austríaco Doppler em 1842, a luz emitida pelas estrelas que se afastam rapidamente da Terra deslocar-se-ia para maiores comprimentos de onda: essas estrelas apareceriam mais vermelhas. Neste desvio para o vermelho, vê-se não só uma prova do afastamento cada vez maior das galáxias, do seu distanciamento progressivo e recíproco, mas sobretudo uma prova da expansão do universo. Tal acontecimento, instalado na origem tanto de todos os seres vivos como de toda a matéria inorgânica, estaria assim – numa filosofia determinista – na origem do sentido da existência de cada indivíduo. Para o vulgo, a ideia não é fácil de admitir. Que legitimidade têm esses debates de especialistas dos quais ele está excluído à partida? O facto de as galáxias se afastarem efectivamente umas das outras não confere autoridade espontânea a um conceito unificador universal, irrefutável, baseado num realismo científico.

A imagem azul e cor-de-rosa do *big bang* criou o seu objecto. Nem melhor nem pior do que a pequena placa de ouro, ela é uma construção do vestígio, uma fabricação. Nada nos diz sobre nós próprios, mas molda-nos e transforma-nos. Destinada a criar solidariedades tranquilizadoras, relega para longe o medo dos espaços infinitos. O terror que ela poderia gerar é de outra ordem: seria o engendrado por um determinismo fatal.

([1]) J. Silk, *Le big bang*, Éditions Odile Jacob, Paris, 1997 (tradução francesa).

Capítulo XIX

O olhar encantado

Fractais, 1976

Avatares do nascimento

O numérico não é incompatível com o acaso nem com a surpresa: foi um incidente, a pergunta de um estudante, que levou os matemáticos Hubbard e Douady a descobrirem – para lá de equações simples – uma complexidade matemática inusitada. Nos anos 70, quando Hubbard leccionava um curso sobre o método de Newton – processo destinado a adquirir rapidamente a solução aproximada de uma equação diferencial –, um estudante perguntou o que se passaria com uma equação de terceiro grau. Para uma equação de segundo grau, o problema era relativamente simples. Para uma equação do terceiro grau, Hubbard promete uma resposta na semana seguinte. «Mas Hubbard não respondeu, nem nessa semana nem nas seguintes, porque o problema era muito complicado.» [1]

---

[1] Ver M. Sicard, «Y a-t-il de l'art dans les fractales?», entrevista com A. Douady, *Chercheurs ou artistes? Entre art et science, ils rêvent*, Autrement, 1995.

Há 100 anos, o matemático Cailey já se defrontara com um problema similar.

A complexidade da situação levou então a que se orientassem para métodos gráficos. Os computadores da época permitiam apenas visualizar o traçado de uma centena de pontos de uma curva: Hubbard preferiu os lápis de cor e o papel quadriculado.

Foi assim que começou a traçar aquelas curvas complexas que ainda não se chamavam «fractais».

Em 1976, o matemático Benoît Mandelbrot anuncia publicamente que vai fundar uma nova disciplina, a par-

Figura 25. – Fractal
Pormenor do conjunto de Mandelbrot: os elefantes. Adrien Douady.

O *olhar encantado* | 239

tir de curvas cuja dimensão fraccionária situa entre a linha e a superfície. Mandelbrot cria um termo para as designar. *Fractal* obtém-se juntando a palavra latina *fractus*, que significa «irregular», e a palavra francesa *fraction* [fracção]: os fractais são objectos matemáticos fragmentados, de dimensão não inteira. Originalmente, em francês, o termo *fractal* era masculino. Como o plural, *fractaux*, feria o ouvido, os matemáticos habituaram-se a utilizar o feminino, *fractales* [fractais], para o plural, conservando o masculino *um fractal* para o singular.

O sucesso dos *fractais* de Benoît Mandelbrot é cuidadosamente orquestrado; criar uma palavra não basta, é necessário definir o conceito que lhe está associado. De um modo simples, os objectos matemáticos chamados *fractais* são objectos que conservam mais ou menos a mesma forma, quer sejam observados de muito longe ou de muito perto com a ajuda de um *zoom*. Trata-se, na verdade, de um *zoom* matemático: podemos mergulhar infinitamente no interior de uma forma que, porém, nos aparece figurada no plano de um ecrã de computador. A forma de uma costa marítima que não perde a complexidade quando vista de satélite ou quando o grão da rocha é observado ao microscópio, fornece uma ideia intuitiva daquilo que pode ser um objecto fractal. A forma de um floco de neve, que surge tão recortado quando observado a olho nu ou à lupa, é outro exemplo. Os fractais possuem, porém, uma definição estritamente matemática: um fractal é um conjunto para o qual a dimensão de Hausdorff Besicovitch excede estritamente a dimensão topológica.

Em 1980 [2], quando dispõem finalmente de computadores relativamente potentes, os matemáticos Douady

---

[2] «Recordo-me que, em 1980, quando disse aos meus amigos que ia começar com Hubbard um estudo dos polinómios de segundo grau com uma variável complexa, eles olharam-me e disseram: "Espe-

240 | *A Fábrica do Olhar*

e Hubbard iniciam a iteração de polinómios de segundo grau de variável complexa[3]. Ficam espantados com os resultados obtidos. As imagens que surgem nos ecrãs são extraordinariamente complexas e rigorosamente organizadas. Não estáticas, mas dinâmicas. Longe de caóticos, os sistemas figurados representam séries de trajectórias seguidas por pontos situados no plano dos parâmetros[4]. As diferentes cores são atribuídas arbitrariamente em função das velocidades dos diferentes pontos. A negro estão os pontos que saltitam no mesmo lugar.

Os matemáticos Hubbard, Douady e Sibony chamam *conjunto de Mandelbrot* a esta figura em forma de coração; não sabem ainda que dois estudantes de Harvard, Brooks e Mattelski, já tinham publicado esta imagem[5]. «Convinha então distinguir bem o plano dinâmico e o plano dos parâmetros. No plano dinâmico tinham sido definidos previamente *conjuntos de Julia*, do nome do matemático inventor das curvas sem tangentes. Por seu

---

ras encontrar algo de novo?" Mas era justamente esta família de polinómios que iria produzir essas imagens, esses objectos, que são tão complexos – não caóticos, mas, pelo contrário, rigorosamente organizados.» Adrien Douady.

[3] O traçado dos conjuntos de Julia e do conjunto de Mandelbrot obtém-se a partir da equação de variáveis complexas: $Zn + 1 = Zn2 + C$, em que C é uma constante complexa. Os conjuntos de Julia obtêm-se fixando C e fazendo variar Z no campo dos números complexos. O conjunto de Mandelbrot obtém-se fazendo variar o parâmetro C.

(Os números complexos são os números da forma $a + ib$, em que i é uma raiz quadrada de -1 (a segunda raiz quadrada de -1 sendo $-i$).

[4] Os pontos obtidos fazendo variar Z na equação $Z (n + 1) = Zn2 + C$, enquanto o parâmetro C permanece constante, definem o plano dinâmico. Os pontos obtidos fazendo variar o parâmetro C após se ter fixado $Z0 = 0$ pertencem ao plano dos parâmetros.

[5] Ver M. Sicard, «Y a-t-il de l'art dans les fractales?», entrevista com A. Douady, *op. cit.*

O *olhar encantado* | 241

lado, o *conjunto de Mandelbrot* pertence ao plano dos parâmetros [6].

Paralelamente, Benoît Mandelbrot anuncia claramente o nascimento de uma nova geometria, que já não seria fria e seca, mas, pelo contrário, directamente relacionada com a vida, capaz de descrever a forma das nuvens, das montanhas, das costas marítimas ou das árvores. «As nuvens não são esferas, as montanhas não são cones, as costas marítimas não são círculos, uma onda sonora não é plana e a luz não viaja em linha recta.» [7] O mundo não pode ser descrito recorrendo a círculos ou a triângulos. De uma forma geral, reivindica um modo de descrição das formas naturais que não rejeita nem a irregularidade nem o fraccionamento. Segundo Mandelbrot, algumas questões da física, da matemática, bem como da hidrologia ou da economia estão directamente relacionadas com a teoria dos fractais.

Em 1828, o biólogo Robert Brown já afirmara a natureza física do movimento de partículas finas num fluido no qual se funda a teoria cinemática do calor. Neste sentido, opunha-se aos que defendiam a natureza biológica dos movimentos muito particulares de partículas tão finas como o pó, mais tarde designados por «movimentos brownianos». Para Benoît Mandelbrot, essas partículas deslocam-se segundo trajectórias de tipo fractal. Não escapavam a essas curvas, aliás, nem a forma das crateras lunares, nem a distribuição das galáxias no universo, nem a forma das ilhas.

Na verdade, Benoît Mandelbrot não descobriu essas curvas sem tangentes. Já conhecidas pelos matemáticos

---

[6] Ver a nota 1 deste capítulo.
[7] Benoît B. Mandelbrot, *The Fractal Geometry of Nature*, Nova Iorque, W. H. Freeman and Company, 1977, 1982, 1983.

242 | *A Fábrica do Olhar*

do século XIX, não são construções novas. No entanto, a matemática clássica, que se baseava então na geometria euclidiana e nos modelos dinâmicos de Newton, classificava-as na categoria das «formas patológicas». «Afastem de mim esses monstros!», dizia o matemático Weierstrass no século XIX. É verdade que as ondas e a espuma do mar, as palmas e as folhagens não esperaram pela matemática para existir, mas Benoît Mandelbrot tirou habilmente partido de uma «razão natural», baseando resolutamente os seus trabalhos na representação do dilúvio e dos seus turbilhões por Leonardo da Vinci, na figura da «medida do universo» do frontispício da *Bíblia Moralizada*, escrita entre 1220 e 1250.

Os artistas plásticos, os músicos contemporâneos e os criadores de novas imagens apoderaram-se dessas fascinantes formas encaixadas que parecem sempre semelhantes à medida que nelas mergulhamos. Benoît Mandelbrot esforçou-se por convencer os seus contemporâneos da validade de tal olhar englobante. Aqueles objectos matemáticos podem modelar fenómenos naturais tão diversos como os flocos de neve, o percurso dos rios, os fenómenos de percolação, a organização espacial das galáxias no universo ou, como ele próprio diz, «a Terra, o Céu e o Oceano». Assim se cria, apoiada pelo fascínio das imagens, a utopia de uma descrição de formas susceptível de as abranger a *todas*, sem excepção. A imagem universal instala-se na linha recta das grandes teorias unificadoras. Abrindo caminho à reconciliação entre uma descrição geométrica do mundo e a complexidade da natureza, faz parte da procura de uma «nova aliança» que suceda aos dramas da ruptura entre o fenómeno e a ciência, o sensível e a razão.

Desta concorrência entre a matemática e a natureza, a primeira poderia muito bem acabar por sair vencedora:

O *olhar encantado* | 243

mais colorida, mais prometedora. Fascinantes, os fractais dão novo encanto à matemática; objecto de comentários, abrem caminho a um debate público sobre domínios até então reservados aos especialistas. Por último, participam na tomada de consciência de que a matemática não descreve um mundo preexistente, mas que constrói totalmente universos lógicos. Os próprios matemáticos que ainda envergavam mentalmente os hábitos do explorador passam a usar os do fabricante-construtor. No entanto, nem os físicos nem os matemáticos se servem hoje dos fractais como horizonte teórico, e raros são os filósofos que por eles se interessam. É verdade que a matemática cria e utiliza curvas de tipo fractal, mas não se trata de uma adesão à teoria dos fractais; trata-se tão só de utilizar uma ferramente de características singulares.

A *matemática, encantamento do mundo*

Os fractais, porém, não deixam de ter consequências. Ao estreitarem as relações muito frias desde a ciência iluminista entre a geometria e a recepção sensível do mundo, funcionam como mediadores simbólicos entre os cientistas e o público. A sua estética é garante da sua eficácia. Logicamente, os fractais, «que ajudam a recriar o mundo», conduzem ao fabrico de imagens realistas. As paisagens de montanhas, as suas encostas íngremes, os vales rochosos, os lagos irreais e as perspectivas brumosas são um dos seus objectos predilectos. O exercício consiste em utilizar matematicamente, além da irregularidade das superfícies e do fraccionamento das formas, as regras da perspectiva.

Contudo, trata-se de uma prática muito diferente da de um Leonardo da Vinci. Este recebia como que a granel, sem selecção, os turbilhões, as espumas e as turbu-

Figura 26. – Montanhas.
Paisagem imaginária, calculada.
Jean-François Colonna, 1997.

lências. Através de um poderoso exercício do olhar, retirava daí formas simples; a geometria, nascida de uma observação atenta, sucedia à desordem. Na teoria dos fractais, a turbulência matemática preexiste, em larga medida, à observação naturalista. O nascimento das formas é fruto de um cálculo. Embora de ordem matemática, a descrição fractal está mais próxima das formas naturais do que os modelos físicos da turbulência aplicados nos foles ou nas cubas hidrodinâmicas dos laboratórios.

O olhar encantado | 245

Não é por fazer pensar numa montanha que uma imagem precisa de uma montanha para existir. Pode ser simplesmente – como aqui – resultado de uma experiência matemática. Parece paradoxal que a máquina de calcular universal puramente teórica, inventada por Türing antes da Segunda Guerra Mundial, constitua uma das premissas do computador e, portanto, de uma matemática do olhar. O cálculo numérico no computador, porém, produziu instrumentos magníficos que transformaram profundamente alguns ramos da matemática, impulsionando para o primeiro nível, por exemplo, o estudo dos sistemas dinâmicos complexos, conferindo-lhe grande notoriedade.

A imagem ecrã é objecto de experiência: a modificação de um parâmetro traduz-se em formas e cores. O exercício do olhar é indispensável a esta nova matemática experimental. Dirige o leitor para as zonas do ecrã colorido e, portanto, para as zonas da curva em que os problemas matemáticos são mais férteis. «Olha, há ali algo a demonstrar!» A imagem produz conjecturas; facilita a emergência e a formulação de questões. «O olho é um instrumento extraordinariamente potente para descobrir estruturas.» [8] Uma imagem pode mostrar assim um complexo quadro de números, formas conceptuais inimagináveis. Fornecendo um suporte ao pensamento sem, porém, se referir a um objecto material, ela não precisa de um objecto material para existir. E é claro que nada impede que um mesmo objecto matemático tenha várias imagens, diferentes umas das outras. A experiência digital colmata a ausência do terreno, do toque. Legitima a imagem no seu papel de substituto de experiência de laboratório.

---

[8] Ver M. Sicard, «Y a-t-il de l'art dans les fractales?», entrevista com A. Douady, *op. cit.*

246 | *A Fábrica do Olhar*

Estas imagens calculadas põem em causa as definições. Já nada parece evidente: nem as cores, nem as formas, nem os códigos. Tudo é construído, fabricado. Até os códigos de cor são, em grande parte, subjectivos e não poderiam ser normalizados. A imagem não procura aqui a imitação de uma forma visível; torna visíveis propriedades ocultas. Aqueles que não optaram radicalmente por uma definição trivial da imagem podem questionar se essas figuras planas, bidimensionais, dotadas de uma estética, mas não semelhantes e sem referentes, serão ainda imagens.

Os valores invertem-se. Os domínios abstractos, conceptuais, tornam-se visuais e concretos. As imagens que durante muito tempo foram consideradas duplos, ilusões, quando muito registos, constituem uma nova realidade, um novo «terreno». No século XIX, Heinrich Hertz[9] observava: «Não se pode escapar à impressão de que essas fórmulas matemáticas têm uma existência própria, que são mais inteligentes do que aqueles que as descobriram, que podemos extrair delas mais ciência do que aquela que tinham no início».

As imagens fractais com formas e cores deslumbrantes geram novas aflições: o homem já sabia que não detinha o domínio do mundo; agora dá-se conta de que nem sequer domina a matemática! As imagens ecrãs revelaram, por detrás de equações com formulações relativamente simples, uma complexidade inesperada. Doutos demiurgos mas ingénuos, sabemos agora que os objectos construídos da matemática funcionam poderosamente, de maneira complexa, e que nunca os poderemos conhecer totalmente.

---

[9] Ver, J.-F. Colonna, *Images du virtuel*, Addison-Wesley, 1994.

Capítulo XX

A construção do vestígio

Passy, 1980

A construção do vestígio

O leitor de imagens tem tudo a aprender com o arqueólogo. Tal como ele, pesquisa em busca de documentos e provas. Como ele, organiza superfícies planas em textos decifráveis cuja leitura não é imposta: resulta de escolhas, de compromissos. É verdade que só descobrimos um vestígio se já tivermos uma noção do objecto para que ele remete: para aceder à vida de uma população desaparecida, é necessário inscrever os seus restos materiais numa lógica da prova. Só vemos aquilo que estamos preparados para ver e o fragmento de cerâmica só é um documento se assim o decidirmos.

Também não podemos afirmar prontamente, como se se tratasse de um assunto encerrado, que vemos apenas aquilo que conhecemos. É verdade que só aprendemos, só descobrimos – e só construímos – por comparação.

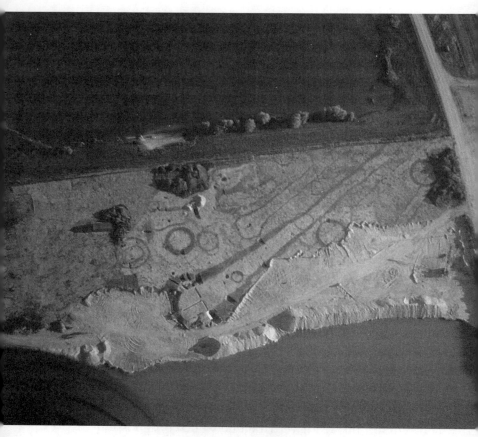

Figura 27. – Monumentos.
Fotografia aérea, Richebourg, La Sablonnière, vale do Yonne.
O conjunto funerário aqui fotografado – as escavações foram realizadas de 1978 a 1990 sob a responsabilidade de H. Carré, M. Fonton e P. Duhamel – compreende cerca de trinta grandes monumentos com 20 a 300 metros de comprimento.
Dispostos em feixe, abrem-se em direcção a leste, onde vários dispositivos evocam uma entrada. A outra extremidade termina em arredondado (P. Parruzot).

A *construção do vestígio* | 249

Mas o conhecimento nasce também – e talvez sobretudo – de uma surpresa, de desfasamentos entre o esperado e o descoberto. Os arqueólogos procuram a repetição de estruturas, de documentos, mas o motor profundo das suas acções é a expectativa da diferença: o vestígio só emerge pela surpresa que provoca. Elevar o olhar acima do solo pela fotografia aérea, distinguir as reflexões de infravermelhos invisíveis ao olho é promessa de descobertas; espera-se muito desses olhares impossíveis, desses olhos substitutos.

Para o arqueólogo, a interpretação do fragmento material é uma construção; e esta construção não será a mesma se o olhar se passear à altura do solo ou se beneficiar da ajuda de fotografias aéreas. Nada se vê se não se mantiver a distância; mas nada se vê se não nos aproximarmos. O talento resulta de uma habilidade nestes incessantes jogos da disposição. Ver necessita, simultaneamente, do saber e da inocência.

O arqueólogo confronta-se então com um dilema. O vestígio constrói-se, mas para funcionar como vestígio deve comportar-se como um objecto que fale de si próprio, que seja a voz de populações desaparecidas: é de regra que a interpretação deve seguir a informação e não precedê-la.

Assim se constrói o vestígio, nascido simultaneamente do aparecimento do desconhecido e da lembrança dos factos conhecidos.

Nos anos 50, a cobertura sistemática do vale do Yonne(*) pela fotografia aérea fez aparecer longas estruturas rectilíneas que nunca tinham sido vistas a partir do solo. Atribuiu-se espontaneamente um carácter natural a

---

(*) O Yonne é um rio que atravessa o departamento francês com o mesmo nome e desagua no Sena (*N. T.*)

250 | *A Fábrica do Olhar*

estes traços revelados pelas máquinas fotográficas. Durante quase trinta anos, ninguém fez nada. No entanto, em 1978, descobrem-se três aldeias danubianas nestes areeiros de Passy (*). Uma quarta localização, que representa uma instalação de oleiros, é encontrada no outro lado do rio Yonne. Parece então urgente efectuar o salvamento deste fundo de vale, já parcialmente destruído([1]). O reforço das equipas de arqueólogos permite trazer à luz do dia um pequeno cemitério familiar junto de algumas habitações neolíticas. O receio de que a exploração industrial dos areeiros fizesse desaparecer os vestígios acelerou os trabalhos.

Em 1980, dois anos após o início das escavações da aldeia dos Graviers, os *buldozers* realizam uma primeira grande escavação rectangular com 70 metros de largura por quase 300 de comprimento. Infelizmente, algumas valas – as menos profundas – desaparecem «[...] e se havia aí sepulturas, foram com o entulho» ([2]). No entanto, o *buldozer* descobre quatro novas valas paralelas.

Em 1982, uma nova campanha de fotografias aéreas revela novos traços. Parece que estes, cada vez mais numerosos, estão agrupados aos pares, separados por dez ou doze metros. No terreno, porém, nada se vê: o campo de visão é demasiado reduzido e as lavras, a erosão e os depósitos de aluviões apagaram os vestígios. Mas as fotografias aéreas conservaram a memória dos «vazios». Elas

---

(*) Passy é uma comuna francesa situada no departamento do Yonne (*N. T.*).

([1]) H. Carré-Sens, *Comptes rendus du sauvetage programmé de Passy 89*, inédito, museu de Sens.

([2]) H. Carré-Sens, *La Sablonnière, parcelle ZA 42, campagne 85, Le village danubien (fin), Les structures longues et les sépultures néolithiques* em *Comptes rendus du sauvetage programmé de Passy 89*, inédito, museu de Sens.

A *construção do vestígio* | 251

«vêem» as valas, os postes, os paleocanais. Elas «compreendem» que o sítio já esteve rodeado de água, situado numa ilha do rio com cerca de quatro quilómetros de comprimento. É preciso reforçar a equipa de escavadores. Em 1983, a mudança de orientação nos programas das sociedades de exploração exacerba o desejo de recuperar o tempo perdido. Os arqueólogos efectuam uma escavação de grande envergadura. Esta revela doze valas paralelas, agrupadas ao pares. O primeiro sítio escavado contém duas valas com 112 metros de comprimento. A descoberta de uma sepultura associada a outros vestígios leva à certeza de que um vasto conjunto de monumentos funerários ocupava o centro da ilha, estendendo-se por mais de um quilómetro. Um desses monumentos – gigantesco –, cuja construção foi sempre interrompida pelos falecimentos e pela escavação de sepulturas antes de ser concluído, estende-se por quase 300 metros de comprimento.

Depois de verem as fotografias aéreas, os arqueólogos desenham estruturas muito compridas, mas ligeiramente trapezoidais, engrossadas nas extremidades. Dos olhares alternados entre as imagens e o terreno, deduzem que os monumentos estavam rodeados de valas, que se aprofundavam e alargavam no lado da extremidade engrossada. No lado leste, apresentavam todos, sem excepção, uma interrupção.

Intervem agora o olhar dos especialistas: os prospectores aéreos detectam novos monumentos nos vales da bacia do Yonne, sistematicamente situados na proximidade dos rios. Só no sítio de Passy encontram-se cerca de trinta destes traços duplos. Dois sítios similares são descobertos na Normandia e outro no vale do Marne. Estes monumentos, alguns deles enormes, comportam muito poucas sepulturas; em geral, só uma. Os corpos foram aí depositados numa posição deitada de costas, com a cabeça levantada por uma

252 | *A Fábrica do Olhar*

«almofada», provavelmente feita de materiais perecíveis. Os artefactos fúnebres são relativamente pobres: raros objectos ornamentais feitos de materiais não perecíveis, armações de flechas, «espátulas» e vasos de cerâmica. A distribuição dos adultos segundo o sexo não parece aleatória: devia haver monumentos «para homens» (e crianças) e outros «para mulheres» (e crianças)[3]. Pensa-se que os monumentos de Passy se destinavam a personagens de estatuto elevado. A pobreza dos artefactos fúnebres nada tem que ver com a das populações em causa: a frequência da cerâmica nos sítios susceptíveis de terem sido habitados contrasta com a das sepulturas.

Todas estas práticas funerárias estão em profunda ruptura com aquelas que as precederam.

Os vestígios colocam-nos face a um mundo enigmático. São elementos de prova que nos intimam a reconstruir um «real». Ao levarem-nos à dissecação, obrigam simultaneamente à renúncia[4]. São então um jogo entre as descobertas (involuntárias) com o *buldozer* ou (deliberadas) com o pincel. Por conseguinte, deve-se prestar atenção aos documentos mais delicados: aqueles que podem escapar à própria imagem fotográfica. Pormenores esquecidos, eles inscrevem-se na tela do solo. Os objectos maiores, os mais belos, nem sempre dão acesso às informações mais ricas. Facto paradoxal: a ausência de vestígio é um vestígio. Indica o exterior de uma aldeia, a presença de um obstáculo nas passagens, a localização de um objecto no solo.

---

[3] P. Duhamel, D. Mordant, «Les nécropoles monumentales Cerny du Bassin Seine-Yonne», *La culture de Cerny. Actes du Colloque international de Nemours, 9-10-11 mai 1994, Mémoires du musée de Préhistoire d'Ile-de-France*, n.º 6, 1997.

[4] Ver A. Leroi-Gourham, «Reconstituer le fil de la vie», *Le Fil du temps, Ethnologie et préhistoire 1935-1970*, Paris, Fayard, 1983.

A *construção do vestígio* | 253

Materialmente reduzido a «nada» (um traço), até já nada ser, o vestígio provoca a imaginação, convida à construção de um mundo lógico. E este «todo» é tanto maior quanto, precisamente, não é nada. Aqui reside outra aporia: para funcionar plenamente, o vestígio deve permanecer ténue. É verdade que o traço é «a própria coisa», porque directamente afectado por essa coisa. No entanto, não se assemelha em nada – a não ser parcialmente – às dinâmicas que lhe deram origem. Em vez de jogar o jogo de uma relação simples, bijectiva (*) e indicial (cada objecto tem um vestígio, cada vestígio, um objecto), o traço é uma metonímia. A questão colocada ao traço já não é, portanto, a mesma do indício. O indício, fragmento material da coisa para que remete, questiona a recepção dessa própria coisa. O traço solicita a imaginação, a lógica e o sonho, pela insuficiência de informações que veicula: como passar de um vestígio para o todo? Como lutar contra a tentação simbólica, que tende a erigir em exemplo o fragmento isolado, a transformar a lasca em civilização desaparecida?

A descoberta dos monumentos de Passy é um bom exemplo do nascimento comedido de uma leitura, construção de um traço, resultados de idas e voltas prudentes e sábias entre a procura de indícios e a sua determinação. É a instalação dominada e orientada de uma imagem mental que deve atenuar os entusiasmos, mas que não pode existir sem estes. Demasiado precoces, demasiado precisas, as imagens do espírito orientariam inevitavelmente. O profissionalismo consiste em não ficar satisfeito com apenas uma leitura, mas em dar origem a outras diferentes, a vários níveis; em reter o indício até

(*) Relativo à correspondência biunívoca de um conjunto sobre outro. (*N. T.*)

254 | *A Fábrica do Olhar*

que o símbolo se imponha como única solução. Enquanto não questionar as motivações daqueles que têm de remexer tanta terra, o fosso deve permanecer um fosso: não convém construir demasiado depressa os monumentos. Para André Leroi-Gourhan, não basta afirmar, por exemplo, que o ocre vermelho encontrado no interior das habitações denota uma simbólica do sangue ou constitui um apelo à força vital. Pois falta saber tudo. Trata-se de fragmentos deixados por traçados? Restos escamados de pinturas corporais? Construir o traço é também deixar o vestígio para nos interessarmos pelo vazio, deixar «buracos nas hipóteses»; e, por último, gerir as idas e voltas entre essas ausências e o apelo da imagem. Construir o traço é fugir à tentação do símbolo.

Ao adquirir uma estrutura, o vestígio torna-se estruturante. Impõe-se como referência. É assim que evolui o sistema de interpretação. As estratigrafias verticais completam as leituras da horizontal. As trincheiras, a decifração da página.

Na verdade, foi com a emergência de uma nova cultura original, dita «de Cerny», que os arqueólogos do sítio arqueológico de Passy tiveram de lidar. Esta «Cerny», datada da segunda metade do V milénio a.C., marca mudanças profundas na evolução do neolítico regional. Caracteriza-se por novas técnicas de colheitas, de armazenamento dos cereais, de caça, de criação de animais, de fabrico de objectos líticos ou cerâmicos, por modificações nos circuitos de troca e pela substituição das habitações danubianas por construções mais leves. Os túmulos, pelo contrário, estariam agrupados em necrópoles. De extensão limitada em direcção ao Sul, esta cultura profundamente original foi assinalada em Guernesey, em Îlle-et-Vilaine e em Seine-et-Marne, no Yonne.

A *construção do vestígio* | 255

Como bem nota Frédéric Lotcho, os arqueólogos quiseram durante muito tempo ver nas sociedades sedentárias do neolítico a sociedade igualitária com que sonhavam ([5]). Todos os habitantes recentemente sedentarizados teriam de início as mesmas casas, os mesmos túmulos, as mesmas parcelas de cultivo e as mesmas oportunidades. As diferenças, as hierarquias, só teriam nascido depois. Os túmulos dos monumentos de Passy voltam a pôr radicalmente em questão esses esquemas ideais. É verdade que o seu conjunto de artefactos não é rico, mas os símbolos de riqueza são já claramente visíveis. Os túmulos de crianças e de mulheres levam mesmo a pensar que já existiria a herança.

Estes vestígios imensos, estes aterros enormes, seriam a prova de uma organização social estruturada: o grande monumento de Passy necessitou da extracção de 1000 metros cúbicos de areia e a sua acumulação num monte de 5 metros de altura. Este gigantismo seria a expressão de novas hierarquias sociais; de um poder centralizado. Os monumentos destinar-se-iam também a ser vistos. Poderiam marcar as conquistas territoriais; os buracos na entrada teriam grande postes sinaléticos. A corrida ao gigantismo poderia ser a manifestação de uma concorrência entre diferentes grupos numa época em que a maioria dos territórios estava já atribuída. As colheitas, que começam a ser armazenadas, tornam-se, bem como os rebanhos, riquezas que devem ser protegidas. Terá sido desta exigência de protecção que vieram as pontas de flechas talhadas presentes nos túmulos. A propriedade seria, portanto, uma das razões para o gigantismo dos monumentos.

([5]) F. Lotcho, «Les tertres gigantesques du néolithique», *Dossiers de l'archéologie, Archéologie/Archéologie nouvelle*, Paris, Errance, Novembro 1996.

256 | *A Fábrica do Olhar*

É assim que se constroem os vestígios. É assim que se fabricam as leituras. A preparação das superfícies – tanto horizontais como verticais – é a construção de um «texto do qual não se deve perder nem uma vírgula» [6]. Esta nova página tem de ser decifrada, traduzida. O olhar circula assim, de elemento de prova a elemento de prova. Algo se passou, cujas relações com a realidade têm de ser reconstituídas. A superfície do solo funciona como o lugar das escolhas e dos compromissos. O desenho e a fotografia completam os seus vestígios materiais. Enquanto registos, apresentam-se como novos textos, tão paradoxais como o primeiro. Tal como os vestígios no solo, são simultaneamente construídos e espontâneos. Tal como eles, orientam o olhar de indício em indício; tal como eles, são o lugar do compromisso.

No entanto, o desenho fixa e incrusta. Em 1936, os arqueólogos cometeram um erro de interpretação que perdurou por muito tempo. No sítio arquelógico de Lindentahl, ao confundirem as fossas de onde era extraída a argila com o solo das casas, atribuíram a estas uma planta de forma irregular, conferindo-lhes um estatuto mais de cabana feita de improviso do que de uma verdadeira casa. Os desenhos contribuíram para manter durante quase 40 anos este «mito das terras de cabanas».

Traços de vestígios

O desenho de arqueologia necessita de cerca de 18 profissões diferentes, desde o arquitecto responsável pela construção do registo global de um sítio e dos seus objectos até ao artista, especialista em desenhos de objectos

---

[6] A. Leroi-Gourhan, *ibid.*

A *construção do vestígio* | 257

líticos destinados às publicações; desde o perito em desenho de computador até ao aguarelista. Traço dos vestígios, este desenho utiliza simultaneamente códigos gerais (que desempenham o papel de passadores, cambistas) e códigos pessoais, definidos pelo desenhador. Deste modo, os traçados de impacto sobre um instrumento de sílex obedecem a códigos gerais, enquanto que a representação do próprio material do instrumento – se existir – decorre da escolha pessoal do desenhador. Alguns códigos actualmente usados são directamente tributários dos gestos da gravura do século XIX; só o seu significado mudou. As estrias paralelas das gravuras do século XIX indicavam as relações de sombra e luz nos instrumentos líticos. Conferiam uma impressão de relevo ao desenho. Ainda utilizadas pelos desenhadores contemporâneos, traduzem hoje também a direcção do impacto de um objecto de percussão.

Assim, o desenho contemporâneo de objectos líticos deve ser genético: não se limita a traduzir formas, mas a descrever os modos de fabrico, a sucessão das lascas. Não é uma representação, mas sim uma interpretação; uma inteligência. Um desenho de arqueologia, pela própria lentidão com que é realizado, obriga a compreender. Onde a fotografia, demasiado rápida, se revelaria impotente, o desenho organiza as hierarquias entre as séries de lascas. Dá conta dos gestos de fabrico. A interpretação elabora-se, em parte, durante a realização das figuras.

Também pode ser que o desenho seja mais rico, «tenha percebido mais coisas», do que a leitura que dele é feita; que o desenhador tenha concentrado nele todo um saber que pode escapar a um olhar demasiado rápido. As sombras, as cores, o traço de lápis são dados acrescidos: o encantamento que valoriza o trabalho de pesquisa é necessário à transmissão. Sem ele, a austeridade dos

Figura 28. – Objectos líticos.
Tinta. Prancha contemporânea. Os desenhos de objectos líticos devem dar conta do gesto do seu fabricante. Os tracejados paralelos são desenhados perpendicularmente ao choque do instrumento de percussão. Tal prancha só pode ser realizada depois de seleccionados os objectos líticos dignos de nela figurarem, e, em relação a cada um deles, a génese do seu fabrico e a ordem cronológica da formação das diferentes lascas. A responsabilidade dos desenhadores que colaboram com os arqueólogos é, pois, importante.

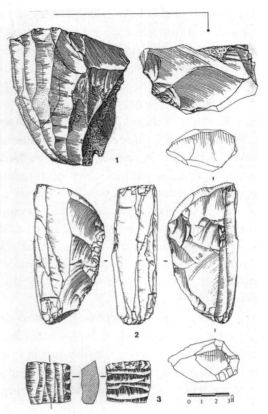

trabalhos aprofundados desencorajaria rapidamente os leitores, os financiadores e as instâncias de validação.

Os desenhos de instrumentos são traços de vestígios. E qualquer imagem científica tem valor de vestígio. Primeiros registos na tela vazia, antecipam-se a qualquer palavra. A página evoca a imagem, tal como o céu preexiste à inscrição de um cometa. O próprio traço, tal como uma imagem, só existe pelo domínio da decifração, pela leitura que, necessariamente, implica. Chifres de renas riscados, viveiros de caracóis abandonados, o vestígio

A construção do vestígio | 259

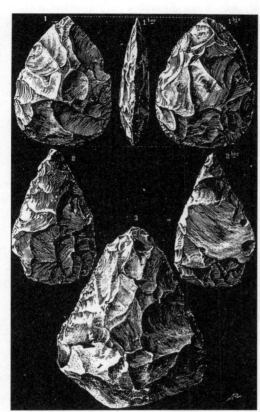

Figura 29. – Objectos líticos.
*Gravura, século XIX.
Os códigos (tracejados paralelos) dos desenhos realizados pelos arqueólogos contemporâneos descendem directamente dos condicionalismos da gravura antiga e das necessidades da edição. Quanto mais escuras são as zonas a representar, mais juntos são os tracejados. A representação de objectos líticos obedece, tal como os mapas geográficos, à regra do «Sol a noroeste» e os tracejados da gravura têm aqui apenas a função de representar o relevo dos instrumentos talhados. Só na época contemporânea é que passam a codificar a sua genética.*

não diz apenas: «algo passou aqui!», mas também, «algo se passou aqui!», e quanto mais exacta é a inscrição, maior é o mistério. Lê-se então como uma história, o relato de um drama, de um acontecimento: o curso normal das coisas. Material, o vestígio apanhou o tempo.

Tal como um vestígio, a imagem científica é uma tensão para outro lado. É o resto visível, ténue, material e imperfeito da interacção entre duas coisas: a neve e a lebre, o papel e o gesto da mão, a roda e o asfalto. Em si mesma, nada significa e só tem sentido por esta relação com uma coisa a que se não assemelha, mas da qual nasceu. Mas também não é a mesma se se marca na areia ou se inscreve no mármore; se se grava na madeira ou no cobre. O traço partilha com a imagem estes laços com a vida. Não só remetem para aquilo que se passou como também facilitam a antecipação. Como previsões, é abrindo-se para o futuro que os traços constroem o passado.

Capítulo XXI

Fotografias calculadas

Buracos negros, 1990

A existência de buracos negros não está comprovada.
E mesmo que existissem, os buracos negros seriam invisíveis. Como se poderia ter uma imagem deles?
Como poderíamos determinar a sua presença, sabendo-se que, sendo zonas do espaço-tempo de gravitação extrema, nada deixam escapar, nem sequer a luz? Únicos no género, são os únicos objectos conhecidos que nada transmitem. Não emitem qualquer luz, não transmitem nenhum dado, nem sequer informação sobre a sua própria existência.
Criar a imagem de um buraco negro é desafio suficiente para mobilizar alguns investigadores que se esforçam por imaginar o objecto dos seus trabalhos. Que se passaria, que veríamos se nos pudéssemos aproximar de um buraco negro munidos de um aparelho fotográfico?
Que fotografias teríamos de tal viagem no espaço? Os saberes científicos usam ficções: imaginar coisas impossí-

262 | *A Fábrica do Olhar*

veis facilita a aplicação de conhecimentos racionais. Os «Que aconteceria se...?», os «E se fôssemos a um mundo regido por leis diferentes das nossas?», fazem plenamente parte das construções científicas. Raciocinar sobre o fictício pode conduzir ao verdadeiro. Não sabemos se os buracos negros existem. Se existissem, não poderíamos vê-los. Além disso, é muito provável que esta viagem nunca seja possível. No entanto, fabricar fotografias fictícias de buracos negros não tem apenas um carácter lúdico.

O desejo da imagem é forte: a ciência – cuja actividade principal poderia muito bem consistir em tornar visíveis os invisíveis, e que se identifica com essas visibilidades – não podia ficar demasiado tempo sem imagens desses objectos descritos pelas equações da relatividade geral. A utilização do computador, que permite calcular cada ponto de uma imagem a partir das leis que regem a descrição dos buracos negros, suscitou a esperança numa resposta aos desejos de ver. Foi então que, depois das imagens digitais criadas por Jean-Pierre Luminet em 1990, o astrofísico Jean-Alain Marck começou a pôr em imagens uma viagem a um buraco negro.

Um buraco negro é, por certo, invisível, mas em seu redor gravitam gases quentes e luminosos que poderiam permitir determinar a sua eventual presença. A visualização de um buraco negro passa, pois, pela visualização das suas proximidades. Estes gases, que se movimentam em espiral, formam um disco plano em torno do buraco negro – o disco de acreção: os anéis do planeta Saturno dão uma ideia aproximada da forma que esse disco poderia ter. O disco de acreção é representado a amarelo, cor-de-laranja e vermelho. O buraco negro é a zona extremamente escura, no centro do disco. O cálculo da imagem levou em linha de conta a deformação do espaço-tempo provocada pela presença de gravitação muito forte nesta zona. Assim, a luz emitida pelas partículas dos gases do disco é bastante desviada para as proximidades do buraco negro. Alguns raios luminosos efectuam até várias voltas

Figura 30. – Buraco negro.
«Fotografia calculada.»
Imagem extraída da série Jean-Alain Marck, Viagem de um intrépido astronauta a um buraco negro, 1991.
Imagem digital de um buraco negro e do seu disco de acreção.
Esta imagem resulta de uma experiência mental. Supondo-se a existência de buracos negros, seria impossível fotografá-los, pois, por definição, não deixam escapar qualquer raio luminoso. No entanto, a presença de um buraco negro pode ser visualizada graças ao disco de partículas quentes e luminosas que o rodeia.
As partes mais luminosas e mais quentes do disco de partículas que rodeiam o buraco negro aparecem aqui a claro à esquerda da imagem (a amarelo na imagem original); as zonas mais frias a escuro, à direita da imagem (a vermelho na imagem original). A dissimetria aparente do disco está ligada ao efeito Doppler: à esquerda, as partículas do disco, em rotação em torno do buraco negro, aproximam-se do observador e parecem assim mais luminosas.
À direita, afastam-se e parecem mais escuras.
A luz emitida e reflectida por este disco de acreção segue trajectos originais cada vez mais curvos à medida que se aproxima do buraco negro e que aumenta a gravitação.
É assim que nascem imagens indirectas do disco de acreção: o arco luminoso que parece coroar o buraco negro é disso exemplo.

264 | *A Fábrica do Olhar*

antes de penetrarem no interior da zona de forte gravitação. Estas aberrações conduzem a «ilusões visuais».

Para um observador situado «na vizinhança de um buraco negro», os objectos possuem não só uma imagem principal, mas também imagens secundárias ou terciárias. Deste modo, o arco fino na vizinhança imediata do buraco negro é uma imagem secundária do disco de acreção, cuja imagem principal é perfeitamente visível. Quando visto de longe, este disco surge munido de duas argolas, uma «inferior» e a outra «superior», que são, na verdade, duas imagens da «parte de trás oculta» do disco. As próprias estrelas podem ter duas ou três imagens diferentes. O cálculo levou-as em conta, mas num céu estrelado em que todos os objectos se apresentam na forma de pontos luminosos sensivelmente idênticos, é muito difícil determinar as imagens secundárias ou terciárias de uma mesma estrela.

Esta imagem de um buraco negro rodeado pelo seu disco de acreção é extraída de uma sequência digital animada na qual o próprio espectador, aquele que vê o «filme», é o viajante do espaço. Este viajante (que nunca aparece assim na imagem) aproxima-se do buraco negro até penetrar no interior. As imagens, «filmadas» em câmara subjectiva, apresentam as características de uma ficção cinematográfica.

Uma leitura aprofundada destas imagens revela o seu inconsciente. Estas imagens de uma viagem sem fim obedecem às leis da perspectiva central albertiana, escolhem os grandes planos e usam cores de banda desenhada. O «real», supondo que existe, não se exprime nessa leitura. Pior, na análise, é claro que entre a fotografia que seria tirada por um «verdadeiro» viajante do espaço e esta imagem digital existem diferenças profundas. Tiveram de se efectuar escolhas e avançar hipóteses: o buraco negro é assimilado a um

Fotografias calculadas | 265

corpo negro, a repartição das estrelas no céu é fictícia, ainda que calculada. Alguns parâmetros, como a cor do céu, foram seleccionados com o único propósito de tornar a imagem legível. É que a explicação não é um exutório das construções científicas, é uma das suas componentes essenciais.

Para nós, as imagens ditas «calculadas» – mas que, na análise, se revelam ricas em escolhas pessoais e culturais – dão acesso aos olhares que os investigadores têm do mundo, muito melhor do que o fazem as comunicações escritas inteiramente codificadas. Fruto de investimentos tanto públicos como privados, são «assinadas», embora sem assinatura materializada. «Imagens-cálculos», não hesitam, porém, em mostrar uma perfeita neutralidade. Para nós, têm simultaneamente a marca do arbitrário e do pensado, do acaso e do previsto. O que acontece quando um investigador cria uma imagem, quando desloca o pensamento para um campo visual? Que novidade produz? O que calcula quando sabe antecipadamente que essas imagens sairão da comunidade científica e chegarão a um vasto público? Que traços deixa nas próprias imagens tal experiência que se pretende oficialmente matemática, mas revestida também de elementos estéticos e sociais?

Contudo, pouco importa que estas imagens copiem ou não o seu objecto, que sejam ou não perfeitamente «exactas». Estas imagens são «modelos», cujo processo de fabrico é mais importante do que a forma. A construção de tais modelos permite, com efeito, compreender, pelos movimentos entre as imagens e a matemática, o funcionamento das zonas de forte gravitação criadas, por exemplo, pelo desaparecimento das estrelas.

É possível recuperar as dimensões biográficas, históricas, sociológicas e até o peso da produção dessas ima-

266 | *A Fábrica do Olhar*

gens científicas. Imagens-cálculos que clamam a sua objectividade, possuem características estilísticas e estéticas que permanecem ligadas a um autor, a um pensamento de referência, a instrumentos. Possuindo os traços do seu próprio fabrico, são ricas em artefactos. Marcadas pelos dispositivos intrínsecos de produção e de recepção, fruto de uma organização material, são localizadas e datadas. Ainda que afirmem os seus discursos de acompanhamento, elas não escapam ao *hic et nunc*. Fruto das nossas culturas ocidentais, a *Viagem a um buraco negro* preenche um vazio nos nossos abecedários ilustrados. As suas imagens ameaçam adquirir o estatuto de referência visual. Embora um buraco negro «nada transmita», elas reactivam mitos e imaginários.

A ciência, com efeito, é grande produtora de ficções. No entanto, Gottlob Frege afirmava as incompatibilidades entre a ciência e a ficção: «Para a ciência, não basta que uma frase tenha sentido; deve ter um valor de verdade a que chamamos denotação. Se uma frase tem sentido, mas não denotação, pertence à ficção e não à ciência».

É verdade que a mera visão de uma imagem reconhecida como «científica» suscita o interesse espontâneo pela denotação. As perguntas «O que é?» e «Como?» dos espectadores caracterizam assim as produções científicas. Mas os dispositivos de difusão e de recepção das imagens são, em grande medida, responsáveis pelo seu estatuto. Se estas imagens digitais fossem expostas numa galeria de arte, as perguntas «Quem?» e «Quando?» surgiriam mais rapidamente do que as «Quê?» e «Como?».

O valor documental ou ficcional dessas imagens nasce também do exercício da sua leitura. Ao adoptarem os instrumentos da narração, os códigos cinematográficos que recriam uma verdadeira diegese, elas pertencem ao domínio da ficção. Lemo-las então num sentido do

Fotografias calculadas | 267

campo e do fora de campo: aquilo que está fora da imagem, que não vemos, mas que imaginamos, é todo o universo, as suas estrelas e galáxias.

Uma leitura documental levaria em linha de conta, já não o campo e o fora de campo, mas sim o quadro e o fora de quadro. Aquilo que está fora da imagem, que não se vê mas que se imagina, é, desta feita, o autor e os seus cálculos, os seus terminais de computador ou, mais ingenuamente, o autor e o seu aparelho de captação de imagem.

Uma imagem científica realista pode, pois, ser lida como se quiser, como ficção ou como documento, por meio de um simples exercício do olhar que consiste em passar do fora de campo para o fora de quadro: de um algures logicamente construído para as realidades do fabrico.

Estas imagens escuras do fim são o pendente do ovo azul e cor-de-rosa dos inícios criado pelo satélite COBE. Os buracos negros nascem da morte das estrelas; os mitos em que se enraizam e a que os computadores dão nova vida são os da queda infinita de Ícaro, de um sol negro, inimigo dos nossos sóis de ouro. «Passámos pelos reinos aterradores dos mundos em formação, onde um corpo solar obscuro, infinito de chumbo, engolia chamas e sóis, sem se tornar mais luminoso», escrevia Jean-Paul. Abismos sem fundo de atracção irresistível, velhos capitães, os buracos negros convidam às viagens. Gigantescos turbilhões cósmicos que tudo engolem e nada deixam escapar, assustam e até aterrorizam, sem, porém, constituírem ameaças imediatas. Tanto para os cientistas como para os não especialistas, os buracos negros continuam a ser os objectos magníficos de uma ficção que só nos amedronta durante o tempo de um filme.

Capítulo XXII

Imagens do corpo

Ecografias, 1997

Um corpo inaudito

Desde a invenção da radiografia que o olhar médico penetra no interior do corpo vivo, solicita o auxílio de máquinas que «vêem» melhor do que nós. E sabemos agora – desde a primeira tele-operação mundial de coração aberto realizada no hospital Broussais em Maio de 1998 – que podemos ser «mexidos», operados à distância por um cirurgião que nos observa a partir de um lugar que desconhecemos de todo. Tudo muda. Não só o corpo, a imagem que temos de nós próprios, como também as hierarquias médicas, as instituições e as responsabilidades. Não só a medicina, como também a doença.

A imagética médica não se deve situar no mesmo nível que a do planeta Marte ou a do *big bang*. Quando olhamos para as nossas próprias radiografias, não observamos um corpo que habitamos, nós *somos* esse corpo que observamos. A distância entre a «pele» material da imagem e a força potencial do seu impacto torna-se aqui muito importante: uma imagem tem um poder extraordinário! Mal difundida, mal lida, mal apresentada ou, pior, não dominada, uma imagem médica pode mudar uma vida. Esta diferença entre a sua produção mecânica e o impacto afectivo da leitura deve ser levada em conta: com efeito, uma imagem nunca é um certificado de boa saúde. Quando muito, assegura que nada há para ver. É verdade que mostra evoluções positivas, mas o seu triunfo decorre da capacidade de tornar visíveis as patologias, por vezes até antes do aparecimento de qualquer sintoma.

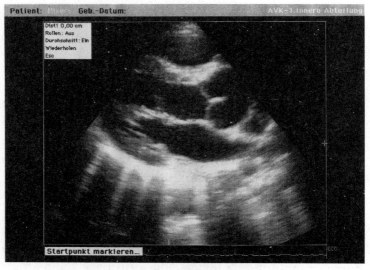

Figura 32. – Ecografia cardíaca.
Mariam Manni, 1998.

As máquinas de imagens da medicina produzem todos os dias, em França, quase dez milhões de imagens dos nossos corpos biológicos. Já não se manda vir *quando é preciso* o aparelho de captação de imagens; é

Imagens do corpo | 271

o doente que espera no corredor a disponibilidade da máquina.

Primeiro «fotografa-se». Depois, observa-se, ouve-se e diagnostica-se: o abuso da imagiologia é sinal de uma medicina de joeiramento. Os corpos que aí se inventam – tanto biológicos como instituídos – são inauditos. Até ao final dos anos 60, a radiografia era a principal fonte de imagens médicas. Actualmente, a imagiologia partilha os seus actos com quatro ou cinco tipos técnicos principais, cada qual usando máquinas específicas: a radiologia, a ecografia, a tomografia axial computorizada, a imagem por ressonância magnética nuclear e a medicina nuclear. Por outro lado, a endoscopia facilita a observação directa através da introdução de uma câmara miniatura nos órgãos côncavos do corpo. A mais antiga destas técnicas, a radiologia, constitui ainda cerca de 70% dos actos médicos da imagiologia.

A optimização dos exames médicos passa pela das máquinas de visão. A pouco e pouco, transformamo-nos numa mistura de duro e mole, em composições ajustadas de líquidos, sólidos e gases. Os órgãos são agrupados em função da sua capacidade de «criar imagens», gerando novas classificações. No capítulo dos líquidos: o sangue, os humores, a urina, o líquido cefaloraquidiano. No capítulo dos órgãos compactos: os ossos, o fígado, o baço e o cérebro. No capítulo dos órgãos côncavos: as veias, as fossas nasais e o tubo digestivo. No capítulo dos gases: o ar intrapulmonar, o ar do tubo digestivo, da cavidade sinuosa e das fossas nasais.

Serão dirigidos para a radiografa: as mãos (*interfaces* entre o osso e os tecidos moles), os pulmões (*interfaces* entre o ar e os tecidos moles) e as cavidades nasais (*interfaces* entre o ar e o osso). Para a ecografia: os esqueletos e os pulmões (não compostos maioritariamente de ar e

272 | *A Fábrica do Olhar*

osso). Para a tomografia: os cérebros e novamente os pulmões (não legíveis por ecografia), os primeiros rodeados de osso e os segundos contendo ar. Para a imagiologia por ressonância magnética nuclear: os cérebros, sistemas nervosos, cotovelos, joelhos e ancas (órgãos compactos, opacos). Por último, a medicina nuclear facilita o acompanhamento de um produto ligeiramente radioactivo injectado no órgão examinado.

As prescrições destes exames de imagens estão em plena expansão; o leque das receitas não pára de crescer.

Uma medicina inesperada

Já se criticava as imagens fotográficas por funcionarem como substitutos agradáveis e silenciosos de um doente que sofre e se queixa. Mas a imagiologia contemporânea tem outra amplitude: utiliza máquinas pesadas, dispendiosas e complexas, que, ao verem melhor do que nós, ao verem outras coisas, se instalam como substitutos da observação. Paradoxalmente, esta medicina da imagem, os seus olhares instrumentalizados, baseia-se ainda largamente nas semiologias de uma medicina que a precedeu: a da observação directa, da palavra e do toque. No entanto, que seria hoje de um médico sem computador, sem prescrição da radiografia ou, melhor, da ressonância magnética nuclear?

Numa medicina em que as máquinas de imagens se instalam entre o médico e o doente, as relações entre ambos adquirem novas características. Antigamente, Hipócrates insistia na importância da mera presença do médico no quarto do paciente: «Ao entrar, lembrai-vos da maneira de se sentar, a reserva, o vestuário, a seriedade, a brevidade da linguagem, o sangue-frio impertur-

Imagens do corpo | 273

bável, [...] a resposta às objecções, o autocontrolo sem as perturbações que possam advir, a severidade em reprimir o que incomoda, a boa vontade para aquilo que falta fazer [...].» Nos anos 50, Henri Mondor lembrava aos médicos que o diagnóstico clínico é já em si mesmo um apaziguamento. A apalpação não é apenas uma leitura, mas também – já – um consolo. «A visão de uma mão inexperiente, desajeitada e brusca é tão penosa e anuncia um exame sem proveito quanto belo é o espectáculo de duas mãos suaves, inteligentemente dirigidas, certas, progredindo na descoberta, sugerindo confiança ao doente, instruindo o círculo. [...] A visão de dez dedos à procura de uma verdade tão grave e que conseguem descobrir à força da paciência exploratória e de talentos tácteis é um dos momentos em que se manifesta a grandeza da nossa profissão.» A reivindicação de uma proximidade do médico não significa que deva ser abolida toda a distância: o sucesso da medicina anátomo-clínica decorre também da transformação do corpo em objecto do olhar e do toque.

O afluxo contemporâneo das imagens apanha-nos desprevenidos. A situação é demasiado nova. Que dizer ao doente quando a imagem mostra claramente o tumor? Como falar quando não se tem a certeza de ter visto bem? Que afirmar quando o doente pensa que a imagem mostra tudo? Confrontados com as imagens da ressonância magnética nuclear ou da ecografia, os médicos não têm outra opção que não o discurso técnico, que abandona todo o afecto, toda a afirmação do sujeito. A imagem que se mostra no ecrã é descrita em termos sóbrios, as terminologias descritivas são obrigatórias; os discursos neutros têm um poder apaziguador, mas também – para o médico – desresponsabilizante. Por conseguinte, duas lógicas se confrontam. Para o doente, a lógica do

274 | *A Fábrica do Olhar*

tudo legível e da prova. Para o médico, a do vestígio, das suas incertezas.

Deste modo, como afirmar o «nada!»? A imagem-ecrã, que mostra, mas que também esconde, revela-se incapaz de afirmar a boa saúde. Com efeito, o que sabe o médico daquilo que não vê? A imagiologia médica relega os critérios de boa saúde para horizontes inatingíveis. O exame clínico tinha um princípio, um fim, um desenrolar, métodos. A imagiologia abre caminho a um inacabamento. Tudo se torna potencialmente visível; tudo o que se vê deve ser curado e sabe-se agora que nunca se poderá ver tudo. Que pensar de uma medicina que produzisse imagens coloridas de rupturas de aneurismas, mas que não fosse capaz de as prevenir, de as tratar, de as curar? O tranquilizador e apaziguador «não tem nada» do médico de família é substituído pelo «não vejo nada» de um especialista confrontado com as incertezas de um ecrã. No entanto, o «não tem nada» continha em germe os primeiros passos para uma cura.

Um carácter de ciência

A ecografia – e particularmente a ecografia cardíaca – é uma das técnicas de imagiologia que mais necessitam de competências. A descrição de um coração deve ser dinâmica: exige o tempo real. Convém, portanto, a partir da imagem, não só descrever formas sensivelmente variáveis de um indivíduo para outro, mas também avaliar débitos sanguíneos, movimentos de segmentos, variações de volume, o estado dos ventrículos e das válvulas. Esta leitura dinâmica torna-se tanto mais delicada já que a ecografia cardíaca só dá a ler secções a três dimensões de um órgão de funcionamento particularmente com-

Imagens do corpo | 275

plexo. A imagem que se apresenta deve ser assim reconstituída mentalmente no conjunto da topologia cardíaca. Só a experiência permite saber, por exemplo, se o corte proposto passa ou não pelo ápex do órgão. Ora, as doenças coronárias localizam-se geralmente na extremidade inferior do coração. Uma má leitura acompanhada de um excesso de confiança podem levar a ignorar um aneurisma gravíssimo. Há um perigo de morte em não se duvidar da leitura de uma imagem. As máquinas conferem à medicina carácter de ciência exacta. Contudo, de nada serve evoluir para tais certezas aparentes: uma medicina «científica» perfeitamente rigorosa, que se escondesse atrás de leis, de descrições objectivas e de quantificações ou que se limitasse a diagnósticos *on-line*, não seria eficaz. Ao confrontar o sintoma – expresso pelo relato do paciente – com o sinal – percebido pelo médico numa observação, numa apalpação ou numa leitura de imagens –, já não seria capaz de aliviar a dor. Nomear a dor não é acalmá-la. Pois a dor de um não é a dor do outro e o sinal «que se vê» nem sempre se liga ao sintoma «que se conta». Um sofre sem sinais patológicos. O outro apresenta sinais patológicos dos quais não sofre[1]. Bela, prática, prestigiada, objecto de interesses económicos ou institucionais, a imagiologia contemporânea pode levar a que se valorize o sinal em detrimento do sintoma.

No entanto, por vezes, o relato do paciente conduz mais depressa do que a imagiologia ao diagnóstico. O relato de uma sensação de ardor sob o externo, uma pressão depois de muito frio ou após um exercício, orientam rapidamente o diagnóstico para uma estenose das coronárias.

---

[1] J.-C. Sournia, *Histoire du diagnostic en médicine*, Paris, Éditions de Santé, 1995.

276 | *A Fábrica do Olhar*

Quando a medicina do visível substitui a do diálogo, a escuta enfraquece. Ouvir plenamente as queixas do doente requer enorme atenção, mesmo quando os «pum» e os «tac» já não são recebidos. A imagem, objecto de maravilhamento para uns, é, para outros, fonte de angústia. Face à imagem do seu coração que bate num complexo jogo de válvulas e cavidades, os pacientes ficam admirados: a máquina parece mais sofisticada do que pensavam. Confrontados com as imagens de um corpo doente, ficam com remorsos: «Se eu soubesse...». A imagiologia revela a dimensão dramática das transformações inevitáveis onde dantes se imaginava apenas um interior intacto, ainda que a superfície enrugasse.

A imagiologia revela, sem grande respeito pelo direito de não ver. A mulher grávida perde aí os seus sonhos, sempre mais belos do que uma imagem manchada de ruído. Confrontada com as esperanças de futuro, a imagem revela-se sempre de uma pobreza cruel. Mas vemos. Vemo-la. Já não é a mãe que ouvimos, é para a máquina que olhamos. Os defensores das substituições de um invisível por uma imagem talvez tenham clamado vitória demasiado cedo; será que a criança, reduzida a diferenças de densidade, estará investida dos mesmos sonhos de adultos[2]? No entanto, *ela*, recentemente concebida, toma lugar no álbum de família. Dá-se-lhe um nome. A máquina ecográfica altera as regras éticas e jurídicas: a quem pertence o feto quando a sua imagem circula no espaço público? Quem tem poder sobre ele quando surgem os desacordos? O pai, a mãe, os médicos, que a mínima anomalia coloca face a dilemas terríveis? Quem endossa as responsabilidades da decisão acerca de um ser de imagem?

---

[2] M- Fellous, *La Première Image*, Paris, Nathan, 1991.

Imagens do corpo | 277

As obras de medicina limitam as suas explicações às variações de cinzento. No entanto, bastou uma simples imagem. Para além disso, as mudanças simbólicas são consideráveis. Torna--se difícil nascer na Europa Ocidental sem ter já passado por uma chuva de ultra-sons. Da recepção das imagens, mistura indescritível de prazer e inquietação, conservar--se-ão apenas os ruídos maravilhados. Muito antes do nascimento, o milagre ecográfico pode já atenuar o ciúme dos mais velhos, a irresponsabilidade dos pais, a pouca atenção dos directores.

No século XIX, a fotografia médica transformou-nos em aparências, em superfícies insignificantes, em movimentos e gestos; esvaziou o interior em proveito das superfícies, abandonou o pormenor pela visão de conjunto, aguçou o olhar clínico. Reforçou simultaneamente a medicina do «ver» e do «tocar», relegou para longe a da escuta e da fala. Ao chamar a atenção para o sintoma visível, levantou obstáculos, resguardos, à busca das causas anatómicas. A imagiologia contemporânea, por seu lado, abandona o invólucro pelos órgãos internos; a vista externa pelos cortes sagitais, o realismo pela abstracção, a presença pela distância e, sempre que pode, a imagem fixa pelo movimento, o tempo diferido pelo tempo real.

Nas gravuras do Renascimento, o médico figurava ao lado do cadáver dissecado. Nos daguerreótipos e nas primeiras fotografias, posava ao lado dos pacientes anestesiados. Actualmente, triunfa nos jornais ou nos ecrãs de televisão, ao lado de um «robô controlado por computador». O doente desapareceu da imagem; está mais longe, para além dela.

Capítulo XXIII

A globalização do olhar

Pathfinder, 1997

As inscrições de Schiaparelli

Há um século, «irmãos a conhecer» [1] povoavam ainda o planeta Marte. Mas não eram almas sem corpo ou corpos sem alma, mas seres que agem, pensam, raciocinam, vivem em sociedade e em família, associados em nações, que erguem cidades e dominam as artes. Os seus sentidos da visão e da audição não tinham diferenças essenciais dos nossos e se algum dia passássemos perto das suas casas, talvez nos detivéssemos, encantados pelo eco de acordes melodiosos.

Marte é propício às construções fantásticas. Após a Lua, é o corpo celeste que mais se aproxima da Terra. O seu dia tem a mesma duração; o seu eixo de rotação tem a mesma inclinação do que o nosso planeta. O seu

---

[1] C. Flammarion, *Astronomie populaire*, 1880.

Figura 31. – Planeta Marte, vale de Ares.
NASA, Julho de 1997.
No primeiro plano, a sonda Mars Pathfinder, que esvaziou as suas almofadas, estendeu as rampas e activou a câmara. No segundo plano, o pequeno robô Sojourner aproxima-se de um calhau à velocidade de um centímetro por segundo. A imagem é um mosaico reconstituído por computador.

ano é duas vezes maior. A cada 47 anos pode realizar-se uma observação de qualidade excepcional. De 15 em 15 anos, uma observação de boa qualidade. Todos os 780 dias uma observação de qualidade correcta. Para além destas posições periélicas excepcionais, a observação com uma luneta de qualidade média é duvidosa. Estas oportunidades demasiado raras favoreceram as expectativas fervorosas, os relatos exaltados, as conclusões precipitadas. A confiança depositada nos instrumentos técnicos de observação – lunetas, telescópios ou sondas – contribuiu para a emergência de uma série de planetas Marte, dos quais as imagens das superfícies rochosas transmitidas pela sonda Pathfinder são o último avatar. Não se fabrica o mesmo planeta se virmos Marte a olho nu, se o observarmos com uma óptica medíocre ou se enviarmos um robô munido de sensores percorrer a sua superfície. Os

sistemas técnicos da observação, bem como os da produção de imagens que lhes estão associados, estruturam os saberes e dirigem os imaginários.

Marte não pode ser desabitado. Para Fontenelle, dizer isto é tão absurdo como afirmar que a cidade de Saint-Denis é vazia de qualquer presença porque um burguês instalado no topo das torres de Notre-Dame não teria visto os seus habitantes. Não se poderia imaginar que grandes pássaros luminosos semelhantes aos que na América permitem ler de noite povoam a superfície, iluminando a sua noite com uma nova luz? Marte, com efeito, parece não possuir qualquer satélite capaz de o iluminar. Ora, um planeta não pode atravessar sem luz a opacidade de uma noite total.

Na verdade, as *Entretiens sur la pluralité des mondes* [*Conversas Sobre a Pluralidade dos Mundos*], publicadas em 1686, são uma operação de descentralização. O humor de Fontenelle baseia-se nas teorias copernicanas para desestabilizar a doutrina cristã: para ele, os seres terrestres não têm o monopólio do centro. A coisa é fácil: neste final do século XVII, a imperfeição das lunetas astronómicas dá livre curso à imaginação para povoar de luzes o planeta Marte, o vaporoso, o sangrento, o guerreiro.

282 | *A Fábrica do Olhar*

Será preciso esperar pelo dia 5 de Setembro de 1877 para que existam, simultaneamente, instrumentos ópticos de qualidade e condições favoráveis de observação. A luneta de 26 polegadas do astrónomo Asph Hall dota Marte de duas pequenas luas. O facto é importante. A ausência de satélite perturbava consideravelmente os partidários de uma pluralidade dos mundos. A Terra tinha um satélite e estava povoada; para ser habitado, Marte tinha de se assemelhar à Terra e possuir um satélite. Neste 5 de Setembro de 1877, o italiano Schiaparelli, astrónomo de grande reputação, começa a desenhar uma cartografia marciana. Para desenhar, tem de acabar com o vago; tem de descrever e nomear, instalar certezas. Marte reduz-se a um sistema de manchas; pouco importa, a analogia com a Lua de desenhos claros convida a designar as zonas claras *mare* (mares) e as zonas escuras, *terrae* (continentes). O céu é uma tela na qual se inscrevem os textos da natureza. Esta tela esconde e, ao mesmo tempo, revela. Os astrónomos, ao erguerem os olhos para Marte, lêem aí o texto de um invisível. O traço preciso substitui os contornos vagos, os contrastes vigorosos substituem as variações de cinzento. Intimamente ligado tanto ao sujeito como ao objecto, ele nasce por efeito de uma leitura.

Em 1867, dez anos antes do periélio de 1877, o astrónomo Proctor publicara um mapa de Marte surpreendentemente semelhante à Terra. As formas já tinham perdido as suas indefinições.

A fotografia parece então de pouca utilidade: prefere--se-lhe o desenho. As suas imagens não forneceram o inesperado que se esperava: demasiado pequenas, nada davam a ver que não se observasse já à luneta. É verdade que os astrónomos manipulam a fotografia desde a década de 40 do século XIX, mas a imperfeição das ima-

A globalização do olhar | 283

gens e a sua fraca estabilidade refreiam-lhe a utilização científica até aos últimos anos desse século. Muito mais do que uma constatação, a declaração efectuada em 1879 pelo astrónomo Jules Janssen – «a fotografia é a verdadeira retina do cientista» – é um manifesto destinado a afirmar a legitimidade científica de uma fotografia que serve mais o lado das artes ou das indústrias.

Em 1877, Schiaparelli não fotografa, desenha. Além de terras e mares, de lagos e sinuosidades, desenha longas linhas escuras a que chama *canali* (braços de mar). Os astrónomos franceses apressam-se a traduzir esta palavra por *canais*. O rigor do mapa funciona como designação, remissão directa para as coisas, um convite a ver. E os astrónomos vêem! Em dois anos, descobrem numerosos canais finamente traçados, que se encontram em encruzilhadas ocupadas por *lagos* e *nascentes*. A grande difusão do mapa de Schiaparelli aumenta o número destes de dia para dia. Começa a aparecer a história de um extraordinário mal ver colectivo: Marte evolui para um quadriculado altamente estruturado de canais, que a imaginação enche logicamente de água até à borda.

Schiaparelli fabricou traços. A confiança atribuída às novas lunetas de observação, em especial às do óptico alemão Joseph von Fraunhofer, leva à construção dessas arqueologias. Aos canais nascidos do mapa correspondem agora canais que percorrem o planeta.

Marte ganha cores. Manchas verdes e azuis transformam-se, de tempos a tempos, em carmim, lilás e castanho, interferem com os tons vermelhos ou amarelos. Flutuantes, essas cores só podem ser o vestígio de organismos sujeitos às variações de luz e de temperatura. Rico em água, o planeta é dotado de vida. Os desertos para os quais apontam todas as lunetas do mundo enriquecem-se de oásis. O director do Observatório de Lyon modera as

284 | *A Fábrica do Olhar*

pulsões escópicas: dada a largura mínima que os canais têm de ter para serem vistos, se fossem tão numerosos como afirmam os astrónomos, a sua superfície seria maior do que a da Terra. Em 1888, Schiaparelli anuncia que o traçado deles não é simples, mas duplo. As duas vias paralelas estão 200 a 300 metros afastadas entre si, o seu comprimento atinge quatro a cinco mil quilómetros. A sua origem natural é posta em causa. A opinião pública é confundida: imagine-se que os habitantes de Vénus observam a Terra com telescópios; não cometeriam um profundo erro ao atribuírem um estatuto geológico às nossas vias de caminho-de-ferro? Não há dúvida de que o planeta é habitado por Marcianos de grande inteligência. Esses homens superam-nos: os gigantescos trabalhos que realizam em Marte «são dignos dos ministérios de Obras Públicas do planeta vizinho» [2].

Em 1894, o astrónomo americano Percival Lowell, profundamente marcado pelas imagens de Schiaparelli, afirma que os canais não são 79, mas sim 200. Abandonando o modelo europeu do caminho-de-ferro, opta resolutamente pela rede de irrigação. No seu grande laboratório no topo de Mars Hill, perto de Boston, desenvolve as teorias sobre as vidas extraterrestres. Para os astrónomos, o planeta Marte adquire um aspecto de Sudoeste americano: em vias de desertificação, está a secar. Os seus habitantes, sublimes mas sedentos, escavam imensos canais de irrigação que levam a água da calota glaciar para as regiões tropicais desérticas. Aqui se desenrola uma tragédia à semelhança dos dramas que acontecem na Terra. Alfred Russel Wallace exprime críticas virulentas, mas em vão. As teorias de Lowell adquirem enorme popularidade.

---

[2] L. Rudeaux, *Sur les autres mondes*, Larousse, s.d.

A *globalização do olhar* | 285

Na Terra, é tempo de grandes obras. O caminho-de--ferro americano este-oste, o canal de Suez, o canal de Corinto e o canal do Panamá são todos concluídos entre 1869 e 1914. As eclusas dos grandes lagos, os canais do estado de Nova Iorque e os canais de irrigação do Sudoeste desértico são construídos na charneira dos dois séculos. E se Lowell afirma ter visto tantos canais em Marte, é porque, diz ele, «lhe apareciam como num clarão». Em 1897, os Marcianos começam a aparecer na literatura. Desembarcam no pólo Norte com o romancista Kurt Lasswitz. No ano seguinte, semeiam o terror com H. G. Wells. Torna-se então difícil distinguir aquilo que, na construção de um planeta, decorre de observações científicas ou de relatos fictícios. Tanto uns como outros não se excluem, bebem nas mesmas fontes míticas e participam de uma mesma lógica. A ficção descreve *o que aconteceria se...* O relato científico baseia-se em *factos*. Mas é claro que nada impede que a ciência se interrogue sobre *o que aconteceria se...* e que a ficção se baseie em *factos*. Resta saber se o documento, aquele que nada tendo inventado se apresenta como decalque das coisas, oferece mais novidades do mundo do que a ficção.

No final do século XIX, em França, as polémicas adquirem um novo rumo. No dia 7 de Agosto de 1892, para o *Petit Journal*, os canais duplos, sobre os quais a Itália tanto disparatou, nunca tinham sido observados. Camille Flammarion, hábil promotor de uma ciência encantada, riposta com vivacidade: «Muito recentemente, uma pequena nota, devida a não se sabe que ignorante, foi publicada em quase todos os jornais franceses, declarando que as observações realizadas sobre Marte não mostraram as linhas enigmáticas [...] e que essas pretensas configurações não passam de fantasias de um astró-

286 | *A Fábrica do Olhar*

nomo italiano. É muito lastimável que milhões de leitores tenham tido acesso a tão grosseira idiotice, complementada por uma falta de respeito pouco cortês para com um dos mais eminentes astrónomos do nosso tempo.» Camille Flammarion vê sinais: a Cruz de Hellas, uma das figuras geométricas mais notáveis do planeta, não pode ser uma figura natural, pois situa-se na intersecção de dois traçados perpendiculares. O traço convida à evasão: «Pode-se pensar nisso, pois é tão interessante como Salammbô.» [3] Para o cientista inglês Lockyer, de regresso de uma missão ao Egipto, os canais parecem os afluentes do Nilo: ora rios estreitos, ora vales inundados. A cidade de Londres e os 12 000 metros quadrados de luz que todas as noites oferece à escuridão do céu parece-lhe ser a candidata perfeita para a emissão de sinais com destino a Marte. A hipótese torna-se inviável, pois o gabinete metropolitano não apoia o projecto. Na mesma altura, no Observatório de Nice, as lunetas astronómicas deixam adivinhar em Marte inchaços brilhantes de cores e brilhos intensos. Os aparecimentos de fogo não serão observados uma segunda vez. Surgem imensas críticas irónicas. Na Academia das Ciências, M. Bertrand observa que talvez sejam os habitantes de Marte que fazem sinais à Terra, a fim de ganharem o prémio de 60 000 francos proposto pela Academia a quem conseguir comunicar com os habitantes de outro mundo! Realizam-se provas experimentais: é preciso demonstrar que o olho humano não é infalível, que pode ver traços simples a dobrar. A geografia de Marte é desenhada numa chapa de metal. Uma fina musselina interposta entre o olho do observador e esse desenho permite – na

---

[3] C. Flammarion, *op. cit.* [*Salammbô* é uma obra de Gustave Flaubert. (*N. T.*)].

A *globalização do olhar* | 287

condição de que tal seja feito ao sol – observar-se uma imagem duplicada: o observador vê, em simultâneo, o desenho feito na chapa e a sua imagem interceptada pelo véu. Deste modo, nada prova que os traçados dos canais de Marte sejam duplos; nada prova que se trate de imensas vias férreas construídas por seres extraordinariamente evoluídos. Nada prova que Schiaparelli tenha dito a verdade. Nada prova que ele tenha visto bem. A imperfeição das ópticas, bem como a esperança que podia ter suscitado, seria a principal responsável pela instalação de formas imaginadas e pelo entusiasmo que a acompanhou. A existência dos famosos canais só voltará a ser oficialmente posta em causa em 1909. Cinco anos depois, o astrónomo Bernard Llyot aniquilou a hipótese. Mas é difícil apagar as construções imaginárias quando, para as substituir, apenas há um vazio. Nos Estados Unidos, só o sobrevoo de Marte pela sonda Mariner 4, em 1965, consagra o fim definitivo daqueles imensos canais rectilíneos, cheios de água, que se cruzam em ângulo recto. Foi necessário, portanto, delegar o olhar humano a uma sonda de funcionamento complexo para que se acabasse com a recusa das realidades.

Nenhuma correlação será estabelecida entre os traçados de Schiaparelli ou de Lowell e as estruturas vulcânicas ou tectónicas reveladas pelas sondas astronómicas. No entanto, os canais de Marte orientaram o olhar dos astrónomos durante várias dezenas de anos. Serão os grandes ausentes de uma história ortodoxa das ciências, como se as construções imaginárias não questionassem os saberes contemporâneos, como se elas não esclarecessem tanto o funcionamento das ciências como as belas descobertas de laboratório.

É que só uma ciência triunfante pode fornecer argumentos à existência de extraterrestres. Com efeito, os

288 | *A Fábrica do Olhar*

«outros mundos» povoam-se nas épocas em que a ciência tem maior desempenho. O século XVII, o século XIX e a segunda metade do século XX são os períodos em que se acredita – ou se finge acreditar – mais firmemente na existência de vida em Marte. O vazio criado pela ciência é insuportável. Os espaços infinitos, livres de divindades, não podem ficar vazios: enriquecem-se de outros nós mesmos. Extraterrestres amistosos quando pensados pelos cientistas; aterradores ou perigosos quando o cinema ou a literatura deles se apropriam. A ordem do olhar inverte-se brutalmente. Já não observamos com os nossos olhos, com as nossas lunetas, com os nossos telescópios; são *eles* que nos olham. Somos agidos, dominados, manipulados por coisas mais inteligentes do que nós. Outras Terras nos observam. Para sempre inacessíveis, são o lugar de todos os fantasmas identitários, de todos os medos, de todas as esperanças. Os homens entregam-se às suas ocupações sem suspeitarem de que são examinados com a atenção de um cientista debruçado sobre as criaturas que pululam na gota de água do microscópio. É verdade que os mundos se povoam de modo tranquilizante; mas, ao povoarem-se, fazem-nos compreender a nossa imensa fraqueza, a nossa suficiência infinita, a nossa pretensão em dominar a matéria, a crença absurda na nossa própria imortalidade.

Os robôs de Marte

As imagens de proximidade enviadas pelas sondas Viking 1 e Viking 2, no final dos anos 70, surpreendem e, ao mesmo tempo, desiludem. Marte, o sangrento, o vermelho, o azul e verde, Marte coberto de águas e juncos, Marte cheio de pássaros fosforescentes, reduz-se a

A *globalização do olhar* | 289

uma superfície seca e caótica. O planeta adquire uma familiaridade demasiado grande com a Terra. A banalidade de pedras assentes no solo e, sobretudo, a luz peneirada por uma atmosfera poeirenta, os matizados das sombras, a ausência de enquadramento das imagens fazem lembrar bastante as fotografias que os amadores nem se dão ao trabalho de revelar. Transmitidas pixel a pixel por ondas rádio, reconstituídas linha a linha quase em directo nos ecrãs terrestres, as imagens parecem simples fotografias. Um dos pés da sonda é visível no ângulo inferior direito deste primeiro postal de Marte que se desenha nos ecrãs. Nas imediações, o solo está juncado de pequenas pedras angulosas. O ponto de vista das câmaras é quase o de um observador humano.

O módulo de pouso da Viking 1 aterrou no dia 20 de Julho a 28 quilómetros do ponto-alvo referenciado pouco antes pela sonda quando estava em órbita. Vários incidentes rodearam esta chegada: os Estados Unidos tiveram de renunciar a uma aterragem catastrófica no dia 4 de Julho, no aniversário da sua independência. 25 segundos após a aterragem, a câmara 2, situada junto ao pé do módulo de pouso, começa a funcionar: a câmara «fotografa» o solo nas proximidades do pé n.º 3. O objectivo não é apenas obter vistas gerais do planeta, mas também conseguir imagens do solo. Com elas, amostras: calhaus.

Marte materializa-se, torna-se um lugar, uma geologia, um território para interrogar a história. Mas nenhum animal estranho passa na proximidade das câmaras. Não se descobre qualquer indício de vida: a decepção é grande. As descrições técnicas colmatam esta ausência. No dia 25 de Julho, um dos braços da sonda é desbloqueado; a lingueta que o sustentava cai. Às 19h10, uma «fotografia» mostra-a no solo; na esquerda da imagem, o braço de amostras, estendido, é bem visível. O horizonte é oblíquo;

290 | *A Fábrica do Olhar*

o solo, cor-de-laranja; o céu, amarelo. A 28 de Julho, a Viking 1, à procura de vida em Marte, executa as ordens, estende o seu braço esquerdo e escava uma vala com 17 centímetros de comprimento, 6,3 de largura e 5 de profundidade. A missão da Orbiter da Viking 1 termina a 7 de Agosto de 1980. A da Orbiter da Viking 2 conclui-se a 24 de Julho de 1978 com o esgotamento das reservas de gás. Foram tiradas mais de 51 000 fotografias. As esperanças suscitadas pelos detectores de vida, que procuram a eventualidade de uma respiração e de uma fotossíntese, revelam-se infundadas. Nada se encontra em Marte que se assemelhe a um organismo vivo ou a um objecto criado por seres inteligentes. Não se obtém qualquer resultado acerca da existência de uma vida extraterrestre. Mas seria preciso mais para que a pesquisa de outros mundos fosse abandonada. A gestão dos sonhos não decorre de um puro encantamento: faz parte integrante da política interna dos Estados. Graças às imagens, Marte povoa-se de máquinas de exploração, formas de vida articuladas. Ao alimentarem as imaginações infantis, abrem caminho a um extraordinário mercado de produtos derivados.

As imagens vazias da Pathfinder

Da operação, diz-se que foi um êxito imenso. Vinte anos depois das sondas Viking 1 e 2, a Pathfinder pousa no planeta Marte, no centro daquilo que parece ser o leito fóssil de um rio desaparecido. Desta vez, nenhum entrave impediu a coincidência com o 4 de Julho, dia do aniversário da independência americana. Nesse dia, mais de 100 milhões de internautas visitam os *sites* envolvi-

A *globalização do olhar* | 291

dos. É preciso desentupir a rede. Em poucas semanas, os Terráqueos recebem milhares de imagens da superfície de Marte. Na terça-feira, 22 de Julho de 1997, uma panorâmica cor-de-rosa-laranja desenha-se linha a linha nos ecrãs dos deslumbrados investigadores do Jet Propulsion Laboratory. Os jornais e as televisões do mundo inteiro repercutem o entusiasmo. As imagens transmitidas por ondas rádio percorrem 191 milhões de quilómetros numa dezena de minutos. Reconstituídas nos ecrãs dos computadores terrestres, são recebidas pelo grande público como testemunhos absolutos. O preto e branco confere-lhes, mais facilmente do que a cor, aspecto de fotografias. Não se vêem os seus *pixels*; ignoram-se as suas deformações. Recebidas como imagens casuais que dão notícia de um mundo que já existe, os «documentos puros» da Pathfinder oferecem todas as garantias da objectividade científica. Em poucas semanas, as novas imagens do planeta impõem-se em todo o mundo, acabando assim com as figuras de um planeta longínquo, escuro e vaporoso.

No entanto, nada há para ver em Marte, terra de calhaus e poeiras, horizonte cor-de-rosa com luzes suavizadas. O cenário rochoso apresentado pela Pathfinder e pelo Sojourner, «o primeiro robô com rodas que alguma vez se deslocou pela superfície de um planeta», nada deve aos tristes desertos do Sahel ou da Mongólia. Pior, a procura de vida extraterrestre já não está na ordem do dia. As sondas Viking puseram um termo quase definitivo às esperanças de se descobrir alguma forma de vida. Mais vazias do que as fotografias de Eugène Atget, as paisagens de Marte convidam aos passeios do olhar. A imagem já não é um mero documento: é mistério e prova. Tal como o deserto, ela oferece os seus fantasmas e os seus traços.

292 | *A Fábrica do Olhar*

Os depósitos de poeiras de formas características são indícios de grandes varreduras pelo vento. A forma arredondada das pedras indicia uma erosão por águas correntes. As arestas finas dos calhaus são vestígio de uma fragmentação pelo impacto de um meteorito. O enraizamento profundo dos blocos é sinal de uma rocha-mãe mais estável. É verdade que as imagens não transmitem nem os frios imensos, nem os ventos violentos: a natureza que lhes fala não é a que falaria a um corajoso caminhante que percorresse incansavelmente a superfície do planeta. Mas são um relato: o relato de uma origem. Não se imagina tudo o que se pode retirar, pela razão ou pela fantasia, de um seixo figurado na imagem.

O não geólogo, por seu lado, balbucia. Para facilitar a decifração, deram-se nomes próprios às coisas: o primeiro objectivo do pequeno robô *Rocky* será a pedra *Barnacle Bill*. Em seguida virão a *Yogi*, a *Casper* e a *Scubidu*. Neste Verão de 1997, a desolação dos desertos de Marte, as suas imagens vazias, recolhem um público muito mais numeroso do que o realismo vigoroso dos astronautas da estação MIR, vítimas de terríveis dificuldades. Longe do drama, *Rocky* «caminha», «respira», recusa «avançar». Segundo o Jet Propulsion Laboratory, ele é a vedeta de uma «superprodução menos dispendiosa do que um filme de Hollywood».

Difundidas pela Internet e tornadas interactivas, as figuras marcianas nascem do logro da democracia directa. Os internautas brincam aos astronautas e aos cientistas; foram eles que desembarcaram em Marte, que receberem em Pasadena as imagens enviadas pela sonda. Instalando-o em situação de exercício, o jogo transforma o internauta em actor potencial da vida social: este tem a ilusão de ser ouvido. O vazio marciano favorece assim a gestão das imagens como enunciações: antes de serem

A *globalização do olhar* | 293

figuras, são dispositivos de difusão. Os robôs colmatam
a ausência de vida. Os sacos esvaziados, os painéis solares e as rampas de desembarque aparecem na periferia
do quadro como objectos secundários mas indispensáveis. A imagem dá acesso aos seus próprios aparelhos
técnicos e institucionais. Antes de nos falar do mundo,
ela fala-nos de si própria.

O sucesso da missão é duplo. Por um lado, a Pathfinder anuncia o advento de uma nova era das políticas
espaciais, com missões rápidas, leves e muito menos dispendiosas do que os voos tripulados. Por outro, numa
altura em que os Estados Unidos aperfeiçoam as redes de
Internet, coloca em funcionamento modos inéditos de
experimentação social. A novidade do conteúdo exige a
novidade dos dispositivos técnicos de difusão de imagens.
A modernidade, aliança subtil entre a inovação técnica e
as esperanças sociais, tem este preço. A NASA precisa do
apoio dos cidadãos e este apoio passa pela gestão das
imagens, condição necessária para os voos espaciais. Sem
imagens, não haveria espaço. Elas são os verdadeiros
motores das expedições.

A NASA precisa de recuperar a sua imagem com um
êxito. Das 20 expedições realizadas desde 1962, 13 falharam. É necessário fazer esquecer os anos maus e justificar
a votação de um chorudo orçamento pelo Congresso.
A morte em directo dos sete membros da tripulação do vaivém Challenger, a 28 de Janeiro de 1998, diante de milhões
de espectadores, semeou o terror. O fracasso de uma imagem teve consequências importantes: a dúvida apoderou-se
dos cidadãos, as vocações científicas tornaram-se raras. Os
defeitos do telescópio Hubble devidos a uma negligência de
fabrico, a perda, em 1993, da sonda Mars Observer, bem
como a diminuição dos orçamentos e dos licenciamentos
tornaram urgente a «revolução cultural» da Pathfinder,

294 | *A Fábrica do Olhar*

como lhe chama o director da NASA. Custos reduzidos, missão rapidamente organizada, técnicas leves, política da imagem que mobiliza pela primeira vez as redes interactivas: para a agência espacial norte-americana, a operação Pathfinder é uma missão de reconhecimento ao serviço de toda a humanidade. O Tratado das Estrelas assinado em Moscovo, em 1965, justifica qualquer empreendimento de tomada de posse: «Marte é um planeta do sistema solar. De facto, é propriedade de toda a humanidade.»

Embora se tenha desvanecido a esperança de descobrir um animal estranho neste planeta, as ambições de colonização permanecem intactas. A esta ocupação do espaço por uma sonda responde uma colonização da Terra por uma única imagem: a de um deserto vermelho ocupado por robôs.

Nos servidores de Internet, as *Crónicas Marcianas*, de Ray Bradbury, misturam-se com os relatórios científicos. A distinção entre informação documentada e ficção torna-se delicada. Longe vai o tempo em que a NASA baseava a confiança dos cidadãos na impassibilidade dos seus pilotos, na independência destes relativamente a qualquer misticismo. Passou-se a época em que a NASA afirmava que os seus astronautas «nunca sonhavam». A narração, a criação de ficções, a activação dos imaginários, a consciência das questões simbólicas imiscuem-se no centro das políticas espaciais, que, a pouco e pouco, vão transformando em indústrias culturais. As depressões, os mutismos de Eldwin Aldrin e de Neil Armstrong contribuíram directamente para o sucesso do Sojourner, o primeiro robô telecomandado a percorrer a superfície de um planeta. O homem caminhava na Lua; os robôs rolam sobre Marte. As marcas das lagartas na poeira planetária estão agora lado a lado nos nossos imaginários com as marcas das solas de botas no solo lunar.

A globalização do olhar | 295

O cinema de ficção apoderou-se dessas inquietações e esperanças nascidas com as conquistas espaciais: ao mundo dos homens aqui em baixo responde lá em cima um mundo de robôs e computadores. Em 1977, dez anos após a estreia de *2001, Odisseia no Espaço*, o filme *A Guerra das Estrela* de Georges Lucas marcou a entrada em acção dos primeiros efeitos especais digitais: a modernidade do contentor responde à do conteúdo. No entanto, as relações entre as instituições e os robôs nem sempre são vantajosas para as primeiras. Versão moderna da criatura do *Frankenstein* de James Whale, as personagens de *Marte Ataca* assassinam o seu criador, o presidente dos Estados Unidos.

E o formato cinemascópio das imagens na Internet da Mars Pathfinder, cujo próprio vazio é um *suspense*, transporta-nos para um alhures estranho, mas lógico. Imitando o cinema, elas funcionam, por outro lado, como ficções.

Embarques de olhares, desembarques planetários

Objectos fora de alcance, de presença obsessiva, os planetas e as estrelas convidam aos embarques do olhar (nas sondas espaciais e nos voos tripulados) e aos desembarques planetários (de homens e robôs fixos ou móveis). Convidam, sobretudo, a uma produção intensa de substitutos materiais: desenhos, gravuras, fotografias, simulações digitais... Estas figuras do invisível, imagens de alta responsabilidade, constroem então o seu objecto. Porque enquadram, seleccionam, aproximam, focam e transformam: as missões lunares transformaram o ouro do crescente em poeiras, as sondas Voyager fizeram de Saturno uma sobreposição de camadas coloridas sem espessura.

296 | *A Fábrica do Olhar*

Indissociáveis das técnicas de observação e de registo, as imagens do espaço questionam mais do que outras a parte dos dispositivos materiais de produção ou de difusão na construção do olhar. Marte, o planeta rochoso de planícies imensas invadidas por poeiras, é o fruto conjunto de uma difusão na Internet e de uma administração rigorosa do vazio. Lugar do nada, à semelhança da *Élevage de Poussière* fotografada por Man Ray sobre o *Grand Verre* de Marcel Duchamp, oferece-se como um espaço divinatório. Lemos a superfície de Marte como se lê a pele de laranja que, caída no chão, desenha letras. Ou o cordel de Man Ray que, por efeito do acaso, desenha no chão a figura de um enforcado. Marte é uma premonição.

Tal como os desertos, as imagens científicas dão acesso à sua própria feitura. Como eles, oferecem-se à leitura como sinais e inscrições. Também como eles, dão pistas para a compreensão de cenas passadas ou futuras: são as suas caixas registadoras. O desaparecimento da presença humana gera a inquietação quando, paradoxalmente, o vestígio é promessa de sonhos. As imagens não pretendem mostrar, mas antes demonstrar; não compreender, mas fazer compreender. A sua legitimação científica facilita este ordenamento do olhar. Gestão de almas programadas a grande escala, são também a esperança num diálogo restabelecido entre uma ciência que se tecniza a todo o custo e os seus públicos que se afastam: as imagens são uma prática política.

Um crescente de ouro gravado é, simultaneamente, Lua e prancha de madeira. *Objectos materiais e fabricados*, as imagens possuem características memoriais, capacidade de transmissão de saberes e conhecimentos ao mesmo título que os sílex talhados de André-Leroi-Gou-

A *globalização do olhar* | 297

rhan. *Figurações, registos,* remetem para um exterior sem o qual não existiriam e do qual nos dão notícias. *Enunciações,* as imagens afirmam a sua própria existência apenas pelas suas características materiais e estéticas. *Símbolos,* revelam aquilo que congrega. *Traços,* dão acesso tanto ao seu objecto como aos seus próprios dispositivos técnicos ou institucionais de produção ou de difusão.

Muitos são os objectos, os processos e os fenómenos que nos parecem familiares, mas que só conhecemos por intermédio das imagens. Ora, a observação directa com o auxílio de uma boa luneta não constrói o mesmo planeta Marte que as imagens difundidas nas redes da Internet: não induz os mesmos sonhos, não provoca os mesmos fantasmas. As imagens científicas apresentam-se como modos de acesso simples ao real, como puras objectividades. Transparências, *ensinariam.* O «documento» ([4]), por outro lado, foi muitas vezes considerado com desdém: acantonado nas imagens funcionais, oposto às obras de arte. Esta transparência manifesta e este desprezo levaram ao silêncio sobre a parte das mediações. Ora, são realmente as questões do conhecimento que as imagens pensadas nos seus dispositivos técnicos e instituídos interrogam. «Como?»: por que processos consegue uma imagem orientar as representações colectivas onde outras falham?

Aquilo que é uma imagem para um pode não o ser para outro. Porque uma imagem só nasce por efeito das tensões conjugadas de uma cultura, de uma organização material, de uma estética e de um desejo de leitura. E todos recebemos de modo diferente uma mesma imagem; lemo-la à nossa maneira. No entanto, ela revela em cada um de nós uma parte comum, que une. Assim partilhada, a

---

([4]) O termo vem do latim *documentum,* derivado do verbo *docere,* ensinar.

298 | *A Fábrica do Olhar*

imagem contribui para forjar saberes colectivos, para instalar o sentimento de pertença a uma mesma cultura. Ao nos convidarem a passear por Marte, as imagens da Pathfinder têm por missão tornar-nos, no mínimo, cidadãos da América ou, no máximo, cidadãos do mundo.

O convite mediológico

Pouca espessura: nem sequer algo que contém. Frágil quando é argêntica; efémera quando é digital. Débil. A imagem age sem tocar; à distância. Triunfo do *menos* contra o *grande*; a sua força tem origem em fúteis materialidades. Se a mediologia se interessa pelos efeitos potentes do «três por um», as imagens, objectos fabricados e meios de um poder simbólico, estão no âmago da questão. Se a mediologia se esforça por compreender a relação, então, as imagens ligeiras e passageiras são, para ela, instrumentos de análise. Se ela interroga as fracturas entre a técnica e a cultura, então as imagens são objectos paradoxais desses questionamentos. A gravura, fruto do gesto do artesão, não instala os mesmo olhares que a imagem técnica da fotografia. E os cliques da fotografia não fabricam o mesmo mundo que os programas digitais, cujo domínio está reservado aos peritos, ou que os instrumentos dispendiosos da *big science*, cuja propriedade escapa aos indivíduos. A história dos olhares assenta na história das imagens e dos aparelhos de visão.

300 | *A Fábrica do Olhar*

A distinção aqui operada entre gravura, fotografia e imagiologia atravessa resolutamente as classificações que isolavam, de um lado, as produções científicas e, do outro, as criações artísticas. Já não abandona à sua sorte imagens sem estatuto, que não são nem arte, nem ciência, nem indústria. Convida a ver cada imagem como um todo indissolúvel que se oferece a leituras. O gravado, o fotografado, o captado em imagem: em cada categoria se estabelecem os laços que unem as mutações técnicas e industriais e as questões culturais historicamente estabelecidas. O tempo breve e o tempo longo. O efémero e o perene. As imperfeições dos inícios são fontes de aprendizagem. É quando as técnicas não estão ainda determinadas, ainda sujeitas a pequenas variações, que o papel dos aparelhos de visão na construção do olhar é mais claro. As «novas» imagens da gravura, da fotografia e da imagiologia – nos séculos XV e XVI, no século XIX e no século XX – funcionam assim como crisóis experimentais de uma arqueologia da técnica.

Houve um tempo – não uma idade de ouro – em que estas rupturas entre a arte, a técnica, a ciência e a cultura não existiam. A «arte» era apenas um saber-fazer indissociável da técnica; os objectos fabricados em série ainda não faziam concorrência às criações únicas. No século XVI, as produções industriais, bem como a desconsideração social dos artesãos que as acompanha, obrigam os que resistem a erigirem-se como «artistas»: Bernard Palissy, de lendário mau feitio, é a figura emblemática de tal evolução. Os circuitos de transmissão e de validação em que se instalam estes novos artistas obrigam-nos a afastarem-se das práticas dos cientistas. Para os artistas: as produções materiais, a abertura das oficinas aos visitantes principescos. Para os cientistas: a produção de ideias, as conferên-

O *convite mediológico* | 301

cias, os escritos, os confrontos orais. Contudo, nos primeiros tempos, a ciência escapava à técnica. A gravura reúne ambos, facilita as trocas. Além disso, ordena. Tal como as caixas de uma casa de impressão, põe ordem nos objectos do mundo. Ao isolá-los no seu ambiente, ela é o instrumento dos catálogos, dos recenseamentos, dos abecedários. A gravura distingue-se nos traçados claros, na apresentação das certezas, na transmissão das mensagens. Como lição das coisas que privilegia a imagem parada, ela força a observação, convidando definitivamente a ver o mundo como paisagem dotada das regras da perspectiva albertiana. E quando, no século XVIII, o domínio da natureza pelas suas imagens parece ilusório, orientamo-nos para escolhas radicais. São produções humanas que a *Enciclopédia* de Diderot e d'Alembert recenseia mais modestamente, relegando os inventários naturalistas para um qualquer capítulo derisório. Fornos de oleiros, máquinas para fabricar meias de seda: o novo olhar instala-se num mundo humanizado, organizado, em que a técnica é uma riqueza dominada. A gravura e os seus fragmentos triunfam, reunindo num mesmo espaço da página os diferentes tempos: do fabrico do alúmen, da exploração das minas ou da separação do tártaro. A transmissão dos saberes adquire aqui valor de explicação.

A chegada da fotografia, no século XIX, provoca grandes mudanças. É verdade que se espera que seja uma ajuda para os recenseamentos e inventários. Além disso, distingue-se na recepção do acaso. Imagem automática, a fotografia adquire valor de testemunho absoluto. Na impossibilidade de isolar o objecto do seu ambiente, ela não escapa nem às geografias nem às etnologias. Ao transmitir tanto os olhares como os saberes, tanto a dúvida como as certezas, é testemunha da matéria dos corpos e da terra, conferindo-lhes uma trágica realidade. Distinguir-se-á nos relatos dos dramas: catástrofes naturais, guerras ou acidentes.

Em simultâneo, a fotografia transfere o olhar dos interiores demasiado sombrios para os exteriores luminosos, das profundezas para as superfícies, incita às experiências. A técnica congrega: nem os artistas, cientistas, médicos, amadores ou industriais... escaparão à fotografia. Como corolário, as novas imagens circulam dos hospitais aos *ateliers* de artistas, dos laboratórios aos salões de belas-artes, de um campo do saber a outro. Com elas, as ideias.

A partir de 1860, com a criação dos grandes estúdios parisienses, a fotografia adquire a dimensão de uma indústria cultural. Após a derrota de 1870, o seu estatuto científico e envergadura nacional são oficialmente afirmados. O astrónomo Jules Janssen escreve – e o enunciado é performativo – que a fotografia é a verdadeira retina do cientista. Em reacção, os pictorialistas consolidam as suas posições de autores e artistas. A fotografia perde a sua bela unidade: a distinção entre as imagens da ciência, da arte e da indústria acentua-se.

A Primeira Guerra Mundial favorece o desenvolvimento da fotografia aérea: a superfície da Terra evolui para um sistema de sinais. No entanto, simultaneamente, a imagética científica nascente liberta a fotografia das suas obrigações científicas. Em contrapartida, a fotografia artística abre caminho às experiências, às novas matérias, aos novos pontos de vista.

Simultaneamente fruto de uma intenção e não intencional, mensagem e recepção ocasional, criação artística e registo responsável: o enorme sucesso da fotografia decorre de uma capacidade para conciliar as contradições,

O *convite mediológico* | 303

geralmente no seio de uma mesma imagem. A sua simplicidade técnica facilita, além disso, as adesões. O olhar fotográfico que nasce instala-se duradouramente. O peso do paradigma fotográfico é tal que se lê muitas vezes as imagens científicas contemporâneas como fotografias. Como se a natureza falasse simplesmente de si mesma por luz interposta, sem maquinismos.

A imagiologia, que nasce com a descoberta da radiografia no final do século XIX, engendra reorganizações sociais. A exigência do domínio das novas máquinas de visão obriga a novas divisões do trabalho. Os conflitos entre técnicos e médicos detentores do saber marcam assim a história da radiografia. De uma forma geral, a imagem abandona as semelhanças formais pela visualização de propriedades específicas: capacidade de absorver ou reflectir os infravermelhos, os raios X... Uma nova etapa é transposta: temos de acreditar em máquinas que vêem aquilo que não podemos ver. Ao perdermos o domínio dos instrumentos da produção de imagens, ficamos também sem os meios da crítica.

Em simultâneo, as imagens digitais são os terrenos de experiência de um pensamento que, baseando-se no olho e no visível, desenvolve reflexos visuais. No fundo, as imagens já não precisam de referentes para existirem, traduzindo simplesmente propriedades em formas e cores.

Abrindo ao contrário – e simultaneamente – a via de um novo realismo, os computadores conferem um impulso à parte ficcional da ciência. As viagens aos buracos negros ou ao interior do corpo humano, entre costelas, corações e pulmões, nada devem aos melhores cenários. A imagiologia médica 3D já utiliza programas informáticos do tipo de George Lucas e do *Parque Jurássico*; aproxima-se o tempo em que os seus modos de distribuição poderão imi-

304 | *A Fábrica do Olhar*

tar os do cinema. A evolução acelerada das tecnologias da visão preocupa-se cada vez menos com o longo tempo da pesquisa, apanhando desprevenidos os circuitos de validação. No entanto, pela primeira vez, a imagem critica os seus próprios meios de produção. Nascida da matemática formal e da lógica digital, renova-se com uma abordagem sensível do mundo, com o fenómeno. Abandonam-se as cores berrantes da banda desenhada pelas – mais suaves – dos manuscritos de Leonardo da Vinci. Há interesse pelas colagens, pelos enquadramentos, pelas exposições de imagéticas. A escala macroscópica da observação faz uma nova entrada na cena científica: as árvores crescem, a onda desloca-se, os tornados circulam em turbilhões, as moscas voam rapidamente... A imagem técnica liberta-se da técnica. As paisagens de montanha e as suas perspectivas atmosféricas são sinais de uma mão estendida à sociedade por uma ciência que se tecniciza a todo o custo. No entanto, não é apenas ao mundo que essas imagens conferem um encanto especial, é também à própria ciência. São o seu re-encantamento. E a sedução que exercem é já governo dos olhares e das ideias.

A imprensa alterou os nossos hábitos memoriais. A difusão das gravuras incitou os cientistas a «irem ver», a porem--se em contacto directo com as coisas. Instalando no mundo um homem cheio de ilusões: as ilusões dos recenseamentos completos.

A fotografia criou laços, reunindo sob a sua asa todos os campos do saber, facilitando as hibridações. Desenvolvendo a utopia do testemunho absoluto.

A imagem digital deu novo impulso à ficção, sem que esta se oponha às racionalidades científicas; incutiu novas práticas experimentais. Ao mesmo tempo, desenvolvem-

O *convite mediológico* | 305

-se os olhares muito instrumentalizados e globalizados de uma ciência fortemente institucionalizada. Mas a imagiologia e os novos tratamentos de imagens não aboliram nem as ilusões dos recenseamentos completos nem as utopias de uma exactidão absoluta. As telas que a ciência estendeu ao mundo passaram assim do inventário à prova, da prova à ficção, sem que nunca uma das suas proposições ficasse pelo caminho. Imagem inventário, imagem prova, imagem ficção: aquilo que aí se constrói é o todo da imagem cientifica. E essas imagens, elas próprias formadas por camadas sobrepostas, participam por sua vez na construção de novas máquinas de visão, moldam os nossos modos de vida, criam novos olhares. Entregam-se ao incessante vaivém entre a estética e a materialidade. Ao jogo sem fim das interpretações.

Índice

Prefácio VII
Agradecimentos 13
Preâmbulo 15

Primeira parte
A GRAVURA

Capítulo I: O olhar nu 23
Leonardo da Vinci (1452-1519)
Bernard Palissy (1510-1589 ou 1590)

Capítulo II: A dissecação 45
Giovanni e Gregorio di Gregori, 5 de Fevereiro de 1494
André Vesálio, 1543

Capítulo III: O inventário 61
Pierre Belon, 1551
Albrecht Dürer, 1515

Capítulo IV: A luneta astronómica 71
Galileu, 1610

Capítulo V: O microscópio 79
Robert Hooke (1635-1703)
Antoni Leeuwenhoek (1632-1723)

Capítulo VI: A rejeição da imagem 91
Carlos Lineu (1707-1778)

Capítulo VII: O realismo dos corpos 97
Jacques Fabien Gautier d'Agoty, 1759

Segunda parte
A FOTOGRAFIA

Capítulo VIII: Legitimações 107
François Arago, 1839

Capítulo IX: Fotomicrografia 121
Alfred Donné, 1844

Capítulo X: Faradização 129
Guillaume Duchenne de Boulogne, 1862

Capítulo XI: Olhares de superfície 145
Hardy e Montméja, 1868

Capítulo XII: Figuras do galope 155
Eadweard Muybridge, 1872

Capítulo XIII: Modernidades 171
Jules Janssen, 1874

Capítulo XIV: A impressão 187
Secondo Pia, 1898

Capítulo XV: Vistas aéreas 197
1914-1944

Terceira parte
A IMAGIOLOGIA

Capítulo XVI: Radiografias 207
Antoine Béclère (1856-1939)

Capítulo XVII: Olhares submarinos 213
Jean Painlevé (1907-1989)

Capítulo XVIII: A invenção de uma arqueologia 225
Carl Sagan, 1972

Capítulo XIX: O olhar encantado 237
Fractais, 1976

Capítulo XX: A construção do vestígio 247
Passy, 1980

Capítulo XXI: Fotografias calculadas...... 261
Buracos negros, 1990

Capítulo XXII: Imagens do corpo...... 269
Ecografias, 1997

Capítulo XXIII: A globalização do olhar...... 279
Pathfinder, 1997281

O convite mediológico...... 299

Créditos fotográficos

Fig. 1: The Royal Collection, Windsor Castle.
Fig. 2: Service régional d'archéologie d'Île-de-France.
Fig. 3: Bibliothèque nationale.
Fig. 4: J.-L. Charmet, Biblioteca da antiga faculdade de medicina de Paris.
Fig. 5: Bibliothèque nationale.
Fig. 6: Bibliothèque nationale.
Fig. 7: J.-L. Charmet, Bibliothèque nationale.
Fig. 8: J.-L. Charmet, Bibliothèque des Arts décoratifs, Paris.
Fig. 9: Bibliothèque nationale.
Fig. 10: J. B. Green, Société française de photographie.
Fig. 11: Foucault, Société française de photographie.
Fig. 12: Poitevin, Société française de photographie.
Fig. 13: J.-L. Charmet, Biblioteca da antiga faculdade de medicina de Paris.
Fig. 14: Assistance publique des Hôpitaux de Paris.
Fig. 15: The Burns Archive, Nova Iorque.
Fig. 16: Museu Marey de Beaune.
Fig. 17: Collège de France.
Fig. 18: Museu Marey de Beaune.
Fig. 19: D. R., colecção particular.
Fig. 20: Institut de géographie nationale.
Fig. 21: Archives du Centre Antoine-Béclère, Paris.
Fig. 22: Les Documents cinématographiques, Paris.
Fig. 23: NASA/SPL/COSMOS.
Fig. 24: NASA/SPL/COSMOS.
Fig. 25: A. Douady, Écoutez Voir.
Fig. 26: J.-F. Colonna, CNRS/LACTAMME.
Fig. 27: Cl. Delor/Pellet, musées de Sens.
Fig. 28: M. Reduron, CREP-Meudon.
Fig. 29: D. R., colecção particular.
Fig. 30: J. A. Marck, Observatório de Paris-Meudon.
Fig. 31: NASA/SPL/COSMOS.
Fig. 32: M. Manni, colecção privada.